Betriebliche Altersversorgung

Betriebliche Altersversorgung

von Thomas Hagemann, Stefan Oecking, Rita Reichenbach

unter Mitarbeit von
Klaus Badenschier, Thomas Bischopink, Martina Hardt, Petra Lerner, Matthias Lieb, Rolf Misterek, Dr. Udo Müller, Günter Neumeier, Dr. Udo Niermann, Michael Rath, Thorsten Streit, Gordon Teckentrup, Dieter Ververs, Matthias Weingärtner

5. Auflage

Haufe Gruppe
Freiburg · München

Bibliografische Information der Deutschen Nationalbibliothek
Die Deutsche Nationalbibliothek verzeichnet diese Publikation in der Deutschen Nationalbibliografie; detaillierte bibliografische Daten sind im Internet über http://dnb.dnb.de abrufbar.

Print ISBN: 978-3-648-05707-0   Bestell-Nr. 02057-0005
EPUB ISBN: 978-3-648-05709-4   Bestell-Nr. 02057-0101
EPDF ISBN: 978-3-648-05710-0   Bestell-Nr. 02057-0151

Thomas Hagemann, Stefan Oecking, Rita Reichenbach
Betriebliche Altersversorgung
5., aktualisierte Auflage 2015
© 2015, Haufe-Lexware GmbH & Co. KG, Munzinger Straße 9, 79111 Freiburg

Das Werk berücksichtigt den Rechtsstand August 2014. Die Autoren haben die Inhalte mit größter Sorgfalt erstellt. Eine Haftung für etwaige Ungenauigkeiten ist jedoch ausgeschlossen. Das Werk kann eine Beratung im Einzelfall nicht ersetzen.

Redaktionsanschrift: Fraunhoferstraße 5, 82152 Planegg/München
Telefon: (089) 895 17-0
Telefax: (089) 895 17-290
www.haufe.de
info@haufe.de
Redaktion: Jürgen Fischer
Satz: Content Labs GmbH, 79189 Bad Krozingen
Umschlag: RED GmbH, 82152 Krailling
Druck: Schätzl Druck, 86609 Donauwörth

Alle Angaben/Daten nach bestem Wissen, jedoch ohne Gewähr für Vollständigkeit und Richtigkeit. Alle Rechte, auch die des auszugsweisen Nachdrucks, der fotomechanischen Wiedergabe (einschließlich Mikrokopie) sowie der Auswertung durch Datenbanken oder ähnliche Einrichtungen, vorbehalten.

Inhaltsverzeichnis

1	**Altersversorgung in Deutschland**		**13**
1.1	Die gesetzliche Rentenversicherung		13
	1.1.1	Versicherungspflicht und Beitragszahlung	13
	1.1.2	Leistungen	14
	1.1.3	Sicherungsniveau und Versorgungslücke	16
1.2	Die betriebliche Altersversorgung		17
	1.2.1	Begriff der betrieblichen Altersversorgung	17
	1.2.2	Verbreitung der betrieblichen Altersversorgung	17
	1.2.3	Deckungsmittel der betrieblichen Altersversorgung	18
1.3	Die private Vorsorge		19
2	**Gestaltungsmöglichkeiten von Versorgungszusagen**		**21**
2.1	Die fünf Durchführungswege		21
	2.1.1	Direktzusage (Pensionszusage)	23
	2.1.2	Unterstützungskasse	25
	2.1.3	Direktversicherung	27
	2.1.4	Pensionskassen	29
	2.1.5	Pensionsfonds	31
	2.1.6	Kombinationen	33
2.2	Zusagearten in der betrieblichen Altersversorgung		34
	2.2.1	Leistungszusage (§ 1 Abs. 1 BetrAVG)	35
	2.2.2	Beitragsorientierte Leistungszusage (§ 1 Abs. 2 Nr. 1 BetrAVG)	37
	2.2.3	Beitragszusage mit Mindestleistung (§ 1 Abs. 2 Nr. 2 BetrAVG)	40
2.3	Fazit		41
3	**Arbeitsrechtliche Grundlagen der betrieblichen Altersversorgung**		**43**
3.1	Das Betriebsrentengesetz		43
3.2	Begriff der betrieblichen Altersversorgung (§ 1 Abs. 1 Satz 1 BetrAVG)		45
	3.2.1	Begriff der betrieblichen Altersversorgung, § 1 Abs. 1 Satz 1 BetrAVG	45
3.3	Entgeltumwandlung (§ 1 Abs. 2 Nr. 3 und § 1a BetrAVG)		46
	3.3.1	Anspruch	46
	3.3.2	Wertgleichheit	48
	3.3.3	Steuerliche Behandlung	48
	3.3.4	Abgrenzung zu Eigenbeiträgen	49

Inhaltsverzeichnis

3.4	Unverfallbarkeitsbestimmungen	49
	3.4.1 Unverfallbarkeitsfristen	50
	3.4.2 Höhe der unverfallbaren Anwartschaft	51
3.5	Abfindung von Betriebsrenten (§ 3 BetrAVG)	56
	3.5.1 Dem Abfindungsverbot des § 3 BetrAVG unterliegende Fallgestaltungen	56
	3.5.2 Nicht dem Abfindungsverbot des § 3 BetrAVG unterliegende Fallgestaltungen	57
	3.5.3 Rechtsfolge eines Verstoßes gegen § 3 BetrAVG	58
	3.5.4 Höhe des Abfindungsbetrages	58
3.6	Übertragung von Versorgungsanwartschaften (§ 4 BetrAVG)	59
	3.6.1 Übernahme bzw. Übertragung einer Versorgung (§ 4 Abs. 2 BetrAVG)	59
	3.6.2 Übertragung auf Verlangen des Arbeitnehmers (§ 4 Abs. 3 BetrAVG)	60
	3.6.3 Übertragung im Fall der Liquidation (§ 4 Abs. 4 BetrAVG)	61
	3.6.4 Steuerliche Flankierung	61
3.7	Auskunftsanspruch (§ 4a BetrAVG)	61
3.8	Auszehrung und Anrechnung (§ 5 BetrAVG)	62
	3.8.1 Auszehrungsverbot	62
	3.8.2 Anrechnungsverbot	63
3.9	Vorzeitige Altersleistung (§ 6 BetrAVG)	64
3.10	Insolvenzsicherung (PSVaG)	65
	3.10.1 Sicherungsfälle	65
	3.10.2 Insolvenzgeschützte Durchführungswege	66
	3.10.3 Persönlicher und sachlicher Geltungsbereich	67
	3.10.4 Höhe des Insolvenzschutzes	68
	3.10.5 Rechtsweg	69
	3.10.6 Finanzierungsverfahren	69
3.11	Anpassung von Betriebsrenten (§ 16 BetrAVG)	71
	3.11.1 Anpassungsprüfungs- und Anpassungsentscheidungspflicht (§ 16 Abs. 1 und 2 BetrAVG)	71
	3.11.2 Ausnahmen von der Anpassungsprüfungs- und Anpassungsentscheidungsverpflichtung (§ 16 Abs. 3 BetrAVG)	74
	3.11.3 Rechtsfolgen bei unterlassener Anpassung (§ 16 Abs. 4 BetrAVG, § 30c Abs. 2 BetrAVG)	76
	3.11.4 Technik der Anpassung	78
3.12	Persönlicher Geltungsbereich und Tarif und Tariföffnungsklausel (§ 17 BetrAVG)	80
	3.12.1 Persönlicher Geltungsbereich	80
	3.12.2 Tariföffnungsklausel	80
3.13	Verjährung (§ 18a BetrAVG)	81

Inhaltsverzeichnis

3.14	Gleichbehandlung bei der betrieblichen Altersversorgung (AGG und Richterrecht)	81
3.15	Ablösung bzw. Änderung von Versorgungszusagen (Richterrecht)	83
3.16	Mitbestimmung bei Einrichtung, Durchführung + Änderung der betrieblichen Altersversorgung	86
3.16.1	Mitbestimmungsfreie Entscheidungen	86
3.16.2	Mitbestimmungspflichtige Entscheidungen bei der betrieblichen Altersversorgung	87

4	**Steuerliche und sozialversicherungsrechtliche Behandlung von Zusagen auf Leistungen der betrieblichen Altersversorgung beim Arbeitnehmer**	**89**
4.1	Lohnsteuerliche Behandlung des Arbeitgeberaufwands	89
4.1.1	Direktzusagen und Unterstützungskassen	89
4.1.2	Direktversicherung, Pensionskasse und Pensionsfonds	90
4.1.3	Förderung durch Zulagen (Abschn. XI EStG) bzw. Sonderausgabenabzug (§ 10a EStG) bei Direktversicherung, Pensionskasse und Pensionsfonds	93
4.1.4	Exkurs: Abzugsfähigkeit von Beiträgen zur gesetzlichen Rentenversicherung und für die Privatvorsorge	96
4.2	Sozialversicherungsrechtliche Behandlung des Versorgungsaufwandes	99
4.2.1	Direktzusagen und Unterstützungskassen	99
4.2.2	Direktversicherung, Pensionskasse und Pensionsfonds	99
4.3	Steuerliche Behandlung der Versorgungsleistungen	100
4.3.1	Direktzusage und Unterstützungskasse	100
4.3.2	Direktversicherung, Pensionskasse und Pensionsfonds	101
4.4	Sozialversicherungsrechtliche Behandlung der Versorgungsleistungen	103

5	**Handelsbilanzielle und steuerliche Behandlung der verschiedenen Durchführungswege beim Arbeitgeber**	**105**
5.1	Direktzusagen	105
5.1.1	Betriebsausgabenabzug	105
5.1.2	Rückstellungsbildung	105
5.2	Unterstützungskassen	120
5.2.1	Betriebsausgabenabzug	120
5.2.2	Ausweis von Fehlbeträgen (Art. 28 EGHGB)	125
5.2.3	Steuerfreiheit der Kasse	125
5.3	Direktversicherungen	126
5.4	Pensionskassen	126
5.5	Pensionsfonds	126

Inhaltsverzeichnis

5.6		Vor- und Nachteile der einzelnen Gestaltungsformen aus steuerlicher und bilanzieller Sicht	127
	5.6.1	Direktzusagen	127
	5.6.2	Unterstützungskassen	128
	5.6.3	Direktversicherungen	128
	5.6.4	Pensionskassen	129
	5.6.5	Pensionsfonds	129
6		**Internationale Rechnungslegungsvorschriften IAS 19**	**131**
6.1		Vorbemerkung	131
6.2		Klassifizierung der Versorgungszusage	132
	6.2.1	Beitragszusage und Leistungszusage (IAS 19.26 – 19.31)	132
	6.2.2	Planvermögen (IAS 19.8)	133
	6.2.3	Gemeinschaftliche Pläne mehrerer Arbeitgeber (IAS 19.32 – 19.39)	135
6.3		Bewertungsannahmen (IAS 19.75 ff.)	136
	6.3.1	Demografische Annahmen	136
	6.3.2	Finanzielle Annahmen	136
6.4		Bewertungsverfahren	137
	6.4.1	Verpflichtungsumfang (defined benefit obligation, IAS 19.67)	137
	6.4.2	Ergebniskomponenten (IAS 19.120)	139
	6.4.3	Bilanzansatz (IAS 19.8 und 19.63ff)	142
	6.4.4	Anhangangaben (IAS 19.135 – IAS 19.147)	143
7		**Gesellschafter-Geschäftsführer von GmbHs**	**145**
7.1		Allgemeines	145
7.2		Begriffsbestimmungen	146
	7.2.1	Beherrschender Gesellschafter	146
	7.2.2	Begriff der verdeckten Gewinnausschüttung und verdeckten Einlage	147
7.3		Rückstellungen für Pensionszusagen an beherrschende Gesellschafter-Geschäftsführer von Kapitalgesellschaften	148
	7.3.1	Zivilrechtliche Wirksamkeit der Pensionszusage	148
	7.3.2	Schriftform	149
	7.3.3	Kein schädlicher Vorbehalt	149
	7.3.4	Überversorgung	150
7.4		Verdeckte Gewinnausschüttung	152
	7.4.1	Ernsthaftigkeit der Pensionszusage	152
	7.4.2	Üblichkeit	153

7.5	Erdienbarkeit der Pensionszusage		159
7.6	Angemessenheit der Gesamtvergütung		160
8	**Outsourcing von Pensionsverpflichtungen**		**163**
8.1	Rückdeckungsversicherung		163
	8.1.1	Grundsätzliches	163
	8.1.2	Arbeitsrecht	164
	8.1.3	Steuerrecht	165
	8.1.4	Bilanz	166
8.2	Rückgedeckte Unterstützungskasse		168
	8.2.1	Grundsätzliches	168
	8.2.2	Arbeitsrecht	168
	8.2.3	Steuerrecht	169
	8.2.4	Bilanz	170
8.3	Pensionsfonds		171
	8.3.1	Grundsätzliches	171
	8.3.2	Arbeitsrecht	172
	8.3.3	Steuerrecht	173
	8.3.4	Bilanz	174
8.4	Direktversicherung und Pensionskasse		175
	8.4.1	Grundsätzliches	175
	8.4.2	Arbeitsrecht	176
	8.4.3	Steuerrecht	176
	8.4.4	Bilanz	177
8.5	Übertragung nach § 4 Abs. 4 BetrAVG – Liquidationsversicherung		178
	8.5.1	Grundsätzliches	178
	8.5.2	Arbeitsrecht	179
	8.5.3	Steuerrecht	180
	8.5.4	Bilanz	181
8.6	CTA		182
	8.6.1	Grundsätzliches	182
	8.6.2	Arbeitsrecht	183
	8.6.3	Steuerrecht	183
	8.6.4	Bilanz	184
8.7	Schuldbeitritt		185
	8.7.1	Grundsätzliches	185
	8.7.2	Arbeitsrecht	186

	8.7.3	Steuerrecht	186
	8.7.4	Bilanz	186
8.8	Rentnergesellschaft		188
	8.8.1	Grundsätzliches	188
	8.8.2	Arbeitsrecht	188
	8.8.3	Dotierung der Rentnergesellschaft	188
	8.8.4	Steuerrecht	189
	8.8.5	Bilanz	189
8.9	Abspaltung der Verpflichtungen auf eine Rentnergesellschaft und anschließende Liquidation der Gesellschaft mit Übertragung der Verpflichtungen auf eine Liquidationsversicherung (§ 4 Abs. 4 BetrAVG)		190
8.10	Abfindungen		192
	8.10.1	Grundsätzliches	192
	8.10.2	Arbeitsrecht	193
	8.10.3	Steuerrecht	193
	8.10.4	Bilanz	194
9	**Bilanzierung von Personalverpflichtungen nach Steuer- und Handelsrecht**		**197**
9.1	Rückstellungen für Übergangsbezüge		197
	9.1.1	Handelsbilanz	197
	9.1.2	Steuerbilanz	197
	9.1.3	Behandlung von Übergangsbezügen als betriebliche Altersversorgung und Rechtsfolgen	198
9.2	Rückstellungen für Altersteilzeitverpflichtungen		199
	9.2.1	Einleitung	199
	9.2.2	Altersteilzeitregelungen	200
	9.2.3	Rückstellung in der Handelsbilanz (Auffassung des IDW)	202
	9.2.4	Rückstellung in der Steuerbilanz (Auffassung der Finanzverwaltung)	206
	9.2.5	Bewertung nach IAS 19 (revised 2011)	211
	9.2.6	Bewertung nach US-GAAP	214
9.3	Rückstellungen für Jubiläumsverpflichtungen		217
	9.3.1	Handelsbilanz	217
	9.3.2	Steuerbilanz	218
	9.3.3	Überprüfung des bisherigen Vorgehens zur Bildung von Jubiläumsrückstellungen durch das Bundesverfassungsgericht (BVerfG)	220

10	Betriebliche Altersversorgung und Lebensarbeitszeitkonten	223
10.1	Grundkonzept	223
10.2	Verwendung des Wertguthabens für die betriebliche Altersversorgung	225
10.3	Steuerliche Einschränkungen	226

11	Beamtenversorgung	227
11.1	Rechtsgrundlage	227
11.2	Voraussetzungen für den Bezug einer Pension	228
	11.2.1 Altersgrenze	228
	11.2.2 Leistungsvoraussetzungen	228
11.3	Höhe der Versorgungsbezüge	229
11.4	Sonderzahlung	230
11.5	Besteuerung der Versorgungsbezüge	231
11.6	Finanzierung	231

12	Versorgungsausgleich nach neuem Recht	233
12.1	Wesentliche Auswirkungen	233
12.2	Gestaltungsbedarf und -spielräume	235
12.3	Berechnung des Ehezeitanteils	236
12.4	Vorschlag eines Ausgleichswertes	238
12.5	Korrespondierender Kapitalwert	239
12.6	Interne oder externe Teilung	240
12.7	Teilungskosten bei interner Teilung	242
12.8	Verzinsung des Ausgleichswertes bei externer Teilung	244
12.9	Anrecht des ausgleichsverpflichteten Mitarbeiters	245
12.10	Anrecht der ausgleichsberechtigten Person	245
12.11	Versorgungssysteme als Zielversorgung	247
12.12	Bilanzielle Auswirkungen	248
12.13	Besonderheiten mittelbarer Durchführungswege und CTA	248
12.14	Mitbestimmung	249
12.15	Fazit	250

13	Zusatzversorgung des Öffentlichen Dienstes	251
13.1	Entwicklung und Bedeutung der Zusatzversorgung des Öffentlichen Dienstes	251
13.2	Leistungsplan der Zusatzversorgung	252
	13.2.1 Von der Gesamtversorgung zur Beitragsorientierung	252
	13.2.2 Das Punktesystem	253

Inhaltsverzeichnis

13.2.3	Ansprüche aus dem Punktemodell	254
13.2.4	Bonuspunkte und Gutschriften im Punktesystem	257
13.2.5	Soziale Komponenten	257
13.3	Überleitung vom Gesamtvorsorgesystem ins Punktesystem	258
13.3.1	Versorgungsanwärter	259
13.3.2	Rentennahe Pflichtversicherte	260
13.3.3	Rentner	261
13.4	Zusatzversorgungskassen und deren Finanzierung	261
13.4.1	Zusatzversorgungskassen	261
13.4.2	Finanzierung	261
13.5	Lohn – Besteuerung	262
13.6	Verlassen der VBL bzw. einer Zusatzversorgungskasse	263

Anlagen	**265**
Anlage 1: Sozialversicherungs-Rechengrößen und Beitragssätze	265
Anlage 2: Anhebung der Altersgrenzen in der gesetzlichen Rentenversicherung	267
Anlage 3: Gesetz zur Verbesserung der betrieblichen Altersversorgung (Betriebsrentengesetz – BetrAVG)	268
Abbildungsverzeichnis	**305**
Abkürzungsverzeichnis	**307**
Stichwortverzeichnis	**311**
Verzeichnis der Herausgeber	**315**

1 Altersversorgung in Deutschland

Dr. Udo Müller, Thomas Hagemann

Die Altersversorgung der Arbeitnehmer in Deutschland beruht auf den drei Säulen gesetzliche Rentenversicherung, betriebliche Altersversorgung und private Altersvorsorge. Es ist ein interdependentes System, das nur als Einheit betrachtet werden kann.

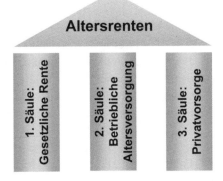

Abb. 1: Drei-Säulen-Konzept

1.1 Die gesetzliche Rentenversicherung

1.1.1 Versicherungspflicht und Beitragszahlung

Versicherungspflichtig sind gemäß § 1 Satz 1 Nr. 1 SGB VI insbesondere alle Personen, die gegen Arbeitsentgelt beschäftigt sind (Arbeitnehmer). Selbstständige sind nur in Ausnahmefällen versicherungspflichtig. Versicherungsfrei sind nach § 5 Abs. 2 und 4 SGB VI u. a. Personen, die als Unternehmer anzusehen sind, eine geringfügige Beschäftigung ausüben oder eine Vollrente wegen Alters aus der gesetzlichen Rentenversicherung beziehen.

Altersversorgung in Deutschland

Die Beiträge zur gesetzlichen Rentenversicherung sind je zur Hälfte vom Arbeitgeber und vom Arbeitnehmer zu tragen. Zur Ermittlung des Beitrages wird das sozialversicherungspflichtige Einkommen bis zur Beitragsbemessungsgrenze in der gesetzlichen Rentenversicherung herangezogen.[1]

1.1.2 Leistungen

Hauptleistungen der gesetzlichen Rentenversicherung sind die Alters- und (volle oder teilweise) Erwerbsminderungsrente sowie die Hinterbliebenenversorgung. Leistungen zur Prävention und Rehabilitation spielen zwar eine eher untergeordnete Rolle, sollten aber an dieser Stelle nicht unerwähnt bleiben.

Noch bis vor wenigen Jahren wurde die Regelaltersgrenze mit Vollendung des 65. Lebensjahres erreicht. Dabei war nach 35 Beitragsjahren ein vorgezogener Rentenbezug ab dem 63. Lebensjahr mit einem Abschlag aufgrund der längeren Rentenlaufzeit möglich. Schwerbehinderte konnten frühestens ab dem 60. Lebensjahr mit einem entsprechenden Abschlag in Rente gehen.

Durch das RV-Altersgrenzenanpassungsgesetz[2] wurde der längeren Lebenserwartung Rechnung getragen und die Lebensarbeitszeit der Arbeitnehmer sukzessive verlängert.

Seit dem 01.07.2014 wiederum gibt es die abschlagsfreie Rente mit 63 für Mitarbeiter, die in der gesetzlichen Rentenversicherung 45 Versicherungsjahre vorweisen können („besonders langjährig Versicherte")[3].

Derzeit gelten also im Wesentlichen folgende Regelungen:

- Grundsätzlich wird die **Regelaltersgrenze** bis zum Jahr 2029 stufenweise auf 67 Jahre angehoben.

---

[1] Zum Beitragssatz und zur Beitragsbemessungsgrenze siehe Anlage 1.

[2] Gesetz zur Anpassung der Regelaltersgrenze an die demografische Entwicklung und zur Stärkung der Finanzierungsgrundlagen der gesetzlichen Rentenversicherung (RV-Altersgrenzenanpassungsgesetz) vom 20.4.2007, BGBl. I 2007, S. 554.

[3] Gesetz über Leistungsverbesserungen in der gesetzlichen Rentenversicherung (RV-Leistungsverbesserungsgesetz) vom 23.6.2014, BGBl. I 2014, S. 787.

Die gesetzliche Rentenversicherung 1

- Die vorzeitige Inanspruchnahme dieser Rente ist für **langjährig Versicherte** frühestens mit 63 Jahren weiterhin möglich, allerdings wird sie um einen Abschlag gekürzt, der umso höher ausfällt, je früher die Rente bezogen wird.
- **Besonders langjährig Versicherte**, die in der gesetzlichen Rentenversicherung 45 Versicherungsjahre vorweisen können, können bereits vor Erreichen der Regelaltersgrenze ohne Abschläge eine Altersrente beziehen. Die hierfür maßgebliche Altersgrenze beträgt derzeit 63 Jahre und wird bis zum Jahr 2029 schrittweise auf 65 Jahre angehoben.
- Die Altersgrenze für eine abschlagsfreie Altersrente für **schwerbehinderte Menschen** wird stufenweise von 63 auf 65 Jahre angehoben. Die Altersgrenze für die früheste vorzeitige Inanspruchnahme dieser Rente (mit Abschlägen) wird von 60 auf 62 Jahre angehoben.
- Für die Jahrgänge vor 1952 gibt es wie auch schon nach dem bisherigen Recht unter bestimmten Voraussetzungen die **Altersrente für Frauen** und die Altersrente wegen Arbeitslosigkeit oder nach **Altersteilzeitarbeit** ab 60 Jahren.[4]

Vertrauensschutz ist im Wesentlichen dadurch gegeben, dass die Anhebung erst im Jahre 2012 begann. Besonderen Vertrauensschutz bei der Anhebung der Altersgrenzen für die Altersrenten haben Angehörige der Geburtsjahrgänge 1954 und älter, wenn sie bereits vor dem 1.1.2007 verbindlich Altersteilzeit vereinbart hatten.

Wie das Urteil[5] vom Bundesarbeitsgericht vom 15.05.2012 verdeutlicht, hat das RV-Altersgrenzenanpassungsgesetz hinsichtlich des Pensionierungszeitpunktes auch Auswirkungen auf die betriebliche Altersversorgung. Näheres hierzu ist dem Kapitel „Arbeitsrechtliche Grundlagen der betrieblichen Altersversorgung" zu entnehmen.

Die Altersrente für besonders langjährig Versicherte gab es im Grunde auch schon vor dem 2014 verabschiedeten Rentenpaket. Allerdings sah die bisherige Fassung des Gesetzes hierfür eine Altersgrenze von 65 Jahren vor. Diese

---

[4] Im Einzelnen siehe Anlage 2.
[5] BAG, Urteil v. 15.5.2012 – 3 AZR 11/10

Altersgrenze wurde nun auf 63 Jahre abgesenkt. Sie wird allerdings schrittweise wieder ansteigen: Für alle Personen, die 1964 oder später geboren sind, liegt sie wieder bei 65 Jahren. Die Rente mit 63 ist also ein vorübergehendes Phänomen. Sie hat zwar vordergründig nichts mit der privaten und betrieblichen Altersversorgung zu tun, doch auch sie stellt die Unternehmen nun vor neue Herausforderungen.

1.1.3 Sicherungsniveau und Versorgungslücke

Das Sicherungsniveau vor Steuern für den „fiktiven Standardeckrentner" mit 45 Jahren Durchschnittsbeiträgen wird von über 50 % im Jahr 2009 bis 2027 auf etwas über 45 % sinken.[6] Unter Einbeziehung der sogenannten Riesterrente würde das Sicherungsniveau lt. dem Rentenversicherungsbericht 2011 bzw. 2013 langfristig bei etwa 50 % liegen. Nach den Untersuchungen der OECD hingegen wird das Bruttorentenniveau (ohne Riesterrente) darunter liegen.[7] Dieser seit Jahren festgestellte Rückgang verdeutlicht, dass die gesetzliche Rente zukünftig alleine nicht ausreichen wird, den im Erwerbsleben erreichten Lebensstandard im Alter fortzuführen. Für Versicherte mit weniger Beitragsjahren bzw. mit Entgelten oberhalb der BBG ist das Sicherungsniveau selbstverständlich noch geringer als für den Standardrentner. Darüber hinaus besteht insbesondere für die nach 1960 Geborenen die Notwendigkeit einer zusätzlichen Absicherung für den Fall der Erwerbsminderung, da in der Regel eine unzureichende gesetzliche Absicherung vorliegt.

Je nachdem, welches Versorgungsniveau als Gesamtversorgung aus allen drei Säulen für die Alterssicherung angestrebt wird (z. B. 70 % bis 80 % des letzten Bruttoarbeitseinkommens), ergibt sich ein daraus resultierender Versorgungsbedarf. Die Differenz zwischen dem Versorgungsbedarf (Versorgungsziel) und der Sozialversicherungsrente stellt die sogenannte Versorgungslücke dar, die es durch die betriebliche und die private Altersversorgung zu schließen gilt.

---

[6] Bundesministerium für Arbeit und Soziales (Hrsg.):Rentenversicherungsbericht 2011, S. 38f. sowie Bundesministerium für Arbeit und Soziales (Hrsg.): Rentenversicherungsbericht 2013, S. 40f.

[7] Vgl.: OECD (Hrsg.): Pensions at a Glance 2009: Retirement-Income Systems in OECD Countries sowie OECD (Hrsg.): Pensions at a Glance 2013: OECD and G20 Indicators

1 Die betriebliche Altersversorgung

Durch die bereits seit Jahren absehbare demografisch bedingte Stagnation der Sozialversicherungsrenten wird die Versorgungslücke im Zeitablauf womöglich noch größer werden.

1.2 Die betriebliche Altersversorgung

1.2.1 Begriff der betrieblichen Altersversorgung

Eine betriebliche Altersversorgung liegt gemäß der Legaldefinition des § 1 Abs. 1 des Betriebsrentengesetzes (BetrAVG) vor, wenn der Arbeitgeber dem Arbeitnehmer aus Anlass des Arbeitsverhältnisses Leistungen der Alters-, Invaliditäts- oder Hinterbliebenenversorgung zusagt. In diesem Fall ist das Betriebsrentengesetz[8] anwendbar.

1.2.2 Verbreitung der betrieblichen Altersversorgung

Ende 2011 hatten ca. 60 % aller zu diesem Zeitpunkt sozialversicherungspflichtig beschäftigten Arbeitnehmer eine betriebliche Zusatzversorgung in der Privatwirtschaft oder im öffentlichen Dienst erworben.[9] Der Anteil der Betriebsstätten in der Privatwirtschaft mit einer Zusatzversorgung betrug ca. 50 %.[10] Nach Untersuchungen des statistischen Bundesamtes zeigte sich für das Jahr 2008 ein ähnliches Bild[11]: Knapp 80 % aller Unternehmen (ab 10 Mitarbeiter) boten ihren Mitarbeitern eine betriebliche Altersversorgung an. Dabei hatten

---

[8] Siehe Anlage 3.

[9] TNS Infratest Sozialforschung (Hrsg.), Situation und Entwicklung der betrieblichen Altersversorgung in Privatwirtschaft und öffentlichem Dienst (BAV 2011), Forschungsbericht 429, Untersuchung im Auftrag des Bundesministeriums für Abeit und Soziales, München, Dezember 2012, S. 13.

[10] TNS Infratest Sozialforschung (Hrsg.), Situation und Entwicklung der betrieblichen Alters-versorgung in Privatwirtschaft und öffentlichem Dienst (BAV 2011), Forschungsbericht 429, Untersuchung im Auftrag des Bundesministeriums für Arbeit und Soziales, München, Dezember 2012, S. 9.

[11] Vgl. Statistisches Bundesamt (Hrsg.): „Aufwendungen und Anwartschaften betrieblicher Altersversorgung 2008", Wiesbaden, 2011.

Altersversorgung in Deutschland

mehr als die Hälfte der Beschäftigten dieser Unternehmen eine Pensionszusage. Die Untersuchung verdeutlicht zudem, dass die Durchdringungsquote mit der Unternehmensgröße steigt: Etwa 95 % der Unternehmen mit über 1.000 Mitarbeitern verfügten über eine betriebliche Altersversorgung, von der knapp 70 % der Arbeitnehmer profitierten.

1.2.3 Deckungsmittel der betrieblichen Altersversorgung

Die Deckungsmittel der betrieblichen Altersversorgung betrugen Ende 2012 insgesamt 520,8 Mrd. Euro. Bedeutendster Durchführungsweg mit mehr als 52 % der Deckungsmittel ist nach wie vor die Direktzusage. Die weiteren Deckungsmittel teilen sich auf Pensionskassen (24,4 % der Deckungsmittel), Unterstützungskassen (6,9 % der Deckungsmittel) und Direktversicherungen (11,1 % der Deckungsmittel) auf.[12] Pensionsfonds haben mit einem Anteil von 5,4 % der Deckungsmittel insbesondere durch Übertragungen von Direktzusagen und Unterstützungskassen weiter an Bedeutung gewonnen:

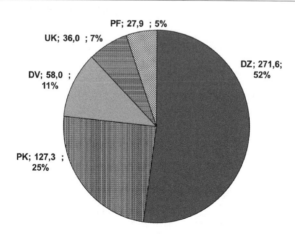

Abb. 2: Deckungsmittel der betrieblichen Altersversorgung in Mrd. EUR (Quelle: aba; Stand Juni 2014)

---

[12] Schwind, J., Die Deckungsmittel der betrieblichen Altersversorgung in 2012, in: Betriebliche Altersversorgung 2014 (Heft 4), S. 371 f.

1.3 Die private Vorsorge

Für die private Vorsorge gibt es eine Reihe von Möglichkeiten, angefangen von einer Immobilienanlage über Anlage in Aktien bis hin zu einer privaten Rentenversicherung.

Einige private Vorsorgeformen werden steuerlich gefördert. Die sogenannte Riester-Förderung wurde durch das Altersvermögensgesetz[13] und die sogenannte Rürup-Rente durch das Alterseinkünftegesetz[14] eingeführt.

Bei der Riester-Rente werden bestimmte zertifizierte Altersvorsorgeverträge steuerlich durch eine Altersvorsorgezulage nach den §§ 79ff. EStG und einem Sonderausgabenabzug nach § 10a EStG gefördert. Aufgrund der Kinderzulagen ist sie speziell für Eltern mit minderjährigen Kindern attraktiv.

Die Rürup-Rente ist eine private, kapitalgedeckte Rentenversicherung, bei der die Beiträge steuerlich durch Sonderausgabenabzug gefördert werden. Voraussetzung für die Förderung ist u. a., dass eine monatliche, lebenslange Rente nicht vor Vollendung des 60. Lebensjahres gezahlt wird und dass die Rentenanwartschaften weder übertragbar, beleihbar, veräußerbar, vererblich noch kapitalisierbar sind (§ 10 Abs. 1 Satz 1 Nr. 2 Buchst. b EStG). Sie ist speziell für Selbstständige attraktiv.

---

[13] Gesetz zur Reform der gesetzlichen Rentenversicherung und zur Förderung eines kapitalgedeckten Altersvorsorgevermögens (Altersvermögensgesetz – AVmG) vom 26.6.2001, BGBl. I 2001, S. 1310ff.

[14] Gesetz zur Neuordnung der einkommensteuerrechtlichen Behandlung von Altersvorsorgeaufwendungen und Altersbezügen (Alterseinkünftegesetz – AltEinkG) vom 5.7.2004, BGBl. I 2004, S. 1427ff.

2 Gestaltungsmöglichkeiten von Versorgungszusagen

Dr. Udo Müller, Thomas Hagemann

2.1 Die fünf Durchführungswege

Für die betriebliche Altersversorgung in Deutschland stehen fünf Durchführungswege zur Verfügung. Diese unterscheiden sich u. a. durch die Art der Finanzierung, die Kapitalanlage, die steuer- und sozialversicherungsrechtliche Behandlung von Beiträgen und Leistungen sowie die staatliche Aufsicht und Insolvenzsicherung:

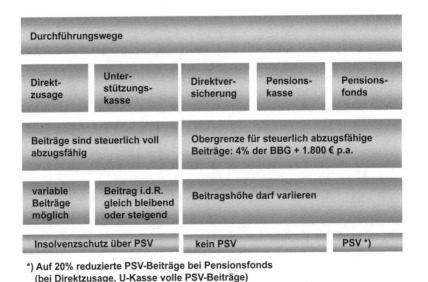

Abb. 3: Durchführungswege der betrieblichen Altersversorgung

Gestaltungsmöglichkeiten von Versorgungszusagen

Die Pensionszusagen können dabei auf Einzelzusagen, Gesamtzusagen, Betriebsvereinbarungen, Tarifverträgen oder Besoldungsordnungen, betrieblicher Übung oder dem Grundsatz der Gleichbehandlung beruhen.

Dabei kommen in allen Durchführungswegen die Leistungszusage und die beitragsorientierte Leistungszusage in Betracht. Die Beitragszusage mit Mindestleistung ist nur in den Durchführungswegen Direktversicherung, Pensionskasse und Pensionsfonds vorgesehen.[1] Reine Beitragszusagen, wie sie zum Beispiel im angelsächsischen Raum üblich sind, werden in Deutschland nicht als betriebliche Altersversorgung anerkannt.

In der Praxis zeigt sich, dass sich in den letzten Jahren die beitragsorientierte Leistungszusage klar durchgesetzt hat. Neu eingeführte oder aktualisierte Modelle erfolgen sowohl für die allgemeine Belegschaft als auch für die Führungskräfte nahezu ausschließlich über diese Zusageart.

Pensionszusagen können als eine der wohl wichtigsten Sozial- und Nebenleistungen vom Arbeitgeber allein, aber auch durch den Arbeitnehmer im Wege der Entgeltumwandlung finanziert werden. Inzwischen ist die gemeinsame Finanzierung der Versorgungsleistungen jedoch immer mehr verbreitet: Im Rahmen sogenannter „Matching-Contribution-Modelle" unterstützt der Arbeitgeber die Entgeltumwandlung durch zusätzliche Aufstockungsbeträge, wodurch sich die Wahrnehmung und Wertschätzung der betrieblichen Altersversorgung deutlich erhöht.[2] Dies zeigen sowohl die Erfahrungen aus der Praxis als auch Statistiken[3]:

---

[1] H. M., z. B. *Blomeyer/Rolfs/Otto*, BetrAVG, 5. Aufl. 2010, § 1 Rdnr. 91f.; a. A. *Höfer*, BetrAVG, Bd. I, 12. Aufl., Rdnr. 2538ff.

[2] Soweit der Arbeitgeber die Entgeltumwandlung in Höhe der eingesparten Arbeitgeberanteile zur Sozialversicherung aufstockt, ist die Finanzierung dieser Aufstockung zumindest bei Mitarbeitern mit Einkommen unter der jeweiligen Beitragsbemessungsgrenze im Wesentlichen sogar kostenneutral.

[3] Vgl. beispielsweise: TNS Infratest Sozialforschung (Hrsg.), Situation und Entwicklung der betrieblichen Altersversorgung in Privatwirtschaft und öffentlichem Dienst (BAV 2011), Forschungsbericht 429, Untersuchung im Auftrag des Bundesministeriums für Arbeit und Soziales, München, Dezember 2012, Tab. 6-1

2 Die fünf Durchführungswege

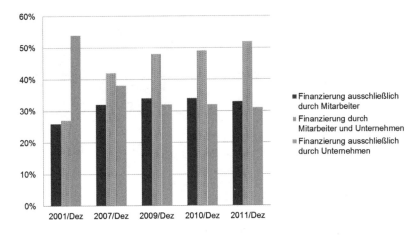

*Quelle: Kortmann, K., Heckmann, J. (2012): Situation und Entwicklung der betrieblichen Altersversorgung in der Privatwirtschaft und im öffentlichen Dienst (BAV 2011), Forschungsbericht 429, Untersuchung im Auftrag des Bundesministeriums für Arbeit und Soziales, TNS Infratest Sozialforschung, München, Dezember 2012, Tab 6-1, veröffentlich auf www.aba-online.de

Abb. 4: Finanzierung der betrieblichen Altersversorgung

Zudem zeigt sich — insbesondere bei einzelnen Modellen der Führungskräfteversorgung — der Trend zur erfolgs- und ergebnisabhängigen Dotierung der betrieblichen Altersversorgung. Dabei werden neben einer Basisversorgung zusätzliche Finanzierungsbeiträge in Abhängigkeit der individuellen Zielerreichung und/oder des Unternehmensergebnisses gewährt.

2.1.1 Direktzusage (Pensionszusage)

Bei der Direktzusage (unmittelbaren Versorgungszusage) verspricht der Arbeitgeber dem Arbeitnehmer Leistungen der Alters-, Invaliditäts- oder Hinterbliebenenversorgung aus Anlass des Arbeitsverhältnisses und verpflichtet sich, die Leistungen im Versorgungsfall selbst zu erbringen. Arbeitgeber und Versorgungsträger sind somit identisch.

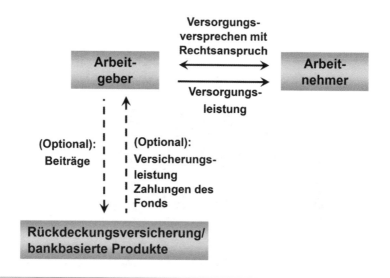

Abb. 5: Rechtsbeziehungen bei der Direktzusage

Der Arbeitgeber hat für die Verpflichtungen aus einer Direktzusage eine Pensionsrückstellung in der Bilanz zu bilden. Sofern keine Mittel ausgelagert werden, spricht man von der reinen Innenfinanzierung. Eine (Vor-) Finanzierung der Zusage ist nicht notwendig, kann aber beispielsweise über Rückdeckungsversicherungen oder Fonds erfolgen. Je nach Ausgestaltung ist dann in der Handelsbilanz und nach internationaler Rechnungslegung ein „Nettoausweis" der Verpflichtung möglich.[4]

Die Zuführungen zur Rückstellung und ggf. die (Vor-) Finanzierung über Rückdeckungsversicherungen oder Fonds stellen beim Arbeitnehmer keinen lohnsteuerlichen Zufluss dar, sondern erst die späteren Leistungen sind zu versteuern.[5]

---

[4] Entsprechend der regelmäßig durch Mercer durchgeführten Untersuchung zum Ausfinanzierungsgrad der DAX30-Unternehmen zeigt sich derzeit ein Ausfinanzierungsgrad von zwei Drittel.

[5] BFH, Urteil v. 20.7.2005 – VI R 165/01, BetrAV 2005, 688 = DB 2005, 2164 = BB 2005, 1944.

Die fünf Durchführungswege 2

Im Vergleich zu den anderen Durchführungswegen bietet die Direktzusage hinsichtlich der Ausgestaltung und Finanzierung den höchsten Freiheitsgrad und ist besonders für eine individuell gestaltete Altersversorgung geeignet: Erfolgs- und/oder ergebnisabhängige Beiträge des Arbeitgebers sowie variable Finanzierungsbeiträge des Mitarbeiters sind ohne steuerliche Restriktionen oder Höchstgrenzen möglich. Darüber hinaus kann eine flexible Finanzierung unter Berücksichtigung der unternehmensspezifischen Anforderungen erfolgen.

2.1.2 Unterstützungskasse

Unterstützungskassen gewähren als rechtlich selbständige Versorgungseinrichtungen Leistungen der betrieblichen Altersversorgung, allerdings ohne Rechtsanspruch. Sie unterliegen deshalb auch nicht der Versicherungsaufsicht durch die BaFin. Der Ausschluss des Rechtsanspruches gegen die Unterstützungskasse ist für den Arbeitnehmer jedoch nicht nachteilig, da gemäß § 1 Abs. 1 Satz 3 BetrAVG und höchstrichterlicher Rechtsprechung der Arbeitgeber für die Erfüllung der von ihm zugesagten Leistungen auch dann einsteht, wenn die Durchführung nicht unmittelbar über ihn erfolgt.

Unterstützungskassen werden regelmäßig in der Rechtsform eines eingetragenen Vereines oder einer Gesellschaft mit beschränkter Haftung (GmbH), gelegentlich auch in Form einer Stiftung organisiert. Sie sind mit einem Sondervermögen ausgestattet, das durch Zuwendungen des Trägerunternehmens (Arbeitgeber) und durch eigene Vermögenserträge aufgebaut und erhalten wird. Das Kassenvermögen kann, soweit es nicht für laufende Zahlungen benötigt wird, darlehensweise dem Trägerunternehmen wieder zur Verfügung gestellt werden.

Nachfolgende Grafik verdeutlicht die Rechtsbeziehungen:

Gestaltungsmöglichkeiten von Versorgungszusagen

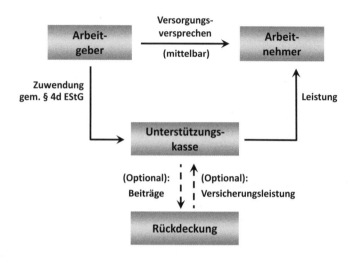

Abb. 6: Rechtsbeziehungen bei der Unterstützungskasse

Die Zuwendungen des Arbeitgebers an die Unterstützungskasse können bei diesem unter den in § 4d EStG genannten Voraussetzungen steuerlich als Betriebsausgaben abgezogen werden. Dabei unterscheidet man zwischen der pauschal dotierten (reservepolsterfinanzierten) und der rückgedeckten Unterstützungskasse. Wenn das zugesagte Leistungsspektrum exakt den Leistungen der Rückdeckungsversicherung entspricht, bezeichnet man dies als kongruent rückgedeckte Unterstützungskasse.

Die Zuwendungen des Trägerunternehmens stellen beim Arbeitnehmer noch keinen lohnsteuerlichen Zufluss dar.[6] Erst die Leistungen der Unterstützungskasse an den Versorgungsempfänger sind zu versteuern.

Die Dotierung kann bei einer rückgedeckten Unterstützungskasse wie bei der Direktzusage ohne steuerliche Höchstgrenzen erfolgen. Darüber hinaus kann eine Unterstützungskassenzusage — je nach konkreter Ausgestaltung

---

[6] BFH, Urteil v. 5.11.1992 – I R 61/89, BStBl. II 1992, S. 1985; v. 27.5.1993 – VI R 19/92, BStBl. II 1994, S. 247, FG Köln, Urteil v. 17.12.1997 – 12 K 824/92, EFG 1998, 875; OFD Hannover, Verfügung v. 3.3.2000 – S 2373 – 1 StH 212/S 2373 – 46 – StO 216, DB 2000, 648.

und nach Rücksprache mit dem jeweiligen Wirtschaftsprüfer — aus bilanzieller Sicht im Rahmen der internationalen Rechnungslegung als Defined Contribution Plan klassifiziert werden. Die Dotierung dieser Unterstützungskasse unterliegt allerdings der Beschränkung, dass die jährlichen Beiträge für die Rückdeckungsversicherung für Anwärter bis zur planmäßigen Pensionierung gleichbleibend oder steigend sein müssen. Im Gegensatz zu den anderen Durchführungswegen sind somit erfolgs- und/oder ergebnisabhängige Beiträge des Arbeitgebers sowie variable Finanzierungsbeiträge des Mitarbeiters nicht möglich.

2.1.3 Direktversicherung

Eine Direktversicherung ist eine Lebensversicherung auf das Leben des Arbeitnehmers, die durch den Arbeitgeber abgeschlossen worden ist und bei der der Arbeitnehmer oder seine Hinterbliebenen hinsichtlich der Leistungen des Versicherers ganz oder teilweise bezugsberechtigt sind.

Als Versorgungsleistungen kommen Leistungen der Alters-, Invaliditäts- oder Hinterbliebenenversorgung in Betracht. Es kann sich um Rentenversicherungen, Risikoversicherungen oder fondsgebundene Lebensversicherungen handeln.[7] Die Direktversicherung unterliegt der Versicherungsaufsicht durch die Bundesanstalt für Finanzdienstleistungsaufsicht (BaFin).

Bei der Direktversicherung als Gestaltungsform der betrieblichen Altersversorgung bestehen Rechtsbeziehungen zwischen

1. dem Arbeitgeber als Versicherungsnehmer und dem Versicherungsunternehmen,
2. dem Arbeitnehmer als versicherter Person und Bezugsberechtigtem aus der Versicherung und dem Versicherungsunternehmen und
3. dem Arbeitgeber und dem Arbeitnehmer aus dem Dienstvertrag.

---

[7] R 4b (1) Satz 5 EStR.

Gestaltungsmöglichkeiten von Versorgungszusagen

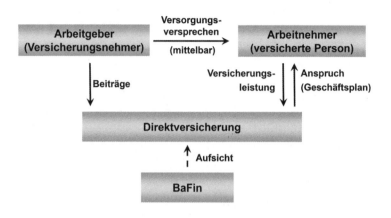

Abb. 7: Rechtsbeziehungen bei der Direktversicherung

Aus dem Versicherungsvertrag ist der Arbeitgeber zur Prämienzahlung an den Versicherer und der Versicherer zur Leistung der Versicherungssumme an den Versicherten (hier: den Arbeitnehmer) verpflichtet. Aus der Versorgungszusage ist der Arbeitgeber dem Arbeitnehmer zur Verschaffung der zugesagten Versorgung verpflichtet. Der Arbeitgeber erfüllt diese Verpflichtung jedoch nicht abschließend mit der bloßen Beitragszahlung an den Versicherer, denn dies wäre eine nach dem Betriebsrentengesetz nicht vorgesehene reine Beitragszusage.[8]

Aus Sicht des Arbeitgebers sind die Beiträge an die Direktversicherung als Betriebsausgaben anzusehen. Die Beitragszahlungen des Arbeitgebers stellen grundsätzlich lohnsteuerpflichtigen Arbeitslohn dar, doch es können sich im Rahmen von § 3 Nr. 63 EStG, § 40b EStG a. F. und den §§ 10a, 79ff. EStG Besonderheiten ergeben. Die Versteuerung der Leistungen aus einer Direktversicherung ist davon abhängig, wie die Beiträge zur Direktversicherung versteuert wurden.

---

[8] Vgl. *Blomeyer/Rolfs/Otto*, BetrAVG, 5. Aufl. 2010, Anh § 1 Rz. 737. Siehe auch BAG, Urteil v. 7.9.2004 – 3 AZR 550/03, BAGE 112, 1 = DB 2005, 507; v. 13.11.2007 – 3 AZR 635/06, AP Nr. 49 zu § 1 BetrAVG.

Im Vergleich zu den beiden vorhergehenden Durchführungswegen ist die Direktversicherung relativ einfach zu implementieren und zu administrieren. Aus Mitarbeitersicht ist sie klar verständlich und somit für den Arbeitgeber einfach zu kommunizieren. Allerdings stößt die Direktversicherung schnell an (lohn-)steuerliche Grenzen, sodass sie sich besonders als „Basisbaustein" oder als „einfaches" Modell zur Entgeltumwandlung eignet.

2.1.4 Pensionskassen

Pensionskassen sind gemäß § 1b Abs. 3 BetrAVG rechtlich selbstständige Versorgungseinrichtungen, die dem Arbeitnehmer oder seinen Hinterbliebenen auf ihre Leistungen einen Rechtsanspruch gewähren.

Gemäß § 118a VAG ist eine Pensionskasse ein Lebensversicherungsunternehmen, dessen Zweck die Absicherung wegfallenden Erwerbseinkommens wegen Alters, Invalidität oder Tod ist, und das

1. das Versicherungsgeschäft im Wege des Kapitaldeckungsverfahrens betreibt,
2. Leistungen grundsätzlich erst ab dem Zeitpunkt des Wegfalls des Erwerbseinkommens vorsieht,
3. Leistungen im Todesfall nur an Hinterbliebene erbringen darf, wobei für Dritte, die die Beerdigungskosten zu tragen haben, ein Sterbegeld begrenzt auf die Höhe der gewöhnlichen Bestattungskosten vereinbart werden kann,
4. der versicherten Person einen eigenen Anspruch auf Leistung gegen die Pensionskasse einräumt oder Leistungen als Rückdeckungsversicherung erbringt.

Pensionskassen werden in der Rechtsform eines Versicherungsvereines auf Gegenseitigkeit (VVaG) oder einer Aktiengesellschaft (AG) geführt und unterstehen wie die Lebensversicherungsunternehmen der Versicherungsaufsicht durch die Bundesanstalt für Finanzdienstleistungsaufsicht (BaFin).

Von einer Gruppenpensionskasse spricht man, wenn mehrere, nicht konzernverbundene Unternehmen eine Pensionskasse nutzen.

Gestaltungsmöglichkeiten von Versorgungszusagen

Ähnlich wie bei der Direktversicherung besteht ein rechtliches Dreiecksverhältnis zwischen dem Arbeitgeber als Beitragszahler, dem Arbeitnehmer als Mitglied der Pensionskasse und Bezugsberechtigtem und der Pensionskasse als Träger der Versorgung. Die Leistungen der Pensionskasse ergeben sich aus dem Geschäftsplan; dabei handelt es sich regelmäßig um Alters-, Invaliden- und Hinterbliebenenrenten.

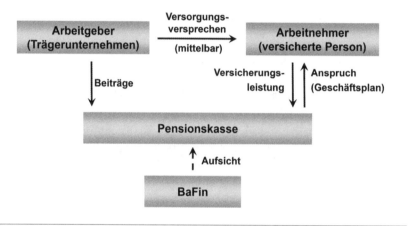

Abb.8: Rechtsbeziehungen bei der Pensionskasse

Für den Arbeitgeber sind die Zuwendungen an die Pensionskasse als Betriebsausgaben zu werten. Diese Zuwendungen stellen aus Sicht der Arbeitnehmer grundsätzlich lohnsteuerpflichtigen Arbeitslohn dar. Besonderheiten können sich im Rahmen von § 3 Nr. 63 EStG, § 40b EStG und den §§ 10a, 79ff. EStG ergeben. Die Versteuerung der Leistungen aus einer Pensionskasse ist davon abhängig, wie die Beiträge versteuert wurden.

In der Praxis unterscheidet man zwischen der regulierten Pensionskasse (Betriebs- oder Firmenpensionskasse) und der deregulierten Pensionskasse (Wettbewerbspensionskasse). Dabei gilt, dass zunächst grundsätzlich alle Pensionskassen dereguliert sind. Auf Antrag kann eine Pensionskasse in der Rechtsform eines Versicherungsvereines auf Gegenseitigkeit (VVaG) wieder den Status als „regulierte" Pensionskasse erhalten.

2 Die fünf Durchführungswege

Die deregulierte Pensionskasse und die Direktversicherung sind von der Tarifgestaltung und Tarifkalkulation sehr ähnlich und können einander im Wesentlichen gleichgestellt werden.

Regulierte Pensionskassen hingegen können mit Genehmigung der BaFin andere Sterbetafeln und so ggf. eine „risikoreichere" Tarifkalkulation mit weniger Sicherheitsreserven zu Grunde legen. Sie müssen allerdings auch eine Regelung in ihrer Satzung vorsehen, dass sie die Versicherungsansprüche kürzen dürfen. Man spricht hier von der sogenannten „Sanierungsklausel". In diesem Falle besteht für den Arbeitgeber ein Nachfinanzierungsrisiko. Betrachtet man die Historie bzw. Ursprünge der regulierten Pensionskassen, so ist dies jedoch nicht zwangsläufig als Nachteil zu werten, da es sich historisch bedingt um Firmenpensionskassen handelte. Hätte der Arbeitgeber die Zusage unmittelbar erteilt, so müsste er ebenfalls für die Verpflichtung einstehen.

Ende 2012 wurden von der BaFin 148 Pensionskassen mit insgesamt rund 7 Millionen Anwärtern und ca. 1,2 Millionen Rentnern beaufsichtigt.[9]

2.1.5 Pensionsfonds

Pensionsfonds sind gemäß § 1b Abs. 3 BetrAVG rechtlich selbstständige Versorgungseinrichtungen, die dem Arbeitnehmer oder seinen Hinterbliebenen auf ihre Leistungen einen Rechtsanspruch gewähren.

Gemäß § 112 VAG ist ein Pensionsfonds eine rechtsfähige Versorgungseinrichtung, die

1. im Wege des Kapitaldeckungsverfahrens Leistungen der betrieblichen Altersversorgung für einen oder mehrere Arbeitgeber zugunsten von Arbeitnehmern erbringt,
2. die Höhe der Leistungen oder die Höhe der für diese Leistungen zu entrichtenden künftigen Beiträge nicht für alle vorgesehenen Leistungsfälle durch versicherungsförmige Garantien zusagen darf,

---

[9] Siehe Bundesanstalt für Finanzdienstleistungsaufsicht: Statistik der BaFin - Erstversicherungsunternehmen 2012 (Pensionskassen), Internetveröffentlichung.

3. den Arbeitnehmern einen eigenen Anspruch auf Leistung gegen den Pensionsfonds einräumt und
4. verpflichtet ist, die Altersversorgungsleistung als lebenslange Zahlung oder als Einmalkapitalzahlung zu erbringen.

Neben Altersleistungen kann auch eine Invaliden- und Hinterbliebenenversorgung gewährt werden. Nach § 113 Abs. 2 Nr. 3 VAG sind nur die Rechtsformen Aktiengesellschaft und Pensionsfondsverein auf Gegenseitigkeit zugelassen. Auch der Pensionsfonds unterliegt der Versicherungsaufsicht durch die BaFin.

Nachstehende Grafik verdeutlicht die Rechtsbeziehungen:

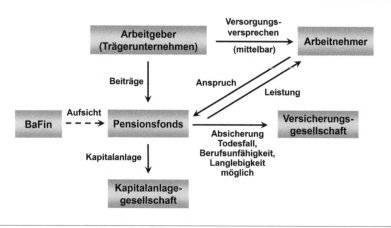

Abb. 9: Rechtsbeziehungen beim Pensionsfonds

Die Finanzierung eines Pensionsfonds erfolgt durch Beiträge des Arbeitgebers und aus der Vermögensanlage des Pensionsfonds. Erklärtes Ziel bei der Einführung des Pensionsfonds war es, für die Kapitalanlage im Vergleich zu Lebensversicherungen und Pensionskassen mehr Freiheiten einzuräumen und somit die Chance zu langfristig höheren Renditen zu eröffnen. Als Grundsatz steht aber die Sicherstellung der dauernden Erfüllbarkeit der jeweiligen Pensionspläne im Vordergrund. Eine zu riskante Anlagepolitik scheidet somit auch für Pensionsfonds aus.

Die Zuwendungen des Arbeitgebers an einen Pensionsfonds sind im Rahmen des § 4e EStG als Betriebsausgaben abziehbar und stellen grundsätzlich lohnsteuerpflichtigen Arbeitslohn beim Arbeitnehmer dar. Besonderheiten können sich im Rahmen von § 3 Nr. 63 EStG und den §§ 10a, 79ff. EStG ergeben. Die Versteuerung der Leistungen ist davon abhängig, wie die Beiträge versteuert wurden.

Mit den §§ 3 Nr. 66, 4e Abs. 3 EStG wurde die Möglichkeit zur steuerfreien Übertragung von Direktzusagen oder Verpflichtungen aus Unterstützungskassen auf Pensionsfonds geschaffen.[10] Aufgrund der steuerfreien Übertragungsmöglichkeit wird der Pensionsfonds in der Praxis sehr häufig für die Ausfinanzierung von Rentnerbeständen (laufende Rentenzahlungen) und im Rahmen der Überleitung von Direktzusagen auf einen externen Versorgungsträger für die Übertragung des sogenannten „Past Service" (bereits erdienter Anwartschaften) verwendet.

Ende 2012 gab es 30 Pensionsfonds mit ca. 600 Tsd. Anwärtern und etwa 300 Tsd. Rentnern. 8 Pensionsfonds dienten unmittelbar einem einzelnen Unternehmen bzw. Konzern, während 22 als Gruppen-Pensionsfonds von Finanzdienstleistern operierten.[11]

2.1.6 Kombinationen

Je nach Zielsetzung können auch mehrere Durchführungswege miteinander kombiniert werden. Zum Beispiel kann die Grundversorgung über eine Direktversicherung, Pensionskasse oder einen Pensionsfonds unter Ausschöpfung der steuerlich begünstigten Höchstbeträge erfolgen und im Wege einer Direktzusage aufgestockt werden. In der Praxis finden sich auch häufig Kombinationen aus Pensionsfonds/Direktversicherungen für die flexible Entgeltumwandlung und rückgedeckter Unterstützungskasse für den konstanten arbeitgeberfinanzierten Teil der Altersversorgung. Dabei stehen im zweiten Fall insbesondere (lohn-)steuerliche Gesichtspunkte und Bilanzierungsas-

---

[10] Siehe BMF-Schreiben v. 26.10.2006 – IV B 2 – S 2144 – 57/06, DB 2006, 2432.
[11] Siehe Bundesanstalt für Finanzdienstleistungsaufsicht: Statistik der BaFin - Erstversicherungsunternehmen 2012 (Pensionsfonds), Internetveröffentlichung.

Gestaltungsmöglichkeiten von Versorgungszusagen

pekte im Vordergrund. Im Rahmen der Überleitung von Direktzusagen auf einen externen Versorgungsträger findet sich häufig die Kombination aus Pensionsfonds (für den Past Service) und der rückgedeckten Unterstützungskasse für künftig noch erdienbare Anwartschaften (Future Service).

Nachfolgende Grafik soll diese Vorgehensweise verdeutlichen:

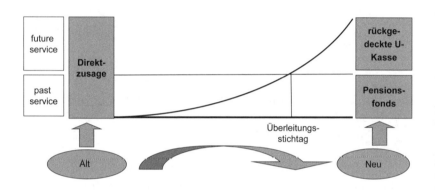

Abb. 10: Mögliche Kombination von zwei Durchführungswegen in der betrieblichen Altersversorgung

2.2 Zusagearten in der betrieblichen Altersversorgung

In der betrieblichen Altersversorgung gibt es drei wesentliche Zusagetypen: die reine Leistungszusage, die beitragsorientierte Leistungszusage sowie die Beitragszusage mit Mindestleistung.

2 Zusagearten in der betrieblichen Altersversorgung

	Leistungs- zusage (LZ)	Beitrags- orientierte Leistungszusage (BoLZ)	Beitrags- zusage mit Mindestleistung (BZML)
Direktzusage	JA	Ja, auch Entgelt- umwandlung	Nein
Unterstützungskasse			
Direktversicherung			Ja, auch Entgelt- umwandlung
Pensionskasse			
Pensionsfonds			

Abb. 11: Mögliche Kombination von Zusagearten in der betrieblichen Altersversorgung

2.2.1 Leistungszusage (§ 1 Abs. 1 BetrAVG)

Die Leistungszusage wird in § 1 Abs. 1 Satz 1 BetrAVG definiert. Dabei sagt der Arbeitgeber eine spätere Leistung unabhängig vom erforderlichen Versorgungsaufwand zu. Die spätere Versorgungsleistung kann z. B. als Festbetrag oder als Prozentsatz des zuletzt bezogenen Gehalts definiert werden. Bei leistungsbezogenen Plänen ist also die Leistungshöhe (Rente oder Kapital) Inhalt der Versorgungszusage und somit sind sie für den Mitarbeiter sehr transparent und in der Regel einfach zu kalkulieren. Demgegenüber ist die Leistungszusage für das Unternehmen schwerer kalkulierbar, da sich — je nach Ausgestaltung — eine spätere Gehaltserhöhung auf den Finanzierungsaufwand bereits erdienter Anwartschaften auswirken kann. Im Rahmen der Leistungszusage wird nach § 2 Abs. 1 BetrAVG die Höhe einer unverfallbaren Anwartschaft nach dem Verhältnis von tatsächlicher zu maximal möglicher Betriebszugehörigkeit bis zur Regelaltersgrenze bzw. zur Altersgrenze gemäß dem Pensionsplan ermittelt.

Gestaltungsmöglichkeiten von Versorgungszusagen

In der Praxis finden sich meist nachstehende Gestaltungsvarianten leistungsbezogener Pensionspläne:

- **Festbetragspläne** legen die Leistungsansprüche als feste EUR-Beträge fest. Im Allgemeinen sind sie nach Dienstjahren und Zugehörigkeit zum tariflichen und außertariflichen Bereich gestaffelt, sodass die Eingruppierung dann auch indirekt nach dem Gehalt erfolgt. Eine eventuelle Erhöhung der Festbeträge kann zum Beispiel in solchen Jahren rechtswirksam beschlossen werden, in denen die entsprechende Erhöhung der Pensionsrückstellung in die Ertragsplanung des Unternehmens passt. Falls auch Dienstjahre der Vergangenheit von einer solchen Erhöhung erfasst werden sollen bzw. müssen, spricht man vom sogenannten Past-Service-Effekt.

- **Bausteinpläne**, bei denen der Leistungsanspruch vom jeweiligen Gehalt oder einer anderen Bezugsgröße eines Jahres abhängt, sind eine dynamisierte Form der Festbetragspläne, vermeiden aber den Past-Service-Effekt, der Endgehaltsplänen zu eigen ist. So wirken sich hier beispielsweise künftige Gehaltssteigerungen nicht auf die bereits erdienten Bausteine aus.

- **Endgehaltspläne** definieren den Leistungsanspruch in Abhängigkeit vom Gehalt bei Eintritt des Versorgungsfalles und im Allgemeinen von der Anzahl der abgeleisteten Dienstjahre. Typisch sind Zusagen, die für Gehaltsteile bis zur Beitragsbemessungsgrenze in der allgemeinen Rentenversicherung (BBG) einen jährlichen Rentensteigerungsprozentsatz zwischen 0,2 % und 0,5 % und für Gehaltsteile oberhalb der BBG einen jährlichen Rentensteigerungsprozentsatz zwischen 0,6 % und 2 % des letzten Gehalts ansetzen. Das Versorgungsniveau ist damit automatisch an die Gehaltsentwicklung gekoppelt. Ferner gibt es Leistungspläne, die zwar formal auf das Gehalt abstellen, bei denen jedoch das pensionsfähige Gehalt unabhängig vom tatsächlichen Gehalt definiert wird und Erhöhungen des pensionsfähigen Gehalts gesondert festgelegt werden müssen.

- Bei **Gesamtversorgungsplänen** sagt der Arbeitgeber dem Arbeitnehmer eine betriebliche Altersversorgung in Höhe des Unterschieds zwischen einer als angemessen angesehenen Obergrenze (z. B. 60 % bis 70 % des letzten Bruttomonatseinkommens oder 70 % bis 80 % des letzten Nettomonatseinkommens) und der Rente aus der gesetzlichen Rentenversicherung zu. Bei einer Absenkung der gesetzlichen Rente erhöht sich automatisch die Anwartschaft auf betriebliche Altersversorgung; der Arbeitgeber übernimmt faktisch eine Ausfallbürgschaft für die gesetzliche Rentenversicherung. Gesamtversorgungspläne wurden früher zur Nachbildung der Beamtenversorgung bzw. zu Zeiten steigender gesetzlicher Renten eingeführt. Inzwischen finden sich diese Gestaltungsformen kaum mehr, da diese Zusagen an externe, vom Unternehmen nicht beeinflussbare Größen gekoppelt sind und zudem sämtliche Gehaltssteigerungen rückwirkend den Pensionsaufwand erhöhen.

In der Praxis zeigt sich seit Jahren der Trend weg von reinen Leistungszusagen, die die Planungssicherheit seitens des Mitarbeiters in den Vordergrund stellen und relativ hohe Finanzierungsrisiken für das Unternehmen bergen, hin zu beitragsorientierten Leistungszusagen.

2.2.2 Beitragsorientierte Leistungszusage (§ 1 Abs. 2 Nr. 1 BetrAVG)

Beitragsorientierte Leistungszusagen sind in allen Durchführungswegen gestaltbar. Dabei verpflichtet sich der Arbeitgeber, bestimmte Beiträge in eine Anwartschaft auf Alters-, Invaliditäts- oder Hinterbliebenenversorgung umzuwandeln. Neben der Leistungshöhe, die der Arbeitgeber zusagt, gibt er also bei beitragsorientierten Leistungszusagen auch den mit der Leistung verbundenen Aufwand (in Form eines tatsächlich entrichteten oder fiktiven Beitrags) an.

Hierzu wird bei Direktzusagen i. d. R. ein vorgegebener Versorgungsaufwand über eine Umrechnungstabelle (Transformationstabelle) in Versorgungsleistungen umgerechnet. Die Tabellen sind meist altersabhängig gestaffelt und basieren im Fall von Direktzusagen häufig auf den Rechnungsgrundlagen, die auch für die Pensionsrückstellungsberechnung verwendet werden. Alternativ hierzu werden auch Rückdeckungsversicherungen für die Transformation von Beitrag in Leistung verwendet. Aus jedem Beitrag ergibt sich je nach Alter ein gewisser Renten- oder Kapitalbaustein; aus der Summe aller Bausteine errechnet sich dann die Versorgungsleistung. Bei rückgedeckten Unterstützungskassen ergibt sich die Höhe der Leistung der Unterstützungskasse meist direkt aus dem Tarif der Rückdeckungsversicherung und aus dem vorgegebenen Beitragsaufwand.

Gestaltungsmöglichkeiten von Versorgungszusagen

> **BEISPIEL:**
>
> Der Arbeitgeber bestimmt z. B., dass er 3 % der Bruttobezüge seiner Mitarbeiter für die betriebliche Altersversorgung aufwenden will. Dieser Betrag fließt dann als Beitrag in eine Rückdeckungsversicherung. Maßgeblich für die Leistungshöhe ist die Versicherungsleistung, die sich bei Erfüllung der Leistungsvoraussetzungen aus der abgeschlossenen Rückdeckungsversicherung ergibt. Diese Leistungen sind dann wiederum Gegenstand der Versorgungszusage. Im Versorgungsfall erhält der Arbeitgeber bzw. die Unterstützungskasse die versicherte Leistung aus der Rückdeckungsversicherung und leitet sie 1:1 an den versorgungsberechtigten ehemaligen Mitarbeiter oder dessen Hinterbliebene weiter.

Auch die Altersversorgung über Direktversicherung/Wettbewerbspensionskassen mit Beiträgen im Rahmen des § 40b EStG (bis 1.752 EUR p.a.) bzw. des § 3 Nr. 63 EStG ist i. d. R. als beitragsorientierte Leistungszusage zu qualifizieren, wobei sich die Höhe der Leistung nach dem Tarif der Direktversicherung bzw. Pensionskasse bestimmt.

Nachfolgende Grafik verdeutlicht die Grundsystematik der Renten- oder Kapitalbausteinpläne:

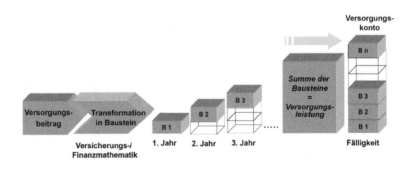

Abb. 12: Renten- oder Kapitalbausteinpläne

(Reale oder virtuelle) Cash-Balance-Pläne sind eine besondere Ausgestaltung beitragsorientierter Leistungszusagen, um Versorgungszusagen für den Arbeitgeber risikoärmer zu gestalten. Dabei definiert der Arbeitgeber (reale

2 Zusagearten in der betrieblichen Altersversorgung

oder virtuelle) Beiträge, die sich mit einem vom Arbeitgeber zugesagten Zinssatz verzinslich ansammeln oder als Wertpapiervermögen gegebenenfalls mit einer Garantieverzinsung angesammelt werden. Bei Eintritt des Versorgungsfalles dient der individuelle (Konto-)Stand des Cash-Balance-Plans als Basis für die Ermittlung der Höhe der Leistungen an den Versorgungsberechtigten. Ausgezahlt wird dann das „angesparte" Kapital entweder als einmaliges Kapital oder in mehreren Jahresraten. Bei manchen Cash-Balance-Plänen hat der Mitarbeiter ein Wahlrecht, bei Eintritt des Versorgungsfalls statt einer Kapitalzahlung eine laufende Rentenleistung zu erhalten. Um auch hier eine Risikominimierung zu erhalten, werden die im Versorgungsfall vorhandenen Kapitalbeträge

- mit dann aktuellen biometrischen Rechnungsgrundlagen verrentet,
- als Einmalbeitrag in eine Rentenrückdeckungsversicherung gezahlt, aus dem sich dann die Rentenhöhe bestimmt, oder
- gemäß § 3 Nr. 66 EStG auf einen Pensionsfonds in einen Garantietarif übertragen.

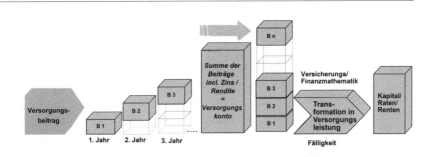

Abb. 13: Modell eines Cash-Balance-Plans

Inzwischen findet man häufig sogenannte **wertpapiergebundene Zusagen**, die als Direktzusagen ausgestaltet werden. Hier werden die Beiträge nicht für eine Rückdeckungsversicherung verwendet, sondern zum Erwerb von Wertpapieren, aus denen dann bei Eintritt des Versorgungsfalls eine Versorgungsleistung ermittelt wird. Der Arbeitgeber sichert hierbei i. d. R. eine Mindestverzinsung zu, die sich im Allgemeinen an der Mindestverzinsung von Versicherungsverträgen orientiert.

Durch § 2 Abs. 5a BetrAVG in Verbindung mit § 30g BetrAVG wird die Höhe einer unverfallbaren Anwartschaft aus einer nach dem 31.12.2000 erteilten beitragsorientierten Leistungszusage auf die Anwartschaft aus Leistungen aus den bis zum Ausscheiden geleisteten bzw. zur Verfügung gestellten Beiträgen begrenzt. Damit wird vermieden, dass der vom Arbeitgeber aufrechtzuerhaltende Teilanspruch höher ist als die angesparten Beiträge zum Zeitpunkt des Ausscheidens.[12] Mit der beitragsorientierten Leistungszusage reduziert sich das Risiko des Arbeitgebers, da hier beispielsweise künftige Gehaltssteigerungen keine Auswirkungen auf die bereits erdienten Anwartschaften haben.

2.2.3 Beitragszusage mit Mindestleistung (§ 1 Abs. 2 Nr. 2 BetrAVG)

Mit der Novellierung des BetrAVG durch das Altersvermögensgesetz ist mit Wirkung zum 1.1.2002 die sogenannte Beitragszusage mit Mindestleistung im Gesetz eingefügt worden. Eine solche liegt vor, wenn der Arbeitgeber sich verpflichtet, Beiträge an einen Pensionsfonds, eine Pensionskasse oder eine Direktversicherung zu zahlen. Zusätzlich muss der Arbeitgeber die Garantie übernehmen, dass zur Altersversorgung mindestens die Summe der zugesagten Beiträge zur Verfügung steht. Bei der Summe der Beiträge sind keine Zinsen zu berücksichtigen und Beitragsteile, die zur Finanzierung vorzeitiger Risiken (Todesfall oder Berufsunfähigkeit) verwendet werden, sind von der Mindestleistung abzuziehen. Der Arbeitgeber haftet also nur für die Summe der Beiträge, die zur Finanzierung der Altersleistung verwendet werden. Durch § 2 Abs. 5b BetrAVG wird die Höhe einer unverfallbaren Anwartschaft in Analogie zur beitragsorientierten Leistungszusage auf die Summe der bisherigen Beiträge (zzgl. Erträgen, abzgl. Risikoprämien) festgelegt.

Bei Beitragszusagen mit Mindestleistung werden die Beiträge in der Regel so konservativ angelegt, dass im Alter risikolos die Summe der eingezahlten Beiträge zur Verfügung steht. Dafür werden z. B. für einen Teil der Beiträge Null-Coupon-Anleihen gezeichnet und der verbleibende Rest in volatilere Anlagen investiert.

---

[12] Vgl. Hanau/Arteaga/Rieble/Veit, Entgeltumwandlung, 2. Aufl. 2006, Rz. 106, 570 f.

2.3 Fazit

Da reine Leistungspläne für den Arbeitgeber schwerer kalkulierbar sind und zu Nachfinanzierungsrisiken führen können, wurden seit mehreren Jahren nahezu ausschließlich Pensionspläne in Form der beitragsorientierten Leistungszusagen bzw. Beitragszusagen mit Mindestleistung eingeführt. Mit der steuerlichen Förderung durch das AVmG („Eichel-Förderung" / „Riester-Förderung") und der Neuregelung der Unverfallbarkeitsbestimmungen (finanzierter Teil anstelle des ratierlichen Endbetrags) hat die beitragsorientierte Leistungszusage zudem einen starken Aufschwung erlebt.

3 Arbeitsrechtliche Grundlagen der betrieblichen Altersversorgung

Rita Reichenbach, Gordon Teckentrup

3.1 Das Betriebsrentengesetz

Das Gesetz zur Verbesserung der betrieblichen Altersversorgung (BetrAVG) vom 19.12.1974 (BGBl. I 1974, S. 3610), heute kurz Betriebsrentengesetz genannt[1], brachte erstmals eine gesetzliche Regelung der betrieblichen Altersversorgung. Diese war anfänglich als freiwillige Leistung des Arbeitgebers verstanden, dann aber von der Rechtsprechung zu einer Leistung, auf die Rechtsansprüche bestehen, weiterentwickelt worden. Bis heute enthält das Betriebsrentengesetz aber nicht alle für die betriebliche Altersversorgung wesentlichen Vorschriften und wird durch umfangreiches Richterrecht ergänzt, insbesondere zum Besitzstandsschutz bzw. zur Abänderbarkeit bestehender Zusagen, zur Mitbestimmung und zum Anwendungsbereich.

Die Bestimmungen des Gesetzes finden Anwendung, wenn betriebliche Altersversorgung vorliegt. Von den Bestimmungen des BetrAVG kann grundsätzlich nicht zuungunsten des Arbeitnehmers abgewichen werden. § 17 Abs. 3 BetrAVG enthält eine begrenzte Tariföffnungsklausel bezüglich der §§ 1a, 2 bis 5, 16, 18a Satz 1, 27 und 28 BetrAVG.[2] Nach § 17 gilt das BetrAVG nicht nur für Arbeitnehmer, sondern entsprechend auch für Personen, die nicht Arbeitnehmer sind, wenn ihnen eine Altersversorgung aus Anlass ihrer Tätigkeit für ein Unternehmen zugesagt worden ist (z. B. Organe von Kapitalgesellschaften wie Vorstände und Geschäftsführer, Handelsvertreter, Hausgewerbetreibende, Berater).

---

[1] Siehe auch Anlage 3.
[2] Nach Auffassung des BAG sind auch von den genannten Bestimmungen abweichende Regelungen mit Organmitgliedern zulässig (BAG, Urteil v. 21.4.2009 – 3 AZR 285/07, DB 2010, S. 2004).

Größere Veränderungen erfuhr das Betriebsrentengesetz insbesondere durch das Rentenreformgesetz 1999[3], das Altersvermögensgesetz[4], das Alterseinkünftegesetz[5] sowie das RV-Altersgrenzenanpassungsgesetz[6]. Mit dem RV-Altersgrenzenanpassungsgesetz werden die Altersgrenzen für die Inanspruchnahme gesetzlicher Altersrenten stufenweise angehoben (siehe Kapitel 1). Durch das Gesetz wurden auch die §§ 2, 6 BetrAVG angepasst. In § 2 Abs. 1 BetrAVG wird hinsichtlich der möglichen Betriebstreue nicht mehr auf die Vollendung des 65. Lebensjahres, sondern auf das Erreichen der Regelaltersgrenze abgestellt. An die Stelle des Erreichens der Regelaltersgrenze tritt ein früherer Zeitpunkt, wenn dieser in der Versorgungsregelung als feste Altersgrenze vorgesehen ist.

> **HINWEIS**
>
> Im Zusammenhang mit der Anhebung der Regelaltersgrenze hat das BAG[7] die Auslegungsregel aufgestellt, dass eine vor dem RV-Altersgrenzenanpassungsgesetz entstandene Versorgungsordnung, die für den Eintritt des Versorgungsfalles auf die Vollendung des 65. Lebensjahres abstellt, regelmäßig dahingehend auszulegen ist, dass damit auf die Regelaltersgrenze in der gesetzlichen Rentenversicherung nach §§ 35, 235 Abs. 2 Satz 2 SGB VI Bezug genommen wird.

Durch das Gesetz zur Förderung der zusätzlichen Altersvorsorge und zur Änderung des Dritten Buches Sozialgesetzbuch[8] wurde schließlich das Mindest-

---

[3] Gesetz zur Reform der gesetzlichen Rentenversicherung (Rentenreformgesetz 1999 – RRG 1999) v. 16.12.1997, BGBl. I 1997, S. 2998.

[4] Gesetz zur Reform der gesetzlichen Rentenversicherung und zur Förderung eines kapitalgedeckten Altersvorsorgevermögens (Altersvermögensgesetz – AVmG) v. 26.6.2001, BGBl. I 2001, S. 1310.

[5] Gesetz zur Neuordnung der einkommensteuerrechtlichen Behandlung von Altersvorsorgeaufwendungen und Altersbezügen (Alterseinkünftegesetz – AltEinkG) v. 5.7.2004, BGBl. I 2004, S. 1427.

[6] Gesetz zur Anpassung der Regelaltersgrenze an die demographische Entwicklung und zur Stärkung der Finanzierungsgrundlagen der gesetzlichen Rentenversicherung (RV-Altersgrenzenanpassungsgesetz) v. 20.4.2007, BGBl. I 2007, S. 554.

[7] Urteil v. 15.5.2012 - 3 AZR 11/10, DB 2012, 1756.

[8] Gesetz zur Förderung der zusätzlichen Altersvorsorge und zur Änderung des Dritten Buches Sozialgesetzbuch v. 10.12.2007, BGBl. I 2007, S. 2838.

3 Begriff der betrieblichen Altersversorgung (§ 1 Abs. 1 Satz 1 BetrAVG)

alter für den Erwerb einer gesetzlich unverfallbaren Anwartschaft von 30 auf 25 Jahre abgesenkt; dies gilt für Zusagen, die ab 1.1.2009 erteilt werden (§§ 1b, 30f BetrAVG).

3.2 Begriff der betrieblichen Altersversorgung (§ 1 Abs. 1 Satz 1 BetrAVG)

3.2.1 Begriff der betrieblichen Altersversorgung, § 1 Abs. 1 Satz 1 BetrAVG

Eine betriebliche Altersversorgung liegt vor, wenn die im Betriebsrentengesetz abschließend aufgezählten Voraussetzungen erfüllt sind: Der Arbeitgeber muss die Zusage aus Anlass eines Arbeitsverhältnisses erteilen. Die Leistungspflicht muss nach dem Inhalt der Zusage durch ein im Gesetz genanntes biologisches Ereignis (Alter, Invalidität oder Tod) ausgelöst werden. Die zugesagte Leistung muss einem Versorgungszweck dienen. Unter einer „Versorgung" sind alle Leistungen zu verstehen, die den Lebensstandard des Arbeitnehmers oder seiner Hinterbliebenen im Versorgungsfall, wenn auch nur zeitweilig, verbessern sollen.[9] Der Leistungsbegriff des § 1 Abs. 1 Satz 1 BetrAVG ist weit auszulegen.[10] Nicht nur Sach- und Nutzungsleistungen, sondern auch die im Ruhestand gewährten Deputate[11] (wie z. B. Personalrabatte oder Energiekostenerstattung) werden erfasst.

Eine Altersversorgung liegt nur vor, wenn der Anspruch auf die Leistung vom Erreichen eines bestimmten Lebensalters abhängig ist. Ein Mindestalter kennt das BetrAVG nicht, nach der Verkehrsanschauung kam bislang ein Lebensalter von 60 Jahren in Betracht[12], für ab dem 1.1.2012 erteilte neue Zusagen

---

[9] BAG, Urteil v. 28.10.2008 – 3 AZR 317/07, ArbuR 2008, 397.
[10] BAG, Urteil v. 19.2.2008 – 3 AZR 61/06; BAG, Urteil v. 12.12.2006 – 3 AZR 476/05, AP BetrAVG § 1 Nr. 45 = EzA BetrAVG § 1 Nr. 89.
[11] BAG, Urteil v. 16.3.2010 – 3 AZR 594/09, ArbuR 2010, 181; Urteil vom 14.12.2010 – 3 AZR 799/08, ArbuR 2011, 41.
[12] *Blomeyer/Rolfs/Otto*, BetrAVG, 5. Aufl. 2010, § 1 Rz. 20; ähnlich Kemper/Kisters-Kölkes/Berenz/Huber, BetrAVG, 5Aufl. 2013, § 1 Rz. 52.

könnte sich — als Folge des RV-Altersgrenzenanpassungsgesetzes, mit dem die Altersgrenze in der gesetzlichen Rentenversicherung von 65 auf 67 Jahre angehoben wurde — schon aus steuerlichen Gründen die Auffassung verfestigen, grundsätzlich sei erst ab Vollendung des 62. Lebensjahres betriebliche Altersversorgung gegeben.[13] Übergangsgelder, die die Zeit vom Ausscheiden bis zum Beginn der Rentenberechtigung überbrücken helfen sollen, stellen dagegen keine betriebliche Altersversorgung im Sinne des Betriebsrentengesetzes dar.[14]

Das biologische Ereignis bei der Hinterbliebenenversorgung ist der Tod des Arbeitnehmers und bei der Invaliditätsversorgung der Invaliditätseintritt. Eine Hinterbliebenenversorgung im steuerlichen Sinne darf nur Leistungen an die Witwe des Arbeitnehmers oder den Witwer der Arbeitnehmerin, die Kinder im Sinne des § 32 Abs. 3, 4 Satz 1 Nr. 1 bis 3 und Abs. 5 EStG (das sind im Wesentlichen die kindergeldberechtigten Kinder), den früheren Ehegatten, den eingetragenen Lebenspartner nach dem LPartG oder die Lebensgefährtin/den Lebensgefährten (hierunter fallen auch gleichgeschlechtliche Lebensgemeinschaften) vorsehen.[15]

3.3 Entgeltumwandlung (§ 1 Abs. 2 Nr. 3 und § 1a BetrAVG)

3.3.1 Anspruch

Nach § 1a BetrAVG haben Arbeitnehmer seit dem 1.1.2002 einen individuellen Anspruch auf Entgeltumwandlung. Anspruchsberechtigt sind Personen, die aufgrund ihrer Beschäftigung oder Tätigkeit in der gesetzlichen Rentenversicherung pflichtversichert sind, § 17 Abs. 1 Satz 3 BetrAVG. Die sich aus dem Be-

---

[13] BMF-Schreiben v. 24.7.2013 – IV C 3 – S 2015/11/10002 / IV C 5 – S 2333/09/10005 DOK 2013/0699161, BStBl. I 2013, S. 1022, Rz. 286.

[14] Vgl. zur Übergangsversorgung der Piloten BAG, Urteil vom 15.2.2011 – 9 AZR 584/09, ArbuR 2011, 133.

[15] BMF-Schreiben v. 24.7.2013 – IV C 3 – S 2015/11/10002 / IV C 5 – S 2333/09/10005 DOK 2013/0699161, BStBl. I 2013, S. 1022, Rz. 287.

triebsrentengesetz ergebende Verpflichtung des Arbeitgebers auf Abschluss einer Vereinbarung über Entgeltumwandlung ist mit dem Grundgesetz vereinbar.[16]

Der Anspruch besteht auf Umwandlung künftigen Entgelts in Höhe von bis zu 4 % der Beitragsbemessungsgrenze in der gesetzlichen Rentenversicherung West.[17]

Der Anspruch auf Entgeltumwandlung ist jedoch ausgeschlossen, soweit der Arbeitnehmer bereits eine durch Entgeltumwandlung finanzierte betriebliche Altersversorgung in Höhe von 4 % der Beitragsbemessungsgrenze hat. Wenn und soweit der Arbeitnehmer einen Anspruch auf Entgeltumwandlung hat, kann er verlangen, dass die Voraussetzungen für die steuerliche Förderung nach §§ 10a, 82 Abs. 2 EStG (sogenannte Riester-Förderung) erfüllt werden, wenn die betriebliche Altersversorgung über einen Pensionsfonds, eine Pensionskasse oder eine Direktversicherung durchgeführt wird.

Soweit Entgeltansprüche auf einem Tarifvertrag beruhen, können sie für eine Entgeltumwandlung nur genutzt werden, wenn ein Tarifvertrag dies vorsieht oder dies durch Tarifvertrag zugelassen ist (Tarifvorrang, § 17 Abs. 5 BetrAVG).

Besteht eine Pensionskasse oder wird ein Pensionsfonds eingerichtet, darf der Arbeitgeber diese Möglichkeit anbieten und den Anspruch hierauf beschränken. Bietet der Arbeitgeber weder einen Pensionsfonds noch eine Pensionskasse an, so kann der Arbeitnehmer den Abschluss einer Direktversicherung durch den Arbeitgeber verlangen. Die Auswahl des Versicherers obliegt dabei aber dem Arbeitgeber.[18]

Die Durchführung des Anspruchs auf Entgeltumwandlung wird gemäß § 1a Abs. 1 BetrAVG durch Vereinbarung geregelt. Dies kann eine tarifvertragliche Vereinbarung, eine Betriebsvereinbarung oder eine einzelvertragliche Vereinbarung zwischen Arbeitgeber und Arbeitnehmer sein.

---

[16] BAG, Urteil v. 12.6.2007 – 3 AZR 14/06, DB 2007, 2722.
[17] Zur Höhe der Beitragsbemessungsgrenze siehe Anlage 1.
[18] BAG, Beschluss v. 19.7.2005 – 3 AZR 502/04 (A), DB 2005, 2252.

3.3.2 Wertgleichheit

Bei der Entgeltumwandlung werden künftige Entgeltansprüche in eine *wertgleiche* Anwartschaft auf Versorgungsleistungen umgewandelt, § 1 Abs. 2 Nr. 3 BetrAVG. Bei Direktzusagen und Unterstützungskassenzusagen wird nach herrschender Meinung die Wertgleichheit nach versicherungsmathematischen Grundsätzen bemessen, bei den Durchführungswegen Direktversicherung, Pensionskasse und Pensionsfonds ist Wertgleichheit zu bejahen, wenn der Arbeitgeber die umgewandelten Entgelte vollständig an den Versicherer abführt.[19]

> **HINWEIS**
>
> Das BAG[20] hat entschieden, dass gezillmerte Verträge nicht gegen das Wertgleichheitsgebot verstoßen. Nach Auffassung des BAG können diese Verträge jedoch eine unangemessene Benachteiligung der versicherten Arbeitnehmer darstellen, wodurch aber nur ein Anspruch auf eine höhere betriebliche Altersversorgung begründet wird, der Vertrag an sich bleibt bestehen.

3.3.3 Steuerliche Behandlung

Die Herabsetzung von Arbeitslohn (laufender Arbeitslohn, Einmal- und Sonderzahlungen) zugunsten der betrieblichen Altersversorgung wird aus Vereinfachungsgründen grundsätzlich auch dann als Entgeltumwandlung steuerlich anerkannt, wenn die Gehaltsänderungsvereinbarung bereits erdiente, aber noch nicht fällig gewordene Anteile umfasst. Dies gilt auch, wenn eine Einmal- oder Sonderzahlung einen Zeitraum von mehr als einem Jahr betrifft.[21]

Bei einer Herabsetzung laufenden Arbeitslohns zugunsten einer betrieblichen Altersversorgung hindert es die Annahme einer Entgeltumwandlung nicht,

---

[19] Z. B. *Hanau/Arteaga/Rieble/Veit*, Entgeltumwandlung, 3. Aufl. 2014, Rz. 113; *Blomeyer/Rolfs/Otto*, BetrAVG, 5. Aufl. 2010, § 1 Rz. 146.

[20] BAG, Urteil v. 15.9.2009 – 3 AZR 173/08, NZA 2010, 342.

[21] BMF-Schreiben v. 24.7.2013 – IV C 3 – S 2015/11/10002 / IV C 5 – S 2333/09/10005 DOK 2013/0699161, BStBl. I 2013, S. 1022, Rz. 294

wenn der bisherige ungekürzte Arbeitslohn weiterhin Bemessungsgrundlage für künftige Erhöhungen des Arbeitslohns oder andere Arbeitgeberleistungen (wie z. B. Weihnachtsgeld, Tantieme, Jubiläumszuwendungen, betriebliche Altersversorgung) bleibt, die Gehaltsminderung zeitlich begrenzt oder vereinbart wird, dass der Arbeitnehmer oder der Arbeitgeber sie für künftigen Arbeitslohn einseitig ändern können.[22]

3.3.4 Abgrenzung zu Eigenbeiträgen

Von der Entgeltumwandlung aus dem Bruttoeinkommen zu unterscheiden sind die sogenannten **Eigenbeiträge**, § 1 Abs. 2 Nr. 4 BetrAVG, die aus bereits versteuertem Einkommen geleistet werden. Hierbei leistet der Arbeitnehmer Beiträge aus seinem Arbeitsentgelt zur Finanzierung von Leistungen der betrieblichen Altersversorgung an einen Pensionsfonds, eine Pensionskasse oder eine Direktversicherung. Um betriebliche Altersversorgung handelt es sich dann, wenn die Zusage des Arbeitgebers auch die Leistungen aus diesen Beiträgen umfasst. Die Regelungen für Entgeltumwandlung sind hierbei entsprechend anzuwenden, soweit die zugesagten Leistungen aus diesen Beiträgen im Wege der Kapitaldeckung finanziert werden.

3.4 Unverfallbarkeitsbestimmungen

Bis zum Eintritt eines Versorgungsfalls (Erreichen der Altersgrenze, Invalidität, Tod) liegt eine *Anwartschaft* auf eine Betriebsrente vor. Eine Anwartschaft ist eine gesicherte Rechtsposition auf eine zukünftige Leistung. Mit dem Eintritt des Versorgungsfalls erstarkt die Anwartschaft zu einem *Anspruch*. Die Anwartschaft entsteht mit der Versorgungszusage des Arbeitgebers und wächst mit der Dauer der Betriebszugehörigkeit.

---

[22] BMF-Schreiben v. 24.7.2013 – IV C 3 – S 2015/11/10002 / IV C 5 – S 2333/09/10005 DOK 2013/0699161, BStBl. I 2013, S. 1022, Rz. 295

3.4.1 Unverfallbarkeitsfristen

Einem Arbeitnehmer, dem Leistungen der betrieblichen Altersversorgung zugesagt worden sind, bleibt die Anwartschaft erhalten, wenn das Arbeitsverhältnis vor Eintritt des Versorgungsfalls, jedoch nach Vollendung des 25. Lebensjahres endet und die Versorgungszusage zu diesem Zeitpunkt mindestens fünf Jahre bestanden hat (unverfallbare Anwartschaft, § 1b Abs. 1 BetrAVG). Diese Regelung gilt für alle Versorgungszusagen, die nach dem 31.12.2008 erteilt worden sind.

Vor dem 1.1.2001 erteilte Zusagen sind spätestens seit 1.1.2006 gemäß § 30f BetrAVG unverfallbar, wenn das Arbeitsverhältnis nach Vollendung des 30. Lebensjahres endete.

Für nach dem 31.12.2000 und vor dem 1.1.2009 erteilte Zusagen ist § 1b Abs. 1 Satz 1 BetrAVG mit der Maßgabe anzuwenden, dass die Anwartschaft erhalten bleibt, wenn das Arbeitsverhältnis vor Eintritt des Versorgungsfalls, jedoch nach Vollendung des 30. Lebensjahres endet und die Versorgungszusage zu diesem Zeitpunkt fünf Jahre bestanden hat; in diesen Fällen bleibt die Anwartschaft auch erhalten, wenn die Zusage ab dem 1.1.2009 fünf Jahre bestanden hat und bei Beendigung des Arbeitsverhältnisses das 25. Lebensjahr vollendet ist (§ 30f Abs. 2 BetrAVG).

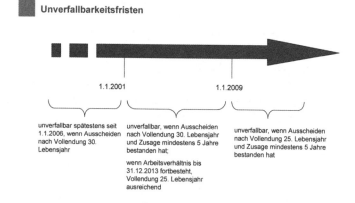

Abb. 14: Unverfallbarkeitsfristen

Versorgungsanwartschaften, die auf einer **Entgeltumwandlung** nach § 1a BetrAVG beruhen, sind nach § 1b Abs. 5 Satz 1 BetrAVG von Beginn an gesetzlich unverfallbar. Diese Regelung gilt für Zusagen, die nach dem 31.12.2000 erteilt wurden oder werden (§ 30f Abs. 1 Satz 2 BetrAVG). Entgeltumwandlungszusagen, die vor dem 1.1.2001 erteilt worden sind, sind spätestens seit dem 1.1.2006 unverfallbar.

3.4.2 Höhe der unverfallbaren Anwartschaft

Die Höhe der unverfallbaren Anwartschaft bestimmt sich nach § 2 BetrAVG. Dabei sind folgende Fallgestaltungen zu unterscheiden:

	Leistungszusage	Beitragsorientierte Leistungszusage	Beitragszusage mit Mindestleistung
Direktzusage	§ 2 Abs. 1 (Quotierungsverfahren) Bei Entgeltumwandlung § 2 Abs. 5a	§ 2 Abs. 5a (erreichte Anwartschaft)	—
Unterstützungskasse	§ 2 Abs. 4 i. V. m. Abs. 1 (Quotierungsverfahren) Bei Entgeltumwandlung § 2 Abs. 5a	§ 2 Abs. 5a (erreichte Anwartschaft)	—
Direktversicherung	§ 2 Abs. 2 Satz 1 (Quotierungsverfahren) oder Satz 2ff. (versicherungsförmige Lösung)	§ 2 Abs. 2 Satz 1 (Quotierungsverfahren) oder Satz 2ff. (versicherungsförmige Lösung)	§ 2 Abs. 5b (zuzurechnendes Versorgungskapital)
Pensionskasse	§ 2 Abs. 3 Satz 1 (Quotierungsverfahren) oder Satz 2ff. (versicherungsförmige Lösung)	§ 2 Abs. 3 Satz 1 (Quotierungsverfahren) oder Satz 2ff. (versicherungsförmige Lösung)	§ 2 Abs. 5b (zuzurechnendes Versorgungskapital)
Pensionsfonds	§ 2 Abs. 3a i. V. m. Abs. 1 (Quotierungsverfahren) Bei Entgeltumwandlung § 2 Abs. 5a	§ 2 Abs. 5a (erreichte Anwartschaft)	§ 2 Abs. 5b (zuzurechnendes Versorgungskapital)

Tab. 1: Leistungszusage / Beitragsorientierte Leistungszusage / Beitragszusage mit Mindestleistung

Unverfallbare Anwartschaft bei Leistungszusagen (Direktzusage, Unterstützungskasse und Pensionsfonds)

Für die Berechnung einer gesetzlichen unverfallbaren Anwartschaft gilt grundsätzlich die ratierliche Methode (§ 2 Abs. 1 BetrAVG). Danach wird zunächst die Betriebsrente ausgerechnet, die bis zur Vollendung der Regelaltersgrenze in der gesetzlichen Rentenversicherung erreicht werden könnte.

Bei dynamischen — also entgeltabhängigen — Versorgungszusagen ist das versorgungsfähige Arbeitsentgelt zum Ende des Arbeitsverhältnisses maßgebend. Die bis zur Regelaltersgrenze in der gesetzlichen Rentenversicherung erreichbare Betriebsrente wird dann in dem Verhältnis der tatsächlichen zur möglichen Betriebszugehörigkeit gekürzt.

An die Stelle der Regelaltersgrenze in der gesetzlichen Rentenversicherung kann ein früherer Zeitpunkt treten, wenn dieser in der Versorgungsordnung als feste Altersgrenze vorgesehen ist. Der späteste Zeitpunkt ist jedoch der, zu dem der Arbeitnehmer ausscheidet und gleichzeitig eine Altersrente aus der gesetzlichen Rentenversicherung für besonders langjährige Versicherte in Anspruch nehmen kann.

▶ **BEISPIEL:**

Ein Arbeitnehmer ist im Alter von 25 Jahren in die Firma eingetreten und scheidet nach 20 Jahren im Alter von 45 Jahren aus. Er hat eine Versorgungszusage auf eine Betriebsrente ab Pensionsalter 65[23] von 0,3 Prozent des letzten Bruttoarbeitsentgeltes für jedes Jahr der Betriebszugehörigkeit. Er verdient zuletzt 5.000 EUR vor dem Austritt.

---

[23] Enthält die Versorgungszusage hingegen eine dynamische Verweisung auf die Regelaltersgrenze in der gesetzlichen Rentenversicherung, wäre die individuelle Regelaltersgrenze des Mitarbeiters anstelle des 65. Lebensjahres der Berechnung zugrunde zu legen. Wurde in Versorgungsregelungen aus der Zeit vor Inkrafttreten des RV-Altersgrenzenanpassungsgesetzes am 01.01.2008 als Altersgrenze die Vollendung des 65. Lebensjahres ausdrücklich genannt, so ist dies im Zweifel als dynamische Verweisung auf die damals geltende Regelaltersgrenze auszulegen, vgl. BAG, Urteil v. 15.5.2012 – 3 AZR 11/10, DB 2012, 1756.

Betriebsrente ab Pensionsalter 65
= 5.000 EUR x 0,003 x 40 Jahre mögliche Betriebszugehörigkeit
= 600 EUR

$$\text{Kürzungsfaktor} = \frac{\text{tatsächliche Dienstzeit}}{\text{mögliche Dienstzeit}} = \frac{20 \text{ Jahre}}{40 \text{ Jahre}} = 0,5$$

unverfallbare Anwartschaft = 0,5 x 600 EUR = 300 EUR

Die umständliche Berechnung ist im Betriebsrentengesetz deshalb vorgesehen, weil die Anwartschaft in vielen Versorgungsordnungen nicht linear ansteigt.

▶ **BEISPIEL:**
Zugesagt sind 10 Prozent des Arbeitsentgelts für die ersten 10 Jahre und 0,5 Prozent für jedes weitere Jahr. Das wären nach 40 Jahren 25 Prozent. Der Arbeitnehmer hat dann nach 20 Jahren an sich schon 15 Prozent = 750 EUR erworben, die unverfallbare Anwartschaft wird aber nach der ratierlichen Methode berechnet:
5.000 EUR x 0,25 (nach 40 Jahren) x 0,5 (20 Jahre: 40 Jahre) = 625 EUR.

Versicherungsförmiges Verfahren

Für die mittelbaren Versorgungszusagen in der Form von Direktversicherungen und Pensionskassen stellt das Gesetz dem Arbeitgeber alternativ je ein „Ersatzverfahren" zur Verfügung, für dessen Anwendung er sich bei Einhaltung bestimmter „sozialer Auflagen" entscheiden kann. Dieses Ersatzverfahren wird auch als „versicherungsförmige" Unverfallbarkeit bezeichnet.

Bei der Direktversicherung kann der Arbeitgeber das Ersatzverfahren anwenden, wenn

1. spätestens nach 3 Monaten seit dem Ausscheiden des Arbeitnehmers das Bezugsrecht unwiderruflich ist und eine Abtretung oder Beleihung des Rechts aus dem Versicherungsvertrag durch den Arbeitgeber und Beitragsrückstände nicht vorhanden sind,

2. vom Beginn der Versicherung, frühestens jedoch vom Beginn der Betriebszugehörigkeit an, nach dem Versicherungsvertrag die Überschussanteile nur zur Verbesserung der Versicherungsleistung zu verwenden sind und
3. der ausgeschiedene Arbeitnehmer nach dem Versicherungsvertrag das Recht zur Fortsetzung der Versicherung mit eigenen Beiträgen hat.

Der Arbeitgeber muss die Wahl des Ersatzverfahrens innerhalb von 3 Monaten seit dem Ausscheiden des Arbeitnehmers diesem und dem Versicherer mitteilen. Der ausgeschiedene Arbeitnehmer darf die Ansprüche aus dem Versicherungsvertrag in Höhe des durch Beitragszahlungen des Arbeitgebers gebildeten geschäftsplanmäßigen Deckungskapitals weder abtreten noch beleihen. In dieser Höhe darf der Rückkaufswert aufgrund einer Kündigung des Versicherungsvertrages nicht in Anspruch genommen werden; im Falle einer Kündigung wird die Versicherung in eine prämienfreie Versicherung umgewandelt.

Für die Pensionskasse gelten analoge Bestimmungen.

Unverfallbare Anwartschaft bei beitragsorientierten Leistungszusagen und Zusagen aus Entgeltumwandlung (Direktzusage, Unterstützungskasse, Pensionsfonds)

Für unverfallbare Anwartschaften aus einer beitragsorientierten Leistungszusage oder aus einer Entgeltumwandlung, die nach dem 31.12.2000 zugesagt werden, tritt gemäß § 2 Abs. 5a BetrAVG an die Stelle der zeitanteiligen Berechnung die bis zum Ausscheiden erreichte Anwartschaft aus den bis dahin geleisteten Beiträgen bzw. umgewandelten Entgeltbestandteilen. Gemäß § 30g BetrAVG kann die Vorschrift des § 2 Abs. 5a BetrAVG im Einvernehmen zwischen Arbeitgeber und Arbeitnehmer auch auf Anwartschaften angewendet werden, die auf Zusagen beruhen, die vor dem 1.1.2001 erteilt worden sind.

Damit bestehen bei dieser Art von Zusagen für den Arbeitgeber keine Nachfinanzierungsrisiken mehr. Diese Risiken haben sich bisher insbesondere dann ergeben, wenn Arbeitnehmern mit langen Dienstzeiten solche auf Dauerentgeltumwandlung beruhende Zusagen erteilt wurden; im Falle eines vorzeitigen Ausscheidens waren die z. B. aus einer Entgeltumwandlung finanzierten Leistungen zum Teil deutlich niedriger als die zeitanteilig ermittelten Anwartschaften.

Unverfallbare Anwartschaft bei Beitragszusagen mit Mindestleistung (Direktversicherung, Pensionskasse und Pensionsfonds)

Im Falle einer Beitragszusage mit Mindestleistung tritt nach § 2 Abs. 5b BetrAVG an die Stelle der zeitanteiligen Berechnung das dem Arbeitnehmer planmäßig zuzurechnende Versorgungskapital auf Grundlage der bis zu seinem Ausscheiden geleisteten Beiträge (Beiträge und bis zum Eintritt des Versorgungsfalles erzielte Erträge), mindestens die Summe der bis dahin zugesagten Beiträge, soweit sie nicht rechnungsmäßig für einen biometrischen Risikoausgleich verbraucht wurden. § 2 Abs. 5b BetrAVG hat Vorrang vor § 2 Abs. 5a BetrAVG.

Veränderungssperre

Nach § 2 Abs. 5 Satz 1 BetrAVG bleiben bei der Berechnung der aufrechtzuerhaltenden Anwartschaft Veränderungen der Versorgungsregelung und der Bemessungsgrundlagen für die Versorgungsleistungen außer Betracht, soweit sie nach dem Ausscheiden des Arbeitnehmers eintreten. Maßgeblich sind also die Bemessungsgrundlagen nach den Verhältnissen im Zeitpunkt des vorzeitigen Ausscheidens und nicht des späteren Versorgungsfalles. Bemessungsgrundlagen sind alle rechnerischen Größen zur Bestimmung des Leistungsumfangs wie z. B. Gehaltsstufen bei einer gehaltsabhängigen Versorgung, Beitragsbemessungsgrenzen bei einer von der Sozialversicherung abhängigen Versorgung oder der Grad der Teilzeitbeschäftigung bei einer gehaltsabhängigen Versorgung.

Die Vorschrift schließt die Berücksichtigung künftiger Daten nicht aus, sie will lediglich erreichen, dass die Daten, die im Zeitpunkt des Ausscheidens noch ungewiss sind, bei der Berechnung außer Betracht bleiben.[24]

---

[24] *Blomeyer/Rolfs/Otto*, BetrAVG, 5. Aufl. 2010, § 2 Rz. 392.

Näherungsverfahren

Ist bei der Berechnung des Versorgungsanspruchs auch eine Rente aus der gesetzlichen Rentenversicherung zu berücksichtigen, kann der Arbeitgeber das bei der Berechnung von Pensionsrückstellungen zulässige Verfahren zugrunde legen (sog. Näherungsverfahren).[25] Nur wenn der Arbeitnehmer die Anzahl der im Zeitpunkt des Ausscheidens erreichten Entgeltpunkte nachweist, muss eine konkrete Berechnung erfolgen.

3.5 Abfindung von Betriebsrenten (§ 3 BetrAVG)

Unverfallbare Betriebsrentenanwartschaften im Fall der Beendigung des Arbeitsverhältnisses und laufende Leistungen dürfen nur in den engen Grenzen des § 3 BetrAVG abgefunden werden.

3.5.1 Dem Abfindungsverbot des § 3 BetrAVG unterliegende Fallgestaltungen

Der Arbeitgeber kann eine Anwartschaft ohne Zustimmung des Arbeitnehmers abfinden, wenn die bei Erreichen der vorgesehenen Altersgrenze maßgebliche Monatsrente 1 % der monatlichen Bezugsgröße nach SGB IV[26] nicht übersteigt; bei Kapitalleistungen gilt der 120-fache Betrag.

Die Abfindung ist jedoch unzulässig, wenn der Arbeitnehmer von seinem Recht auf Übertragung der Anwartschaft Gebrauch macht.

Die o. g. Einschränkung hinsichtlich der Höhe der Rentenanwartschaft gilt entsprechend für die Abfindung einer laufenden Leistung. Gemäß § 30g Abs. 2

---

[25] Siehe dazu BMF-Schreiben v. 10.1.2003 – IV A 6–S 2176–1/03, BStBl. I 2003, S. 76; v. 16.12.2005 – IV B 2 – S 2176 – 105/05, BStBl. I 2005, S. 1056; v. 15.3.2007 – IV B 2 – S 2176/07/0003, BStBl. I 2007, S. 290; v. 5.5.2008 – IV B 2 – S 2176/07/0003 DOK 2008/0222535, BStBl. I 2008, S. 570.

[26] Siehe hierzu Anlage 1.

3 Abfindung von Betriebsrenten (§ 3 BetrAVG)

BetrAVG dürfen laufende Leistungen, die vor dem 1.1.2005 erstmals gezahlt worden sind, weiterhin mit Zustimmung des Rentners in unbeschränkter Höhe abgefunden werden.

> **HINWEIS**
>
> Bei der Frage, ob § 3 BetrAVG auf eine Hinterbliebenenrente anwendbar ist, ist es unbeachtlich, ob vor der Hinterbliebenenrente bereits eine Altersrente gewährt wurde. Es zählen allein der Rentenbeginn und die Rentenhöhe der Hinterbliebenenrente. Entsprechendes gilt auch für den Übergang einer Invaliden- in eine Altersrente.
>
> Die Möglichkeit, eine Kleinstrente (< 1 % der monatlichen Bezugsgröße nach § 18 SGB IV) einseitig abzufinden, besteht nur für Renten, die erstmals seit 1.1.2005 gewährt wurden. Eine zu diesem Zeitpunkt bereits laufende Rente kann nur mit Zustimmung des Berechtigten abgefunden werden, auch wenn sie die Bagatellgrenze des § 3 Abs. 2 BetrAVG nicht übersteigt.

Wenn die Beiträge zur gesetzlichen Rentenversicherung erstattet worden sind (z. B. bei Rückkehr von Nicht-EU-Ausländern in ihr Heimatland), ist die Anwartschaft (in unbegrenzter Höhe) auf Verlangen des Arbeitnehmers abzufinden (§ 3 Abs. 3 BetrAVG).

3.5.2 Nicht dem Abfindungsverbot des § 3 BetrAVG unterliegende Fallgestaltungen

Unberührt bleibt dagegen die Möglichkeit der Abfindung vertraglich unverfallbarer Anwartschaften.

Nach dem Inhalt der gesetzlichen Regelung erfasst das Abfindungsverbot nur die Abfindung unverfallbarer Anwartschaften im Falle der Beendigung des Arbeitsverhältnisses, also nicht die Abfindung unverfallbarer Anwartschaften bei Fortdauer des Arbeitsverhältnisses.[27]

---

[27] BAG, Urteil v. 14.8.1990 – 3 AZR 301/89, DB 1991, 501.

3.5.3 Rechtsfolge eines Verstoßes gegen § 3 BetrAVG

§ 3 BetrAVG ist ein Verbotsgesetz im Sinne des § 134 BGB mit der Folge der Nichtigkeit des Rechtsgeschäfts bei einem Verstoß.[28] Die Nichtigkeit erfasst sowohl die Auskehrung des Betrages als auch dessen Annahme. Der Normzweck der Vorschrift verbietet auch Umgehungsgeschäfte, sodass alle anderen wirtschaftlichen Abwicklungsmodalitäten, die im Ergebnis dazu führen, dass dem Arbeitnehmer bei Eintritt eines Versorgungsfalles die Leistungen der betrieblichen Altersversorgung nicht zur Verfügung stehen, unzulässig sind.

Verstößt eine Abfindung gegen das Abfindungsverbot, so stellt sie keine Erfüllung im Sinne des § 362 BGB dar. Der versorgungsberechtigte Arbeitnehmer ist damit nicht gehindert, bei Eintritt eines Versorgungsfalles Leistungen aus der unverfallbaren Anwartschaft zu verlangen. Es besteht das Risiko, dass der Arbeitnehmer sich bei der Rückforderung des Abfindungsbetrages auf seine Entreicherung (§ 818 Abs. 3 BGB) beruft.

3.5.4 Höhe des Abfindungsbetrages

Für die Berechnung des Abfindungsbetrages verweist § 3 Abs. 5 BetrAVG auf § 4 Abs. 5 BetrAVG, in dem der sogenannte Übertragungswert definiert wird. Danach gilt als Abfindungsbetrag bei einer Direktzusage oder einer über eine Unterstützungskasse durchgeführten betrieblichen Altersversorgung der Barwert der nach § 2 BetrAVG bemessenen künftigen Versorgungsleistungen im Zeitpunkt der Abfindung; bei der Berechnung des Barwertes sind die Rechnungsgrundlagen sowie die anerkannten Regeln der Versicherungsmathematik maßgebend. Dabei empfiehlt sich für Abfindungen, die ab dem 21.12.2012 erfolgen, eine Berechnung auf Grundlage von Unisex-Berechnungsgrundlagen.[29]

Der früher bei der Berechnung des Barwertes zumeist verwendete (weil steuerlich vorgeschriebene) Rechnungszins von 6 % (bzw. bei Unterstützungskas-

---

[28] BAG, Urteil v. 22.3.1983 – 3 AZR 499/80, NZA 1985, 218; LAG Köln, Urteil v. 3.3.1997 – 3 Sa 56/96, NZA-RR 1997, 397.

[29] Vgl. auch Kemper/Kister-Kölkes/Berenz/Huber, BetrAVG, 5. Aufl. 2013, § 4 Rz. 114.

senzusagen mit 5,5 %) wird wohl nicht mehr verwendet werden können, eher kommt ein auf vernünftiger kaufmännischer Beurteilung beruhender Zinssatz wie der handelsrechtlich vorgeschriebene BilMoG-Zins bzw. Diskontsatz nach IFRS in Betracht. Für letztere Annahme spricht die Rechtsprechung des BAG zur notwendigen finanziellen Ausstattung einer Rentnergesellschaft (siehe Kapitel 8.8.3).[30]

Soweit die betriebliche Altersversorgung über einen Pensionsfonds, eine Pensionskasse oder eine Direktversicherung durchgeführt worden ist, entspricht der Abfindungsbetrag dem gebildeten Kapital im Zeitpunkt der Übertragung. Dies ist je nach Fallgestaltung das geschäftsplanmäßige Deckungskapital oder der Rückkaufswert im Zeitpunkt der Abfindung.

3.6 Übertragung von Versorgungsanwartschaften (§ 4 BetrAVG)

Unverfallbare Anwartschaften und laufende Leistungen können nur in den folgenden, in § 4 BetrAVG geregelten Fällen übertragen werden.

3.6.1 Übernahme bzw. Übertragung einer Versorgung (§ 4 Abs. 2 BetrAVG)

Nach Beendigung des Arbeitsverhältnisses[31] kann im Einvernehmen des ehemaligen mit dem neuen Arbeitgeber sowie dem Arbeitnehmer die Zusage vom neuen Arbeitgeber übernommen werden (§ 4 Abs. 2 Nr. 1 BetrAVG, befreiende Schuldübernahme i. S. d. §§ 414 ff. BGB) oder der Wert der vom Arbeitnehmer erworbenen unverfallbaren Anwartschaft (Übertragungswert) auf den neuen Arbeitgeber übertragen werden, wenn dieser eine wertgleiche Zusage erteilt,

---

[30] BAG, Urteil v. 11.3.2008 – 3 AZR 358/06, DB 2008, 2369; für den Ansatz des handelsrechtlichen Barwerts auch Kemper/Kisters-Kölkes/Berenz/Huber, BetrAVG, 5. Aufl. 2013, § 4 Rz. 114.

[31] So noch einmal ausdrücklich BAG, Urteil vom 24.2.2011 – 6 AZR 606/09, BetrAV 2011, 568.

wobei dann die neue Zusage als durch Entgeltumwandlung erfolgt gilt (§ 4 Abs. 2 Nr. 2 BetrAVG). Während bei der *Übernahme* der Zusage (§ 4 Abs. 2 Nr. 1 BetrAVG) der neue Arbeitgeber die übernommene Zusage unverändert fortführen muss,[32] verpflichtet sich der Arbeitgeber im Fall der *Übertragung* der Zusage § 4 Abs. 2 Nr. 2 BetrAVG) nur dazu, dem Arbeitnehmer eine dem Übertragungswert wertgleiche Zusage zu erteilen.

Der Übertragungswert (§ 4 Abs. 5 BetrAVG) entspricht bei Direktzusagen und Unterstützungskassen dem versicherungsmathematischen Barwert der unverfallbaren Anwartschaft im Zeitpunkt der Übertragung (siehe dazu 3.5.4). Bei Pensionsfonds, Pensionskasse und Direktversicherung entspricht der Übertragungswert dem gebildeten Kapital im Zeitpunkt der Übertragung.

3.6.2 Übertragung auf Verlangen des Arbeitnehmers (§ 4 Abs. 3 BetrAVG)

Wird die betriebliche Altersversorgung über Pensionsfonds, Pensionskasse und Direktversicherung finanziert, kann der Arbeitnehmer innerhalb eines Jahres nach Beendigung des Arbeitsverhältnisses von seinem ehemaligen Arbeitgeber (bzw. dem Versorgungsträger) verlangen, dass der Übertragungswert auf den neuen Arbeitgeber übertragen wird, sofern der Übertragungswert die Beitragsbemessungsgrenze in der Rentenversicherung nicht übersteigt (§ 4 Abs. 3 BetrAVG). Der neue Arbeitgeber ist dann verpflichtet, eine dem Übertragungswert wertgleiche Zusage zu erteilen und über einen Pensionsfonds, eine Pensionskasse oder eine Direktversicherung durchzuführen. Auch hier gilt die neue Anwartschaft als durch Entgeltumwandlung finanziert. Der beschriebene Übertragungsanspruch gilt gem. § 30b BetrAVG nur für Zusagen, die nach dem 31.12.2004 erteilt werden.

---

[32] Zur Zulässigkeit einer zeitgleichen Übertragung und Änderung der Zusage siehe *Reichenbach/Jocham*, BB 2008, 1780.

3.6.3 Übertragung im Fall der Liquidation (§ 4 Abs. 4 BetrAVG)

Wird die Betriebstätigkeit eingestellt und das Unternehmen liquidiert, kann eine Zusage von einer Pensionskasse oder einer Lebensversicherungsgesellschaft ohne Zustimmung des Arbeitnehmers oder Versorgungsempfängers übernommen werden. Es muss lediglich sichergestellt sein, dass die Überschussanteile ab Rentenbeginn zur Erhöhung der laufenden Leistungen verwendet werden.

3.6.4 Steuerliche Flankierung

Die Regelungen zur Portabilität werden steuerrechtlich flankiert durch § 3 Nr. 55 EStG. Der Übertragungswert bleibt danach in den Fällen des § 4 Abs. 2 Nr. 2 und Abs. 3 BetrAVG steuerfrei, falls die Übertragung des Kapitalwertes von einem externen Versorgungsträger des alten auf einen externen Versorgungsträger des neuen Arbeitgebers stattfindet, z. B. bei Übertragung von einer Direktversicherung auf eine Pensionskasse. Die Übertragung des Kapitalwertes ist auch dann steuerfrei, wenn die betriebliche Altersversorgung beim alten und beim neuen Arbeitgeber über eine Direktzusage oder eine Unterstützungskasse durchgeführt wird.

3.7 Auskunftsanspruch (§ 4a BetrAVG)

Durch das Alterseinkünftegesetz (AltEinkG) wurde der frühere § 2 Abs. 6 BetrAVG (Anspruch auf schriftliche Bescheinigung über die Höhe der unverfallbaren Anwartschaft bei Dienstaustritt) ersetzt durch § 4a BetrAVG. Damit hat auch bereits der aktive Arbeitnehmer „bei berechtigtem Interesse" einen Auskunftsanspruch gegenüber seinem Arbeitgeber, in welcher Höhe bei Erreichen der Altersgrenze ein Anspruch auf Altersversorgung besteht. Berechtigtes Interesse ist z. B. nach der Gesetzesbegründung bereits gegeben, wenn der Arbeitnehmer beabsichtigt, ergänzende Eigenvorsorge zu betreiben. Ferner kann der Arbeitnehmer Auskunft über die Höhe des Übertragungswertes im Falle der Übertragung der Anwartschaft vom alten Arbeitgeber sowie den aus dem Übertragungswert resultierenden Anspruch auf Altersversorgung beim neuen Arbeitgeber verlangen.

3.8 Auszehrung und Anrechnung (§ 5 BetrAVG)

3.8.1 Auszehrungsverbot

§ 5 Abs. 1 BetrAVG enthält das sog. Auszehrungsverbot. Danach dürfen bereits laufende betriebliche Alters-, Invaliditäts- oder Hinterbliebenenleistungen nicht mehr gekürzt werden, wenn andere Versorgungsleistungen zwecks Anpassung an die wirtschaftliche Entwicklung erhöht werden. Anwartschaften und einmalige Kapitalzahlungen sind vom Anwendungsbereich des § 5 Abs. 1 BetrAVG nicht erfasst.

Abzustellen ist auf den Betrag, der aus Anlass des Versorgungsfalles erstmals festgesetzt worden ist, eine nachträgliche Erhöhung der ursprünglich festgesetzten Leistung ist unbeachtlich. Der Erhöhungsbetrag nach § 16 BetrAVG unterliegt jedoch ebenso dem Auszehrungsverbot wie der ursprüngliche Betrag.[33] „Andere Versorgungsbezüge" i. S. v. § 5 Abs. 1 BetrAVG sind u. a. gesetzliche Versorgungsleistungen (insbesondere Leistungen aus der allgemeinen Rentenversicherung), aber auch Versorgungsleistungen eines anderen (früheren oder späteren) Arbeitgebers oder private Versicherungsleistungen.

Das Auszehrungsverbot bezieht sich nur auf Erhöhungen der anderen Leistungen, die der Anpassung an die wirtschaftliche Entwicklung dienen (z. B. Anpassung der Sozialversicherungsrenten nach § 65 SGB VI, Anpassung von Betriebsrenten nach § 16 BetrAVG). Nicht erfasst sind damit z. B. Steigerungen, die sich durch Entrichtung weiterer Beiträge ergeben (beruhen die Rentensteigerungen auf Eigenbeiträgen, wird die Anrechnung aber ggf. an § 5

---

[33] Vgl. *Blomeyer/Rolfs/Otto*, BetrAVG, 5. Aufl. 2010, § 5 Rz. 27.

… Abs. 2 BetrAVG scheitern). Bei einem Verstoß gegen § 5 Abs. 1 BetrAVG hat der Versorgungsempfänger einen Anspruch gegen den Arbeitgeber auf den infolge der Anrechnung gekürzten Unterschiedsbetrag zwischen der ursprünglich vorgesehenen betrieblichen Leistung und der gekürzten Leistung.

3.8.2 Anrechnungsverbot

§ 5 Abs. 2 Satz 1 BetrAVG enthält ein Anrechnungsverbot von anderen, auf eigenen Beiträgen des Versorgungsempfängers beruhenden Versorgungsbezügen auf die Leistungen der betrieblichen Altersversorgung. Anrechnungen sind überhaupt nur dann möglich, wenn die Versorgungszusage eine entsprechende Anrechnungsklausel enthält. „Andere Versorgungsbezüge" i. S. d. § 5 Abs. 2 BetrAVG sind z. B. Sozialversicherungsrenten (siehe hierzu aber § 5 Abs. 2 Satz 2 BetrAVG) sowie betriebliche Versorgungsleistungen anderer Arbeitgeber. Diese dürfen nicht angerechnet werden, soweit sie auf Beiträgen beruhen, die aus dem Vermögen des Arbeitnehmers erbracht worden sind, z. B. durch Entgeltumwandlung oder Eigenbeiträge finanzierte Versorgungszusagen. Grundsätzlich kommt es nicht darauf an, ob die eigenen Beiträge freiwillig oder aufgrund einer gesetzlichen oder vertraglichen Verpflichtung geleistet worden sind. Gesetzliche Renten, soweit sie auf Pflichtbeiträgen des Arbeitnehmers beruhen, sind aber vom Anrechnungsverbot durch § 5 Abs. 2 Satz 2 BetrAVG ausgenommen.

Vom Anrechnungsverbot des § 5 Abs. 2 Satz 1 BetrAVG sind auch Versorgungsbezüge erfasst, die vom Arbeitnehmer mindestens zur Hälfte finanziert worden sind, § 5 Abs. 2 Satz 2 BetrAVG. Dies betrifft z. B. befreiende Lebensversicherungen, zu denen der Arbeitgeber Zuschüsse geleistet hat. Liegt der Arbeitgeberbeitrag (auch nur geringfügig) unter der 50 %-Grenze (hälftige Finanzierung), so scheidet eine Anrechnung dieser Versorgungsleistungen ganz aus.[34] Nicht vom Anrechnungsverbot des § 5 Abs. 2 BetrAVG erfasst sind Arbeitseinkünfte, die im Ruhestand erzielt werden.[35] Gleiches gilt für betrieb-

---

[34] Vgl. *Blomeyer/Rolfs/Otto*, BetrAVG, 5. Aufl. 2010, § 5 Rz. 104.
[35] BAG, Urteil v. 9.7.1991 – 3 AZR 337/90, NZA 1992, 65.

liche Übergangsgelder, soweit sie Verdienstminderungen bei und nach der Beendigung des Arbeitsverhältnisses ausgleichen, und Lohnersatzleistungen (z. B. Krankengeld oder Arbeitslosengeld).[36]

3.9 Vorzeitige Altersleistung (§ 6 BetrAVG)

Gemäß § 6 BetrAVG sind einem Arbeitnehmer, der die Altersrente aus der gesetzlichen Rentenversicherung als Vollrente (Teilrente genügt also nicht!) in Anspruch nimmt, auf sein Verlangen nach Erfüllung der Wartezeit und sonstiger Leistungsvoraussetzungen Leistungen der betrieblichen Altersversorgung zu gewähren. Dieser Anspruch besteht damit unabhängig davon, ob die Versorgungsregelung selbst eine solche vorzeitige Abrufmöglichkeit vorsieht.

Nach der Rechtsprechung des BAG[37] ist die vorzeitige Rente so zu bestimmen, dass als Ausgangspunkt für die Anspruchsberechnung die bis zum Erreichen der Regelaltersgrenze in der gesetzlichen Rentenversicherung oder der vereinbarten festen Altersgrenze erreichbare Vollrente dient. Dieser Anspruch ist dann im Hinblick auf das vorzeitige Ausscheiden wegen der fehlenden Betriebstreue nach § 2 BetrAVG zu kürzen (falls die Versorgungsordnung keine günstigere Berechnungsweise vorsieht). Der so ermittelte Rentenanspruch kann dann zusätzlich wegen des früheren und damit längeren Bezugs gekürzt werden, wenn die Versorgungsordnung deswegen eine Kürzung vertraglich vorsieht.

Fehlt in der Versorgungsordnung eine Kürzungsregelung für den Fall der vorzeitigen Inanspruchnahme, so darf nach der Rechtsprechung nur eine zeitanteilige Kürzung wegen fehlender Dienstjahre vorgenommen werden („unechter versicherungsmathematischer Abschlag") entsprechend § 2 BetrAVG.

---

[36] Höfer, BetrAVG, Bd. I, § 5 Rn. 3993 f. (Stand Oktober 2013); Blomeyer/Rolfs/Otto, BetrAVG, 5. Aufl. 2010, § 5 Rz. 157 f.

[37] BAG, Urteil v. 23.1.2001 – 3 AZR 164/00, BB 2001, 1854; v. 24.7.2001 – 3 AZR 684/00, BB 2001, 1688; v. 10.12.2013 – 3 AZR 921/11.

3.10 Insolvenzsicherung (PSVaG)

Seit 1974 besteht in Deutschland eine gesetzliche Insolvenzsicherung von unverfallbaren Versorgungsanwartschaften und laufenden Betriebsrenten durch den Pensions-Sicherungs-Verein aG (PSVaG). Mit ihr ist sichergestellt, dass Arbeitnehmer bzw. ehemalige Arbeitnehmer und ihre Hinterbliebenen bei Insolvenz des (früheren) Arbeitgebers ihre Versorgungsrechte behalten und nicht wie andere Gläubiger auf eine meist geringe Insolvenzquote verwiesen werden können. Die gesicherten Versorgungsberechtigten erhalten vielmehr einen direkten Leistungsanspruch gegen den PSVaG. Die Ansprüche gegen den (früheren) Arbeitgeber gehen im Gegenzug auf den PSVaG über (§ 9 Abs. 2 BetrAVG) und werden vom ihm im Insolvenzverfahren angemeldet.

Die Insolvenzsicherung besteht kraft Gesetz und unabhängig davon, ob der Arbeitgeber vorher seiner Verpflichtung zur Anmeldung der Versorgungsverpflichtung beim PSVaG bzw. zur Beitragszahlung an diesen nachgekommen ist.

3.10.1 Sicherungsfälle

Gemäß § 7 BetrAVG haben Versorgungsempfänger und ihre Hinterbliebenen, deren Ansprüche aus einer unmittelbaren Versorgungszusage des Arbeitgebers nicht erfüllt werden, weil über das Vermögen des Arbeitgebers oder über seinen Nachlass das Insolvenzverfahren eröffnet worden ist, gegen den Träger der Insolvenzsicherung einen Anspruch in Höhe der Leistung, die der Arbeitgeber aufgrund der Versorgungszusage zu erbringen hätte, wenn das Insolvenzverfahren nicht eröffnet worden wäre.

Der Eröffnung des Insolvenzverfahrens stehen gleich: die Abweisung des Antrags auf Eröffnung des Insolvenzverfahrens mangels Masse, der außergerichtliche Vergleich (Stundungs-, Quoten- oder Liquidationsvergleich) des Arbeitgebers mit seinen Gläubigern zur Abwendung eines Insolvenzverfahrens bei Zustimmung des PSVaG und die vollständige Beendigung der Betriebstätigkeit, wenn ein Insolvenzverfahren offensichtlich mangels Masse nicht in Betracht kommt.

Auslöser ist allein die Insolvenz des Arbeitgebers, auch bei mittelbaren Versorgungszusagen. Allerdings ist bei Zusagen über einen Pensionsfonds oder eine Unterstützungskasse weitere Voraussetzung, dass der Versorgungsträger wegen der Insolvenz des Arbeitgebers nicht mehr zur Leistung in der Lage ist.

Die Einstandspflicht des PSVaG wird durch die Veräußerung des Betriebs bei Insolvenz durch den Insolvenzverwalter nicht berührt. Der PSVaG hat die laufenden Leistungen und die zum Zeitpunkt der Eröffnung des Verfahrens unverfallbaren Anwartschaften zu übernehmen.

3.10.2 Insolvenzgeschützte Durchführungswege

Die gesetzliche Insolvenzsicherung umfasst Direktzusagen sowie Zusagen auf Leistungen von Unterstützungskasse sowie Pensionsfonds. Direktversicherungen sind nur unter besonderen Umständen betroffen, die betriebliche Altersversorgung über Pensionskassen ist in allen Fällen nicht vom PSVaG insolvenzgesichert.

Leistungen aus einer **Unterstützungskasse** unterliegen dem Insolvenzschutz, wenn die Unterstützungskasse die nach ihrer Versorgungsordnung vorgesehene Versorgung nicht erbringt, weil über das Vermögen oder den Nachlass eines Arbeitgebers, der der Unterstützungskasse Zuwendungen leistet (Trägerunternehmen), das Insolvenzverfahren eröffnet worden ist (§ 7 Abs. 1 Satz 2 Nr. 2 BetrAVG). Der Sicherungsfall muss beim Trägerunternehmen und nicht bei der Unterstützungskasse eingetreten sein. Bei einer Konzern- oder Gruppenunterstützungskasse, also bei Kassen, bei denen Arbeitnehmer mehrerer Unternehmen versorgt werden, wird die rechtliche Existenz der Kasse durch die Insolvenz eines Trägerunternehmens nicht berührt. Die Ansprüche der Versorgungsberechtigten richten sich gegen den Träger der Insolvenzsicherung, dem wiederum ein Forderungsrecht in Höhe des diesem Trägerunternehmen zuzurechnenden Teils des Kassenvermögens zusteht.

Bei einem **Pensionsfonds** liegt wie bei der Unterstützungskasse der Sicherungsfall vor, wenn der Pensionsfonds die zugesagte Leistung nicht erbringt, weil über das Vermögen oder den Nachlass eines Arbeitgebers, der dem Pensionsfonds Beiträge gewährt, das Insolvenzverfahren eröffnet worden ist bzw. die Ersatztatbestände gegeben sind. Beim Pensionsfonds ist das Fondsvermögen weitgehend vom Schicksal des Trägerunternehmens unabhängig, da Anlagen im Trägerunternehmen gemäß PFKapAV auf ein niedriges Niveau begrenzt sind. Gleichwohl ist wie bei Unterstützungskassen die Insolvenz des Trägerunternehmens für den Insolvenzschutz ausschlaggebend.

Leistungen aus **Direktversicherungen** unterliegen dem Insolvenzschutz nur dann, wenn entweder kein unwiderrufliches Bezugsrecht eingeräumt worden ist oder der Arbeitgeber trotz der Einräumung eines unwiderruflichen Bezugsrechts die Ansprüche aus dem Versicherungsvertrag abgetreten oder beliehen hat (§ 7 Abs. 1 Satz 2 Nr. 1 BetrAVG). Dagegen unterliegen Leistungen von Pensionskassen wie erwähnt in keinem Fall dem gesetzlichen Insolvenzschutz.

Auch bei den versicherungsförmigen Durchführungswegen (Direktversicherung, Pensionskasse) besteht aber faktisch ein weitgehender Insolvenzschutz. Eine Insolvenz des Arbeitgebers berührt die Gewährung der Versorgung hier grundsätzlich nicht, da die Versorgungsträger rechtlich selbständig vom Arbeitgeber sind und die Versicherungsaufsicht darauf achtet, dass gegebene Garantien auch erfüllt werden können. Die Anlagevorschriften für Pensionskassen und Direktversicherer (und im Übrigen auch für Pensionsfonds) verhindern, dass sich ein erheblicher Teil der Deckungsmittel aus Aktien oder anderen Vermögenstiteln des Arbeitgebers zusammensetzt.

3.10.3 Persönlicher und sachlicher Geltungsbereich

Der PSVaG sichert ausgeschiedene und noch aktive Anwärter mit gesetzlich unverfallbarer Anwartschaft und Rentner, gleich ob sie Alters-, Invaliden- oder Hinterbliebenenrenten beziehen. Gesicherte Versorgungsempfänger sind auch die Personen, die zwar alle Voraussetzungen für den Leistungsbezug erfüllt haben, aber noch keine Leistungen beziehen.[38]

---

[38] BGH, Urteil v. 16.6.1980 – II ZR 195/79, DB 1980, 1991.

Der Insolvenzschutz kann nicht durch eine vertraglich vereinbarte Unverfallbarkeit herbeigeführt werden. Die Unverfallbarkeitsvoraussetzungen können aber durch die Anrechnung von **Vordienstzeiten** erfüllt sein.[39] Der PSVaG wird jedoch durch die Anrechnung von Vordienstzeiten nur gebunden, wenn diese Vordienstzeiten

- unmittelbar an das aktuelle Arbeitsverhältnis heranreichen und
- selbst von einer Versorgungszusage begleitet worden sind, die ihrerseits noch nicht gesetzlich unverfallbar geworden ist.[40]

Wird eine unverfallbare Anwartschaft entsprechend **§ 4 BetrAVG** auf den Nachfolgearbeitgeber übertragen und übernimmt dieser die Versorgungszusage, so ist der Zuwachs der Zusage sofort unverfallbar und damit auch dem Grunde nach insolvenzgeschützt. Verbleibt die unverfallbare Anwartschaft beim Erstarbeitgeber und rechnet der Zweitarbeitgeber die Vordienstjahre und damit regelmäßig auch die unverfallbare Anwartschaft an, tritt die Unverfallbarkeit frühestens nach Ablauf von 5 Jahren ein.[41]

3.10.4 Höhe des Insolvenzschutzes

Während der PSVaG grundsätzlich die volle laufende Versorgungsleistung zu übernehmen hat, werden unverfallbare Anwartschaften grundsätzlich in der nach § 2 BetrAVG berechneten Höhe in den Insolvenzschutz einbezogen. Für die Berechnungen der Höhe der Anwartschaft wird die Betriebszugehörigkeit bis zum Eintritt des Sicherungsfalles berücksichtigt. Gemäß § 7 Abs. 3 BetrAVG sind Betriebsrenten bis zum Dreifachen der monatlichen Bezugsgröße gemäß § 18 SGB IV[42] im Zeitpunkt der ersten Fälligkeit geschützt.

---

[39] BAG, Urteil v. 3.8.1978 – 3 AZR 19/77, DB 1978, 2178; BAG, Urteil v. 19.7.1983 – 3 AZR 397/81, DB 1983, 2255.

[40] BAG, Urteil v. 3.8.1978 – 3 AZR 19/77, NJW 1979, 446; v. 11.1.1983 – 3 AZR 212/80, NJW 1984, 1199; v. 19.7.1983 – 3 AZR 397/81, DB 1983, 2255; v. 26.9.1989 – 3 AZR 814/87, NZA 1990, 348; v. 26.9.1989 – 3 AZR 815/87, NZA 1990, 189; v. 28.3.1995 – 3 AZR 496/94, NZA 1996, 258.

[41] PSV-Merkblatt 300/M 5.

[42] Siehe Anlage 1.

Verbesserungen von Versorgungszusagen werden bei der Bemessung der Leistungen des PSVaG nicht berücksichtigt, soweit sie in den beiden letzten Jahren vor dem Eintritt des Sicherungsfalles vereinbart worden sind; dies gilt nicht für ab 1.1.2002 erteilte Entgeltumwandlungszusagen, soweit Beträge von bis zu 4 % der BBG für eine betriebliche Altersversorgung verwendet werden.

Der PSVaG muss laufende Renten nur insoweit im weiteren Verlauf der Auszahlung in der Höhe anpassen, als darauf ein fester vertraglicher Anspruch besteht. Die dem Arbeitgeber gemäß § 16 BetrAVG alle drei Jahre obliegende Prüfung der Anpassung an gestiegene Lebenshaltungskosten ist vom PSVaG dagegen nicht vorzunehmen.

3.10.5 Rechtsweg

Für Fragen aus dem Beitragsbereich sind die Verwaltungsgerichte zuständig. Die Beitragsbescheide des PSVaG sind Verwaltungsakte und können als solche, was vielfach übersehen wird, ohne gerichtliche Hilfe unmittelbar vollstreckt werden.

3.10.6 Finanzierungsverfahren

Die Mittel für die Durchführung der Insolvenzsicherung werden durch die Arbeitgeber aufgrund öffentlich-rechtlicher Verpflichtung durch Beiträge aufgebracht. Damit ist die Insolvenzsicherung als Pflichtversicherung konzipiert.

Umstellung des Finanzierungsverfahrens

Für die Finanzierung der Insolvenzsicherung sah das Gesetz zunächst ein **Rentenwertumlageverfahren** vor. Bei diesem Verfahren wurden die Deckungsmittel für alle laufenden Leistungen aus Sicherungsfällen des laufenden Kalenderjahres und für die erstmals fällig werdenden Leistungen aus Sicherungsfällen vergangener Jahre mit dem Beitragsaufkommen eines Kalenderjahres bereitgestellt. Dies galt auch für Erhöhungen laufender Leistungen, die der PSVaG zu übernehmen hatte. Eine Finanzierung der Anwartschaften erfolgte nicht, diese wurden erst dann berücksichtigt, wenn der Versorgungsfall eintrat.

Der Gesetzgeber hat auf Initiative des PSVaG das Finanzierungsverfahren mit Wirkung ab 2006 vom bisherigen Rentenwertumlageverfahren auf **vollständige Kapitaldeckung** umgestellt und die Finanzierung der bislang nicht ausfinanzierten unverfallbaren Anwartschaften geregelt. Gemäß § 10 Abs. 2 Satz 1 BetrAVG müssen die Beiträge eines Jahres den gesamten Schaden aus neu eintretenden Insolvenzen decken, der aus den Barwerten für die bereits laufenden Leistungen und den Barwerten für gesetzlich unverfallbare Anwartschaften besteht.

Die bis 2005 aufgelaufenen „Altlasten" der unverfallbaren Anwartschaften (rd. 2,2 Mrd. EUR) werden gemäß § 30i BetrAVG[43] von den Unternehmen finanziert, die im Jahr 2005 insolvenzversicherungspflichtig waren. Unternehmen, bei denen die Beitragspflicht erst ab dem 1.1.2006 einsetzte, sind von der Finanzierung dieser „Altlasten" befreit. Die Nachfinanzierung soll sich über einen Zeitraum von 15 Jahren erstrecken, wobei die erste Rate am 31.3.2007 fällig wurde; die weiteren Raten werden jeweils zum 31.3. der folgenden Kalenderjahre fällig. Der Berechnungszinsfuß bei der Berechnung des Barwertes beträgt 3,67 vom Hundert.

Die Ausfinanzierung der „Altlast" wird sodann am 31.3.2021 abgeschlossen sein.

Beitragsbemessung

Als **Beitragsbemessungsgrundlage** gilt gemäß § 10 BetrAVG

1. bei Arbeitgebern, die Leistungen der betrieblichen Altersversorgung unmittelbar zugesagt haben, der Teilwert der Pensionsverpflichtung gemäß § 6a Abs. 3 EStG;

---

[43] Zur Verfassungsmäßigkeit von § 30i BetrAVG siehe BVerwG, Urteil v. 15.9.2010 – 8 C 32/09, BetrAV 2010, 705; *Rolfs/de Groot*, DB 2009, 61. Zu den bilanziellen Folgewirkungen von § 30i BetrAVG siehe *Rhiel/Veit*, StuB 2006, 391.

2. bei Arbeitgebern, die eine betriebliche Altersversorgung über eine Direktversicherung mit widerruflichem Bezugsrecht durchführen, das geschäftsplanmäßige Deckungskapital. Für Versicherungen, bei denen der Versicherungsfall bereits eingetreten ist, und für Versicherungsanwartschaften, für die ein unwiderrufliches Bezugsrecht eingeräumt wurde, ist das Deckungskapital nur insoweit zu berücksichtigen, als die Versicherungen abgetreten oder beliehen sind;
3. bei Arbeitgebern, die eine betriebliche Altersversorgung über eine Unterstützungskasse durchführen, das Deckungskapital für die laufenden Leistungen zzgl. des Zwanzigfachen der nach § 4d EStG errechneten jährlichen Zuwendungen für Leistungsanwärter;
4. bei Arbeitgebern, soweit sie betriebliche Altersversorgung über einen Pensionsfonds durchführen, 20 % des Teilwerts der Pensionsverpflichtung gemäß § 6a Abs. 3 EStG.

Der Wechsel des Durchführungswegs während des laufenden Wirtschaftsjahrs wirkt sich erst im nachfolgenden Kalenderjahr auf die Höhe des PSV-Beitrags aus.[44] Der Beitragssatz für 2013 betrug 1,7 Promille der Beitragsbemessungsgrundlage. Ein Vorschuss für 2014 wird nicht erhoben.[45]

3.11 Anpassung von Betriebsrenten (§ 16 BetrAVG)

3.11.1 Anpassungsprüfungs- und Anpassungsentscheidungspflicht (§ 16 Abs. 1 und 2 BetrAVG)

Gegenstand der Anpassung

Gemäß § 16 Abs. 1 BetrAVG hat der Arbeitgeber alle drei Jahre eine Anpassung der *laufenden Leistungen* der betrieblichen Altersversorgung zu prüfen und hierüber nach billigem Ermessen zu entscheiden; dabei sind insbesondere die

---

[44] BVerwG, Urteil v. 23.1.2008 – 6 C 19.07, DB 2008, 1441.
[45] Der Beitragssatz lag bislang zwischen 0,3 ‰ (1990) und 14,2 ‰ (2009).

Belange des Versorgungsempfängers und die wirtschaftliche Lage des Arbeitgebers zu berücksichtigen.

Keine Anpassungspflicht besteht bei noch nicht fälligen Versorgungsanwartschaften und naturgemäß bei einmaligen Kapitalzahlungen. Gemäß § 16 Abs. 6 BetrAVG besteht auch für die monatlichen Raten im Rahmen eines Auszahlungsplans und die Renten ab Vollendung des 85. Lebensjahres im Anschluss an einen Auszahlungsplan keine Anpassungsprüfungspflicht.

Prüfungszeitraum und -zeitpunkt

Grundsätzlich hat der Arbeitgeber, getrennt in zeitlichen Abschnitten von jeweils drei Jahren nach dem individuellen Leistungsbeginn, für jeden einzelnen Versorgungsberechtigten eine Anpassungsprüfung vorzunehmen. Er kann sich aber auch dafür entscheiden, die in einem Jahr fälligen Anpassungsprüfungen der Betriebsrenten zusammenzufassen und zu einem bestimmten Zeitpunkt innerhalb oder am Ende des Jahres vorzunehmen.[46]

Es ist rechtlich nicht zu beanstanden, wenn der Arbeitgeber zwar nicht in jedem Kalenderjahr, sondern lediglich alle drei Jahre eine gebündelte Anpassungsentscheidung trifft, den einheitlichen Anpassungsstichtag aber dadurch erreicht, dass die Betriebsrenten der neuen Versorgungsempfänger bei der nächsten alle drei Jahre stattfindenden, gemeinsamen Anpassungsentscheidung erhöht werden.[47] Soweit die erste Anpassung vorverlegt und daran die Dreijahresfrist geknüpft wird, bringt dies dem einzelnen Versorgungsempfänger — auf die gesamte Laufzeit der Betriebsrenten gesehen — mehr Vor- als Nachteile. Soweit sich die erste Anpassungsentscheidung um höchstens sechs Monate verzögert, sind die Grenzen der Bündelung von Anpassungsentscheidungen nicht überschritten.

Im Laufe des Kalenderjahres 2014 stehen jene Betriebsrenten zur Anpassungsprüfung an, die zuletzt im Jahr 2011 einer Anpassungsprüfung unterzogen worden sind bzw. erstmals in 2011 gezahlt wurden.

---

[46] BAG, Urteil v. 28.4.1992 – 3 AZR 142/91, DB 1992, 2401.
[47] BAG, Urteil v. 30.8.2005 – 3 AZR 395/04, DB 2006, 732.

3 Anpassung von Betriebsrenten (§ 16 BetrAVG)

Anpassungsmaßstab

Nach § 16 Absatz 2 BetrAVG gilt die Anpassungsprüfungs- und -entscheidungspflicht als erfüllt, wenn die Anpassung nicht geringer ist als der Anstieg entweder

- des Verbraucherpreisindexes für Deutschland oder
- der Nettolöhne[48] vergleichbarer Arbeitnehmergruppen des Unternehmens im Prüfungszeitraum.

Der Anpassungsbedarf der Versorgungsempfänger richtet sich nach dem zwischenzeitlich eingetretenen Kaufkraftverlust. Die Teuerungsrate ist für Prüfungsstichtage nach dem 1.1.2003 auf Grundlage des Verbraucherpreisindex zu ermitteln. Die ermittelte Teuerungsrate wird nicht durch externe Einflussgrößen, wie z. B. die individuelle Belastung des Rentenempfängers mit gesetzlichen Abgaben, modifiziert.[49]

Für die Anpassungsprüfung für Zeiträume vor dem 1.1.2003 gilt § 16 Abs. 2 Nr. 1 BetrAVG mit der Maßgabe, dass an die Stelle des Verbraucherindexes für Deutschland der Preisindex für die Lebenshaltung von Vier-Personen-Haushalten von Arbeitern und Angestellten mit mittlerem Einkommen tritt, § 30c Abs. 4 BetrAVG.

HINWEIS

Lt. BAG[50] kann bei der Berechnung des Anpassungsbedarfs vom individuellen Rentenbeginn bis zum aktuellen Anpassungsstichtag die sog. Rückrechnungsmethode angewendet werden. Danach wird die Teuerungsrate zwar nach dem Verbraucherpreisindex für Deutschland berechnet; für Zeiträume vor dem 1.1.2003 wird der Verbraucherpreisindex für Deutschland jedoch in dem Verhältnis umgerechnet, in dem sich dieser Index und der Preisindex für die Lebenshaltung von Vier-Personen-Haushalten von

---

[48] Zur zeitgemäßen Weiterentwicklung der Nettolohnobergrenze siehe *Reichenbach/Grüneklee*, DB 2006, 446.
[49] BAG, Urteil v. 14.2.1989 – 3 AZR 313/87, EzA § 16 BetrAVG Nr. 20.
[50] BAG, Urteil v. 11.10.2011 – 3 AZR 527/09, DB 2012, 809.

Arbeitern und Angestellten mit mittlerem Einkommen im Dezember 2002 gegenüberstanden. In gleicher Weise sind die Umrechnungen von unterschiedlichen Verbraucherpreisindizes vorzunehmen, die vom Statistischen Bundesamt alle fünf Jahre verändert werden (aktuell: Verbraucherpreisindex Basis 2010)

Sofern innerhalb des Prüfungszeitraums der Anstieg der Lebenshaltungskosten größer war als die Steigerung der Nettolöhne vergleichbarer Arbeitnehmergruppen des Unternehmens, darf die Rentenanpassung auf die Nettolohnsteigerung beschränkt werden. Zwischen dem Kreis der Versorgungsempfänger und der Vergleichsgruppe aktiver Arbeitnehmer muss ein genügender Zusammenhang bestehen. § 16 Abs. 2 Nr. 2 BetrAVG verbietet nicht eine konzernweit ermittelte, einheitliche reallohnbezogene Obergrenze.[51]

3.11.2 Ausnahmen von der Anpassungsprüfungs- und Anpassungsentscheidungsverpflichtung (§ 16 Abs. 3 BetrAVG)

Anpassungsgarantie

Gemäß § 16 Abs. 3 BetrAVG entfällt die Verpflichtung nach Abs. 1, wenn sich der Arbeitgeber verpflichtet, die laufenden Leistungen jährlich um wenigstens 1 % anzupassen. Mit dieser Verpflichtung kann sich also der Arbeitgeber der nach jeweils drei Jahren fälligen Anpassungsüberprüfung entziehen und gleichzeitig den gesetzlichen Insolvenzschutz für die garantierte Anpassung herbeiführen. Ein weiterer Vorteil hierbei ist, dass eine schriftlich zugesagte Pensionserhöhung steuerlich im Rahmen der Pensionsrückstellungsbildung gemäß § 6a EStG berücksichtigt werden darf. § 16 Abs. 3 BetrAVG gilt aber nur für ab 1.1.1999 erteilte Zusagen, § 30c Abs. 1 BetrAVG.

---

[51] BAG, Urteil v. 30.8.2005 – 3 AZR 395/04, DB 2006, 732.

3 Anpassung von Betriebsrenten (§ 16 BetrAVG)

> **HINWEIS**
>
> § 30c Abs. 1 BetrAVG steht auch einer Betriebsvereinbarung entgegen, mit der die Anpassungsregelung des § 16 Abs. 3 Nr. 1 BetrAVG für Versorgungszusagen eingeführt werden soll, die vor dem 1.1.1999 erteilt wurden.[52]

Die 1%-ige Anpassungsgarantie kann allerdings auch zu Nachteilen für den Arbeitgeber führen. Dies ist dann der Fall, wenn entweder die Teuerung im zu beurteilenden Jahr weniger als 1 % beträgt oder wenn aufgrund der schlechten wirtschaftlichen Lage des Arbeitgebers bzw. des geringen Anstiegs der Nettolöhne vergleichbarer Arbeitnehmergruppen eine Anpassung nicht in Höhe von 1 % bzw. gar nicht zu erfolgen hätte.

Überschussverwendung

Wird die betriebliche Altersversorgung über Direktversicherungen oder eine Pensionskasse durchgeführt, gilt die Verpflichtung nach § 16 Abs. 1 BetrAVG als erfüllt, wenn ab Rentenbeginn sämtliche auf den Rentenbestand entfallenden Überschussanteile zur Erhöhung der laufenden Leistungen verwendet werden (§ 16 Abs. 3 Nr. 2 BetrAVG).

Beitragszusage mit Mindestleistung

Für die Beitragszusage mit Mindestleistung (§ 1 Abs. 2 Nr. 2 BetrAVG) besteht gemäß § 16 Abs. 3 Nr. 3 BetrAVG keine Anpassungsverpflichtung. Dies gilt auch in den Fällen, in denen die Beitragszusage mit Mindestleistung im Wege der Entgeltumwandlung finanziert wird. Allerdings müssen bei Beitragszusagen mit Mindestleistung sämtliche anfallenden Überschüsse auch in der Rentenphase zur Leistungserhöhung verwendet werden (vgl. § 2 Abs. 5b BetrAVG).

---

[52] BAG, Urteil vom 28.6.2011 – 3 AZR 282/09, BetrAV 2011, 739.

Entgeltumwandlungszusagen

Nach § 16 Abs. 5 BetrAVG ist — soweit die betriebliche Altersversorgung durch Entgeltumwandlung finanziert wird — der Arbeitgeber verpflichtet, die Leistungen jährlich mindestens um 1 % zu erhöhen oder im Fall der Durchführung über die Direktversicherung oder eine Pensionskasse sämtliche Überschussanteile entsprechend zur Leistungserhöhung zu verwenden. Diese Ausnahmeregelung gilt nach § 30c Abs. 3 BetrAVG nur für laufende Leistungen, die auf Zusagen beruhen, die nach dem 31.12.2000 erteilt wurden.

3.11.3 Rechtsfolgen bei unterlassener Anpassung (§ 16 Abs. 4 BetrAVG, § 30c Abs. 2 BetrAVG)

Nachholende Anpassung

Nach § 16 Abs. 4 BetrAVG sind *zu Recht* unterbliebene Anpassungen zu einem späteren Zeitpunkt nicht nachzuholen. Eine zu Recht unterbliebene Anpassung kann entweder das Ergebnis der Ermessensentscheidung gemäß § 16 Abs. 1 BetrAVG unter Berücksichtigung der schlechten wirtschaftlichen Lage sein oder sich aus der Gesetzesfiktion des § 16 Abs. 4 Satz 2 BetrAVG ergeben. Danach gilt eine Anpassung auch dann als zu Recht unterblieben, wenn der Arbeitgeber dem Versorgungsempfänger die wirtschaftliche Lage des Unternehmens nachvollziehbar[53] schriftlich dargelegt, der Versorgungsempfänger nicht binnen drei Kalendermonaten nach Zugang der Mitteilung schriftlich widersprochen hat und er auf die Rechtsfolge eines nicht fristgemäßen Widerspruchs hingewiesen wurde.

Die Anforderung an die schriftliche Darlegung der wirtschaftlichen Lage des Unternehmens ist gesetzlich nicht geregelt. Dem Rentenempfänger müssen wohl die aus Sicht des Arbeitgebers maßgeblichen Informationen zumindest insoweit offen gelegt werden, dass eine eigenständige Überprüfung durch den Versorgungsempfänger erfolgen kann.

---

[53] Dem Arbeitnehmer muss eine Plausibilitätskontrolle möglich sein, vgl. BAG, Urteil vom 11.10.2011 – 3 AZR 732/09, BetrAV 2012, 172.

Allerdings gilt § 16 Abs. 4 BetrAVG nicht für vor dem 1.1.1999 zu Recht unterbliebene Anpassungen. Unterlassene Anpassungen bis Ende 1998 sind daher auch künftig bei Besserung der wirtschaftlichen Lage nachzuholen.

Nachträgliche Anpassung

Von der nachholenden Anpassung ist die sogenannte nachträgliche Anpassung zu unterscheiden. Durch eine nachträgliche Anpassung soll die Betriebsrente bezogen auf einen früheren Anpassungsstichtag unter Berücksichtigung der damaligen wirtschaftlichen Lage des Unternehmens erhöht werden. Die nachträgliche Anpassung kommt seit dem 1.1.1999 immer dann zur Anwendung, wenn die Voraussetzung des § 16 Abs. 4 BetrAVG nicht erfüllt ist. Eine nachträgliche Anpassung ist somit dann gegeben, wenn der Arbeitgeber keine Anpassungsprüfung vorgenommen hat, eine Anpassung aber tatsächlich vorzunehmen gewesen wäre oder wenn der Arbeitgeber sich gegen eine Anpassung entscheidet und diese Entscheidung nicht den Maßgaben des § 16 BetrAVG entspricht und die Fiktion des § 16 Abs. 4 S. 2 BetrAVG nicht eingreift.

Im Hinblick auf die Rechtslage vor dem 1.1.1999 gelten die von der Rechtsprechung entwickelten Grundsätze. Insbesondere hat die Rechtsprechung zu der Rügepflicht des Versorgungsempfängers grundlegende Aussagen getroffen, die die Rechtzeitigkeit einer solchen Rüge betreffen:

Hat der Arbeitgeber bis zum nächsten Anpassungsstichtag die Betriebsrenten weder erhöht noch sich zur Anpassung ausdrücklich geäußert, so hat er damit stillschweigend erklärt, dass er zum zurückliegenden Anpassungsstichtag keine Anpassung vornimmt. Die Erklärung des Versorgungsschuldners, nicht anpassen zu wollen, gilt nach Ablauf von drei Jahren ab Anpassungstermin als abgegeben. Der Versorgungsberechtigte kann die stillschweigend abgelehnte Anpassungsentscheidung bis zum übernächsten Anpassungstermin rügen.[54]

Hat der Arbeitgeber ausdrücklich eine Anpassungsentscheidung getroffen und hält der Versorgungsempfänger die Anpassungsentscheidung des Arbeit-

---

[54] BAG. Urteil v. 17.4.1996 – 3 AZR 56/95, BB 1996, 2573.

gebers für unrichtig, muss er dies vor dem nächsten Anpassungsstichtag dem Arbeitgeber gegenüber wenigstens außergerichtlich geltend machen. Mit dem nächsten Anpassungsstichtag entsteht ein neuer Anspruch auf Anpassungsprüfung und -entscheidung. Der Anspruch auf Korrektur einer früheren Anpassungsentscheidung erlischt.

3.11.4 Technik der Anpassung

Teuerungsrate

Das Ausmaß der Teuerung wird an der Entwicklung des Verbraucherpreisindex für Deutschland (für Zeiträume vor dem 1.1.2003: Preisindex für die Lebenshaltungskosten von Vier-Personen-Haushalten von Arbeitern und Angestellten mit mittlerem Einkommen, § 30c Abs. 4 BetrAVG) gemessen. Die entsprechenden Indexwerte für die Monate zu Beginn und zum Ende des dreijährigen Prüfungszeitraums, der dem Prüfungsstichtag vorangeht, sind den Veröffentlichungen des Statistischen Bundesamtes bzw. der jeweiligen Landesämter zu entnehmen.

> **BEISPIEL:**
> Für die Anpassungsprüfung zum 1.1.2014 beträgt der Verbraucherpreisindex (Basis 2010) für Dezember 2013 106,5. Aus dem Verhältnis zum entsprechenden Indexwert vom Dezember 2010 (100,9) ergibt sich die zum 1.1.2014 maßgebliche dreijährige Teuerungsrate in Höhe von (106,5 : 100,9 — 1) × 100 % = 5,55 %.

Prüfung der wirtschaftlichen Lage

Der Arbeitgeber darf den Anpassungsbedarf des Versorgungsempfängers insoweit unbefriedigt lassen, als aufgrund der wirtschaftlichen Lage keine Anpassung vertretbar ist. Eine Anpassung der Betriebsrenten kann ganz oder teilweise unterbleiben, wenn sie eine übermäßige Belastung des Unterneh-

Anpassung von Betriebsrenten (§ 16 BetrAVG) 3

mens verursacht.[55] Eine übermäßige Belastung liegt vor, wenn das Unternehmen ausgezehrt wird oder durch die Anpassung Arbeitsplätze in Gefahr geraten. Die Kosten einer Anpassung müssen daher aus den Erträgen eines Unternehmens und dessen Wertzuwachs finanzierbar sein.

Der Arbeitgeber darf die Betriebsrentenanpassung nicht nur dann ablehnen, wenn keine angemessene Eigenkapitalverzinsung erwirtschaftet wurde, sondern auch dann, wenn das Unternehmen nicht über genügend Eigenkapital verfügt.[56] Die angemessene Eigenkapitalverzinsung besteht aus dem Basiszins und einem Zuschlag für das Risiko, dem das im Unternehmen investierte Kapital ausgesetzt ist. Als Basiszins ist die Umlaufrendite öffentlicher Anleihen heranzuziehen, die den Veröffentlichungen der Deutschen Bundesbank[57] entnommen werden kann und deshalb leicht nachprüfbar ist. Der Risikozuschlag beträgt einheitlich 2 %.[58]

Maßgeblich ist grundsätzlich die wirtschaftliche Lage des Unternehmens, bei dem der frühere Arbeitnehmer beschäftigt war. Unter bestimmten Voraussetzungen kommt jedoch ein „Berechnungsdurchgriff" auf eine andere Konzerngesellschaft in Betracht.[59] Dies ist z. B. bei der Schaffung eines Vertrauenstatbestandes oder Vorliegen eines Beherrschungsvertrages der Fall.[60]

---

[55] BAG, Urteil v. 23.4.1985 – 3 AZR 156/83, BB 1985, 1731.
[56] BAG, Urteil v. 23.1.2001 – 3 AZR 287/00, DB 2001, 2507ff.
[57] Statistisches Beiheft 2 zur Kapitalmarktstatistik
[58] BAG, Urteil v. 23.1.2001 – 3 AZR 287/00, DB 2001, 2507 (2508).
[59] BAG, Urteil v. 17.4.1996 – 3 AZR 56/95, DB 1996, 2496.
[60] BAG, Urteil v. 26.5.2009 – 3 AZR 369/07, DB 2009, 2384.

3.12 Persönlicher Geltungsbereich und Tarif und Tariföffnungsklausel (§ 17 BetrAVG)

3.12.1 Persönlicher Geltungsbereich

Arbeitnehmer im Sinne der §§ 1 bis 16 BetrAVG sind Arbeiter und Angestellte einschließlich der zu ihrer Berufsausbildung Beschäftigten. Ein Berufsausbildungsverhältnis steht einem Arbeitsverhältnis gleich. Die §§ 1 bis 16 BetrAVG gelten auch für Personen, die nicht Arbeitnehmer sind, wenn ihnen Leistungen der Alters-, Invaliditäts- oder Hinterbliebenenversorgung aus Anlass ihrer Tätigkeit für ein Unternehmen zugesagt worden sind. Zu den geschützten Nicht-Arbeitnehmern im Sinne dieser Vorschrift gehören arbeitnehmerähnliche Personen, nicht abhängige Selbstständige sowie Organpersonen ohne gesellschaftsrechtliche Beteiligung.

Allein- und Mehrheitsgesellschafter werden dagegen vom Anwendungsbereich des BetrAVG nicht erfasst. Minderheitsgesellschafter mit Leitungsmacht und einer Beteiligung von mind. 10 % sind vom Schutz des Gesetzes ausgenommen, wenn sie gemeinsam mit anderen geschäftsführenden Gesellschaftern über die Gesellschaftsmehrheit verfügen.[61]

3.12.2 Tariföffnungsklausel

Abweichungen von den Regelungen des BetrAVG zuungunsten des Arbeitnehmers sind unzulässig und nichtig. Von den §§ 1a, 2 bis 5, 16, 18a Satz 1, 27 und 28 BetrAVG kann jedoch gem. § 17 Abs. 3 BetrAVG in Tarifverträgen (nicht aber Betriebsvereinbarungen oder in Individualverträgen, mit Ausnahme von solchen mit Organpersonen[62]) abgewichen werden.

---

[61] Vgl. *Blomeyer/Rolfs/Otto*, BetrAVG, 5. Aufl. 2010, § 17 Rz. 108 ff.
[62] So BAG, Urteil v. 21.4.2009 – 3 AZR 285/07, AP Nr. 20 zu § 1 BetrAVG Beamtenversorgung; BGH-Rechtsprechung fehlt noch.

§ 17 Abs. 5 BetrAVG enthält eine Sondervorschrift für die Entgeltumwandlung: Tarifliche Entgeltansprüche können danach nur umgewandelt werden, wenn dies in einem Tarifvertrag zugelassen wird.

3.13 Verjährung (§ 18a BetrAVG)

Das Betriebsrentengesetz verweist für die Verjährung der laufenden Leistungen auf die allgemeinen zivilrechtlichen Vorschriften, die regelmäßige Verjährungsfrist beträgt gemäß § 195 BGB 3 Jahre. Für jede einzelne Rentenrate beginnt die Verjährungsfrist mit dem Schluss des Kalenderjahres der Fälligkeit („Ultimoverjährung").

Für das Rentenstammrecht selbst, d. h. den auf Renten- oder Ratenzahlungen gerichteten Versorgungsanspruch als Ganzes, gilt gemäß § 18a BetrAVG eine Verjährungsfrist von 30 Jahren. Auch wenn einzelne Rentenraten verjährt sind, wird dadurch der Fortbestand des gesamten Versorgungsanspruchs nicht beeinträchtigt. Die 30-jährige Verjährungsfrist erstreckte sich auch auf Kapitalabfindungen von Rentenansprüchen und sonstige einmalige Leistungen.

3.14 Gleichbehandlung bei der betrieblichen Altersversorgung (AGG und Richterrecht)

Bei der Einrichtung einer betrieblichen Altersversorgung ist der Arbeitgeber an den allgemeinen Gleichheitssatz aus Art. 3 GG, den europarechtlichen Grundsatz der Entgeltgleichheit von Männern und Frauen gem. Art. 159 Vertrag über die Arbeitsweise der Europäischen Union (AEUV) sowie die Antidiskriminierungs-Regelungen des Allgemeinen Gleichbehandlungsgesetzes (AGG) gebunden.

Arbeitsrechtliche Grundlagen der betrieblichen Altersversorgung

Eine unterschiedliche Behandlung nach Geschlecht, Alter sowie nach Rasse, Hautfarbe, Religion, sexueller Orientierung etc. ist grundsätzlich unzulässig und bedarf im Ausnahmefall der sachlichen Rechtfertigung.

Soweit der Arbeitgeber — wie üblich — das Ob und Wie der betrieblichen Altersversorgung nicht mit seinen Arbeitnehmern individuell aushandelt, sondern nach einem System bestimmten Arbeitnehmergruppen Versorgungsleistungen zusagt, wird dieses auf seine Vereinbarkeit mit den erwähnten Gleichbehandlungsvorschriften geprüft.

Der Arbeitgeber kann ggf. die Altersversorgung auf bestimmte Arbeitnehmergruppen beschränken, sofern er sachliche Gründe dafür hat[63] (z. B. ein Interesse an der Bindung besonders wichtiger Mitarbeiter wie Führungskräfte;[64] Belohnung von Mitarbeitern mit einer bestimmten Mindestbetriebstreue). Diese Gründe werden von den Arbeitsgerichten jedoch auf Plausibilität (insbesondere im Hinblick auf den verfolgten Versorgungszweck) geprüft.

Unterschiedliche Beitrags- oder Leistungsniveaus sind unter vergleichbaren Bedingungen unzulässig. Ausreichend ist jedoch eine relative Gleichbehandlung durch eine feste Relation von Beiträgen oder Leistungen zur Höhe der Arbeitsvergütung. Zulässig ist ggf. auch eine höhere Gewichtung von Gehaltsteilen, für die es keine Leistungen in der gesetzlichen Rentenversicherung gibt. Auch eine (nicht zu grobe) Gruppenbildung sowie Stichtagsregelungen sind möglich.

Teilzeitbeschäftige haben nach ständiger Rechtsprechung und letztlich auch aufgrund des Teilzeit- und Befristungsgesetzes grundsätzlich Anspruch auf eine ihrem Teilzeitgrad entsprechende Leistung.

Kritisch sind insbesondere Unterschiede in Bezug auf die Höhe der Leistungen, die an Geschlecht, Dauer der Ehe oder Altersunterschied zum Ehegatten anknüpfen. Nach dem Verbot einer Berücksichtigung des Faktors „Geschlecht" bei der Tarifierung von privaten Lebensversicherungen ab dem

---

[63] BAG, Urteil v. 17.2.1998 – 3 AZR 783/96, BB 1998, 1319; v. 16.2.2010 – 3 AZR 216/09, NZA 2010, 701.
[64] BAG, Urteil v. 11.11.1986 – 3 ABR 74/85, BB 1987, 1116.

21.12.2012 durch den EuGH[65] ist derzeit unklar, welche Ausstrahlungen dieses Urteil für Tarife von Pensionskassen, Pensionsfonds und Direktversicherungen haben wird. Es scheint sich insoweit eine Mehrheitsmeinung zu bilden, dass auch im Bereich der betrieblichen Altersversorgung ab dem 21.12.2012 Unisex-Tarife zur Vorsicht Anwendung finden sollten, zu diesem Zeitpunkt bereits bestehende Verträge jedoch Bestandsschutz haben.

3.15 Ablösung bzw. Änderung von Versorgungszusagen (Richterrecht)

Betriebliche Versorgungszusagen können von den Vertragsbeteiligten (Arbeitgeber und Arbeitnehmer bzw. Arbeitgeber und Betriebsrat bzw. Arbeitgeberverband und Gewerkschaft) grundsätzlich einvernehmlich geändert werden. Einseitig geändert werden können sie vom Arbeitgeber dagegen nur, wenn ihm ein solches Änderungsrecht dem Grunde nach zusteht und durch die Änderungen nicht in geschützte Besitzstände der Versorgungsberechtigten eingegriffen wird.

Ein Eingriffsmittel ist für den Arbeitgeber vorhanden, wenn die Zusage auf einer kollektiven Regelung beruht und diese von ihm gekündigt werden kann, es sich um eine Unterstützungskassenzusage handelt (kein „Rechtsanspruch") oder eine Störung der Geschäftsgrundlage vorliegt. Eine Betriebsvereinbarung kann selbstverständlich auch im Einvernehmen mit dem Betriebsrat geändert werden, ebenso wie Gesamtzusagen oder vertragliche Einheitsregelungen, die betriebsvereinbarungsoffen waren.[66]

Auch wenn ein Eingriffsmittel vorhanden ist, sind Eingriffe nur insoweit zulässig, als hierdurch nicht aus Sicht des einzelnen Versorgungsberechtigten unberechtigt in Besitzstände eingegriffen wird.

---

[65] Urteil vom 1.3.2011 – C 236-09, BetrAV 2011, 168; die Versicherungswirtschaft hat das Gebot zur Verwendung von Unisex-Tarifen in der privaten Lebensversicherung entsprechend umgesetzt.

[66] BAG, Urteil v. 23.10.1990 – 3 AZR 260/89, DB 1991 S. 449; Beschluss vom 16.9.1986, GS 1/82, DB 1987, 383.

Die bei Einschnitten in Versorgungsrechte zu beachtenden Grundsätze des Vertrauensschutzes und der Verhältnismäßigkeit hat das Bundesarbeitsgericht durch ein dreistufiges Prüfungsschema präzisiert.[67] Den abgestuften Besitzständen der Arbeitnehmer sind danach entsprechend abgestufte, unterschiedlich gewichtete Eingriffsgründe des Arbeitgebers gegenüberzustellen.

Die erste und höchste Besitzstandsstufe umfasst den bereits erdienten (statischen) Teil der Versorgungsanwartschaft, d. h. der zum Änderungsstichtag unter der Geltung der bis dahin gültigen Versorgungsregeln und in dem Vertrauen auf deren Inhalt bereits erdiente und entsprechend § 2 Abs. 1 und Abs. 5 BetrAVG ermittelte Teilbetrag. Er kann nur in seltenen Ausnahmefällen entzogen werden.[68] Das setzt zwingende Gründe voraus, z. B. eine gravierende unplanmäßige Überversorgung oder eine sehr schwerwiegende Treuepflichtverletzung, die die gesamte Betriebstreue entwertet.

Auf der 2. Besitzstandstufe stehen künftige Zuwächse der Versorgung, die sich — wie etwa bei endgehaltsbezogenen Zusagen — dienstzeitunabhängig aus variablen Berechnungsfaktoren ergeben.

> **BEISPIEL:**
>
> Zusage einer Altersrente bei Vollendung des 67. Lebensjahres an einen 37-Jährigen in Höhe von 0,4 % der Endbezüge pro Dienstjahr; erdiente Dynamik ist bei einer Änderung nach 10 Dienstjahren mithin der Wertzuwachs der erreichten Versorgungsanwartschaft in Höhe von 4 % der Bezüge in den kommenden 20 Jahren durch weitere Gehaltssteigerungen.

Diese sog. erdiente Dynamik kann nur aus triftigen Gründen geschmälert werden.[69] Darunter versteht die Rechtsprechung z. B. drohende langfristige Substanzgefährdung des Unternehmens bzw. fehlende Eigenkapitalverzinsung, Umstrukturierung zum Zwecke der Harmonisierung der Versorgung unter

---

[67] Ständige BAG-Rechtsprechung seit Urteil v. 17.04.1985 – 3 AZR 72/83 – zu B II 3 c der Gründe, BAGE 49, 57 = EzA § 1 BetrAVG Unterstützungskasse Nr. 2; ebenso v. 15.5.2012, 3 AZR 11/10.

[68] S. hierzu auch Höfer, BetrAVG, Band I, ART Rdnrn. 573ff.

[69] S. zur BAG-Rechtsprechung im Einzelnen auch Höfer, BetrAVG, Band I, ART Rdnr. 578ff.

3 Ablösung bzw. Änderung von Versorgungszusagen (Richterrecht)

Beibehaltung des Dotierungsrahmens für die Gesamtbelegschaft oder Abbau einer Überversorgung.

Am ehesten sind Eingriffe möglich in künftige dienstzeitabhängige, also noch nicht erdiente Zuwachsraten (3. Besitzstandsstufe). Für Eingriffe genügen hier sog. sachlich-proportionale Gründe.[70] Dies sind Gründe, die nicht willkürlich sind und nachvollziehbar erkennen lassen, welche Umstände und Erwägungen zur Änderung der Versorgungszusage führen. Änderungen, die in der Summe zu einer Reduzierung des Dotierungsrahmens des Arbeitsgebers führen sollen, bedürfen danach wirtschaftlicher Gründe (z. B. keine im Marktvergleich ausreichend hohe Eigenkapitalverzinsung; höhere Personalkosten als andere Wettbewerber, nicht erwartete Kostensteigerungen bei der bAV etc.). Eine Harmonisierung verschiedener Versorgungsregelungen rechtfertigt Eingriffe bei einzelnen Versorgungsberechtigten, wenn es im gleichen Umfang zu Verbesserungen bei anderen kommt (z. B. zur Herstellung von Gleichbehandlung).

Ob eine Neuordnung in geschützte Besitzstände eingreift und deshalb eine Überprüfung anhand des dreistufigen Prüfungsschemas erforderlich ist, kann nur im jeweiligen Einzelfall festgestellt werden, bei endgehaltsabhängigen Zusagen in der Regel erst beim Ausscheiden aus dem Arbeitsverhältnis rückblickend.

Eine Schließung von (arbeitgeberfinanzierten) Versorgungsregelungen für neu eintretende Mitarbeiter ist, da es sich um eine freiwillige Sozialleistung des Arbeitgebers handelt, jederzeit möglich und bedarf keiner Gründe. Das Recht der Arbeitnehmer auf eine betriebliche Altersversorgung aus Entgeltumwandlung bleibt unberührt.

Nach Eintritt des Versorgungsfalls sind Änderungen der Versorgungsregelungen ohne Mitwirkung der betroffenen Rentner grundsätzlich nicht mehr möglich, zumal dem Betriebsrat hierfür die Regelungskompetenz fehlen dürfte.[71] Sollte diese z. B. aufgrund einer arbeitsvertraglichen Verweisung auf die

---

[70] S. zur BAG-Rechtsprechung im Einzelnen auch Höfer, BetrAVG, Band I, ART Rdnr. 588ff.

[71] Vgl. BAG, Urteil vom 28.6.2011 – 3 AZR 282/09, BetrAV 2011, 739.

jeweils geltende Versorgungsordnung jedoch gegeben sein, sind allenfalls nur sehr geringfügige nachteilige Eingriffe denkbar. Auch wenn hier nicht das Drei-Stufen-Schema einfach angewendet werden kann, sind doch bei Änderungen in der Rentenphase Gründe zu fordern, die den Grundsätzen des Vertrauensschutzes und der Verhältnismäßigkeit Rechnung tragen.

3.16 Mitbestimmung bei Einrichtung, Durchführung + Änderung der betrieblichen Altersversorgung

Die betriebliche Altersversorgung ist, soweit sie nicht auf Entgeltumwandlung beruht, eine freiwillige betriebliche Sozialleistung. Bezogen auf die Einrichtung, Durchführung und Änderung der betrieblichen Altersversorgung hat der Betriebsrat teilweise erzwingbare Mitbestimmungsrechte. Unabhängig davon ist es zumeist üblich, betriebliche Versorgungswerke im Konsens zu errichten und zu betreiben.

Der Betriebsrat vertritt die aktiven Arbeitnehmer des Betriebs, nicht dagegen ausgeschiedene Arbeitnehmer, leitende Angestellte, Rentner sowie Organmitglieder juristischer Personen (§ 5 BetrVG).

3.16.1 Mitbestimmungsfreie Entscheidungen

Aufgrund der Freiwilligkeit der arbeitgeberfinanzierten betrieblichen Altersversorgung kann der Arbeitgeber insoweit wesentliche Bereiche mitbestimmungsfrei regeln bzw. entscheiden.[72] Mitbestimmungsfrei ist insbesondere,

- ob der Arbeitgeber eine arbeitgeberfinanzierte betriebliche Altersversorgung einführt und ob er sie für neu eintretende Mitarbeiter fortführt,
- über welchen Durchführungsweg Versorgungsleistungen erbracht werden (selbst die Wechselentscheidung ist nicht mitbestimmungspflichtig),

---

[72] BAG, Urteil v. 11.12.2001 – 3 AZR 512/00, DB 2003, 293.

- welcher konkrete Versorgungsträger im Rahmen des Durchführungsweges beauftragt wird,
- welche Mitarbeiter — unter Wahrung des Gleichbehandlungsgrundsatzes — versorgungsberechtigt sind
- wie hoch der vom Arbeitgeber für die Altersversorgung bereitgestellte Aufwand ist (sog. Dotierungsrahmen).

3.16.2 Mitbestimmungspflichtige Entscheidungen bei der betrieblichen Altersversorgung

Die im Übrigen bestehenden Mitbestimmungsrechte des Betriebsrates ergeben sich aus §§ 87 und 88 BetrVG. Die Mitbestimmungsrechte gelten für alle Durchführungswege.

Der Betriebsrat als gewählte Interessenvertretung der Arbeitnehmer hat danach ein erzwingbares Mitbestimmungsrecht bezogen auf

- die Verteilungsgrundsätze hinsichtlich des vom Arbeitgeber festgelegten Dotierungsrahmens, sprich bezogen auf die Gestaltung des Leistungsplans (welche Formel, welche Leistungsarten, welche Eigenbeiträge der Arbeitnehmer etc.) bzw. bei einer Umverteilung im Rahmen einer Neuordnung,
- die Verwaltung von betrieblichen Sozialeinrichtungen, soweit sie sich auf den Betrieb/Konzern beschränken, d. h. Verwaltung eigener Versorgungswerke (entweder paritätische Mitwirkung in den Gremien — sog. organschaftliche Lösung — oder Mitbestimmung bei der Ausübung des Stimmrechts in den Gremien — sog. zweistufige Lösung) bzw. die Ausübung des Stimmrechts in überbetrieblichen Versorgungseinrichtungen.

Das Mitbestimmungsrecht des Betriebsrats schließt ein Initiativrecht ein (z. B. betreffend Vorschläge zur Verteilung) sowie ein Prüfungsrecht, dass die Grundsätze von Recht und Billigkeit eingehalten werden (vgl. § 75 BetrVG). Zudem hat der Betriebsrat ein umfassendes Informationsrecht bezogen auf die betriebliche Altersversorgung, insbesondere im Rahmen einer Neuordnung der Versorgung.

Die erzwingbaren Mitbestimmungsrechte greifen nur dann, wenn der Regelungsgegenstand nicht bereits durch Gesetz oder Tarifvertrag geregelt ist (Beispiel: Bestimmungen über die gesetzliche Unverfallbarkeit, Rentenanpassungsprüfung alle 3 Jahre).

4 Steuerliche und sozialversicherungsrechtliche Behandlung von Zusagen auf Leistungen der betrieblichen Altersversorgung beim Arbeitnehmer

Thorsten Streit, Gordon Teckentrup

Der Zeitpunkt des Zuflusses von Arbeitslohn richtet sich bei einer arbeitgeberfinanzierten und einer steuerlich anzuerkennenden durch Entgeltumwandlung finanzierten betrieblichen Altersversorgung nach dem Durchführungsweg der betrieblichen Altersversorgung.

4.1 Lohnsteuerliche Behandlung des Arbeitgeberaufwands

4.1.1 Direktzusagen und Unterstützungskassen

Bei der Versorgung über eine Direktzusage oder Unterstützungskasse fließt der Arbeitslohn erst im Zeitpunkt der Zahlung der Altersversorgungsleistungen dem Arbeitnehmer zu. Der Arbeitgeberaufwand in Form von Zuführungen zur Pensionsrückstellung führt beim Arbeitnehmer dagegen zu keinem lohnsteuerlichen Zufluss.[1] Auch durch die Zuwendungen des Trägerunternehmens an eine Unterstützungskasse wird der Arbeitnehmer steuerlich nicht tangiert; erst die Leistungen der Unterstützungskasse an den Versorgungsempfänger sind steuerlich Arbeitslohn.

---

[1] BFH, Urteil v. 22.11.2006 – X R 29/05, BB 2007, 313 = BStBl. II 2007, S. 402.

4.1.2 Direktversicherung, Pensionskasse und Pensionsfonds

Die Beiträge zu einer Pensionskasse, einer Direktversicherung oder einem Pensionsfonds stellen grundsätzlich steuerpflichtigen Arbeitslohn dar, sind aber nach § 3 Nr. 63 EStG in Höhe von 4 % der Beitragsbemessungsgrenze steuerfrei. Dieser Höchstbetrag erhöht sich für nach dem 31.12.2004 erteilte Versorgungszusagen um 1.800 EUR, wenn nicht für den Arbeitnehmer für eine andere Zusage noch eine Pauschalversteuerung vorgenommen wird.

Änderung der Rechtslage durch das AltEinkG

Die Möglichkeit zur pauschalen Versteuerung der Beiträge für Direktversicherung und kapitalgedeckte Pensionskassen im Rahmen des § 40b EStG ist aufgrund des AltEinkG für nach dem 31.12.2004 erteilte Zusagen grundsätzlich nicht mehr gegeben. Lediglich bei Zuwendungen an umlagefinanzierte Pensionskassen, wie z. B. die VBL, kann noch eine pauschale Versteuerung nach § 40b EStG erfolgen. Beiträge an eine Pensionskasse zum Aufbau einer nicht kapitalgedeckten Altersversorgung sind zudem nach § 3 Nr. 56 EStG steuerfrei, soweit sie im Kalenderjahr 1 % der BBG nicht übersteigen. Dieser Betrag erhöht sich bis 2025 stufenweise auf 4 % der BBG.

Für bestehende Direktversicherungsverträge, die auf Versorgungszusagen bis zum 31.12.2004 beruhen, ist § 3 Nr. 63 EStG in der Fassung ab 1.1.2005 grundsätzlich ebenfalls anwendbar. Die Steuerfreiheit ist auf 4 % der BBG beschränkt. § 40b EStG in der am 31.12.2004 geltenden Fassung ist jedoch anwendbar,

- wenn die Direktversicherung die Voraussetzungen von § 3 Nr. 63 EStG in der Fassung ab 1.1.2005 nicht erfüllt, z. B. wenn Kapitalauszahlung vereinbart ist, oder
- wenn die Voraussetzungen von § 3 Nr. 63 EStG in der Fassung ab 1.1.2005 erfüllt sind, der Arbeitnehmer aber gegenüber dem Arbeitgeber bis spätestens 30.6.2005 oder bei einem späteren Arbeitgeberwechsel bis zur ersten Beitragsleistung auf die Anwendung von § 3 Nr. 63 EStG verzichtet hat (§ 52 Abs. 6, 52 b EStG).

Zuwendungen an Pensionskassen, die auf einer vor dem 1.1.2005 erteilten Zusage beruhen, können nach § 40b EStG in der Fassung am 31.12.2004 pauschal besteuert werden (§ 52 Abs. 52 b EStG).

Voraussetzungen nach § 3 Nr. 63 EStG

Voraussetzung für die Steuerfreiheit der Beiträge nach § 3 Nr. 63 EStG ist, dass die Auszahlung der zugesagten Alters-, Invaliditäts- oder Hinterbliebenenversorgungsleistungen in Form einer lebenslangen Rente oder eines Auszahlungsplans mit anschließender lebenslanger Teilkapitalverrentung (§ 1 Abs. 1 Satz 1 Nr. 4 AltZertG) vorgesehen ist. Teilkapitalauszahlungen bis 30 % des zu Beginn der Auszahlungsphase zur Verfügung stehenden Kapitals sind zulässig. Allein die Möglichkeit, anstelle dieser Auszahlungsformen eine Einmalkapitalauszahlung (100 % des zu Beginn der Auszahlungsphase zur Verfügung stehenden Kapitals) zu wählen, steht der Steuerfreiheit noch nicht entgegen.[2]

Bei Auszahlung oder anderweitiger wirtschaftlicher Verfügung ist der Einmalkapitalbetrag, soweit er auf steuerfrei geleisteten Beiträgen beruht, gemäß § 22 Nr. 5 Satz 1 EStG vollständig zu besteuern. Eine Anwendung der Fünftelregelung des § 34 EStG kommt auf diese Zahlungen nicht in Betracht.[3]

Steuerfreier Höchstbetrag nach § 3 Nr. 63 EStG

Gemäß § 3 Nr. 63 EStG (sog. „Eichel-Förderung") sind Beiträge des Arbeitgebers aus dem ersten Dienstverhältnis an Pensionskassen oder Pensionsfonds sowie für eine Direktversicherung beim Arbeitnehmer lohnsteuerfrei, soweit sie im Kalenderjahr 4 % der BBG nicht übersteigen; bei Arbeitgeberwechsel kann der Betrag im gleichen Kalenderjahr sogar nochmals voll in Anspruch genommen werden. Dies gilt allerdings nicht, soweit der Arbeitnehmer nach § 1a Abs. 3 BetrAVG verlangt hat, dass die Voraussetzungen für eine Zulagenge-

---

[2] BMF-Schreiben v. 24.7.2013 – IV C 3 – S 2015/11/10002 / IV C 5 – S 2333/ 09/10005 DOK 2013/0699161, BStBl. I 2013, S. 1022, Rz. 312.

[3] BMF, Schreiben v. 27.7.2013 – IV C 3 – S 2015/11/10002 / IV C 5 – S 2333/ 09/10005 DOK 2013/0699161, BStBl. I 2013, S. 1022, Rz. 373.

währung nach Abschnitt XI EStG oder für einen Sonderausgabenabzug nach § 10a EStG (sog. „Riester-Förderung") erfüllt werden.

Steuerfrei sind sowohl die Beiträge des Arbeitgebers, die zusätzlich zum ohnehin geschuldeten Arbeitslohn erbracht werden (rein arbeitgeberfinanzierte Beiträge), als auch die Beiträge des Arbeitgebers, die durch Entgeltumwandlung finanziert werden. Die Begrenzung der Lohnsteuerfreiheit auf 4 % der BBG (West) gilt auch für die neuen Bundesländer und Berlin (Ost). Bei dem Höchstbetrag handelt es sich um einen Jahresbetrag. Eine zeitanteilige Kürzung des Höchstbetrags ist daher nicht vorzunehmen, wenn das Arbeitsverhältnis nicht während des ganzen Jahres besteht oder nicht für das ganze Jahr Beiträge gezahlt werden.

Als Kompensation für die durch das AltEinkG ab 2005 entfallene Pauschalversteuerungsfähigkeit von Beiträgen bis 1.752 EUR bei Direktversicherungen und Pensionskassen wurde das steuerfreie Fördervolumen für ab dem 1.1.2005 erteilte Versorgungszusagen im Rahmen des § 3 Nr. 63 EStG um einen Festbetrag von 1.800 EUR p. a. aufgestockt. Dies gilt für Pensionsfonds, Pensionskassen und Direktversicherungen. Zusätzlich zu den steuer- und sozialversicherungsfreien Beiträgen bis 4 % der BBG bleiben also Beiträge bis 1.800 EUR steuerfrei, allerdings nicht sozialversicherungsfrei (§ 1 Abs. 1 Nr. 9 SvEV).

Vervielfältigungsregelung

Nach § 3 Nr. 63 S. 4 EStG (Vervielfältigungsregelung) kann der steuerfreie Betrag von 1.800 EUR mit der Anzahl der Dienstjahre abzüglich der Beiträge des laufenden Jahres und der letzten sechs Jahre vervielfältigt werden, falls in diesen Jahren der steuerfreie Betrag schon genutzt wurde. Die Regelung gilt allerdings erst für Dienstjahre ab 2005.

▶ BEISPIEL:

Beendigung der Direktversicherung im Jahr 2021.
Jahresbeitrag zur Direktversicherung: 4.296 EUR (von 2005—2021)
17 Jahre x 1.800 EUR =   30.600 EUR
— 4.296 EUR x 7 Jahre = 30.072 EUR
Vervielfältigungsbetrag: 528 EUR, Ergebnis: geringe Wirkung!

Soweit die Beiträge den Höchstbetrag von 4 % der BBG zuzüglich 1.800 EUR (bei nach dem 31.12.2004 erteilten Zusagen) übersteigen, sind diese individuell zu besteuern. Für die individuell besteuerten Beiträge kann eine Förderung durch Sonderausgabenabzug und Zulage nach § 10a und Abschnitt XI EStG in Betracht kommen.

4.1.3 Förderung durch Zulagen (Abschn. XI EStG) bzw. Sonderausgabenabzug (§ 10a EStG) bei Direktversicherung, Pensionskasse und Pensionsfonds

Der Aufbau einer betrieblichen Altersversorgung wird seit 1.1.2002 staatlich gefördert. Dieses Förderkonzept soll vor allem Bezieher kleinerer Einkommen und Familien mit Kindern unterstützen.

Danach können Zahlungen an eine Direktversicherung, eine Pensionskasse oder einen Pensionsfonds als Altersvorsorgebeiträge durch Sonderausgabenabzug nach § 10a EStG und Zulage nach Abschnitt XI EStG gefördert werden (§ 82 Abs. 2 EStG). Dies gilt unabhängig davon, ob die Beiträge ausschließlich vom Arbeitgeber finanziert werden, auf einer Entgeltumwandlung beruhen oder ob es sich um Eigenbeiträge des Arbeitnehmers handelt. Voraussetzung für die steuerliche Förderung ist neben der individuellen Besteuerung der Beiträge, dass die Versorgungseinrichtung für den Zulageberechtigten eine lebenslange Altersversorgung im Sinne des § 1 Abs. 1 Satz 1 Nr. 4 AltZertG (monatliche Leibrente oder Auszahlungsplan mit unmittelbar anschließender lebenslanger Teilkapitalverrentung) gewährleistet.

Zum Kreis der Begünstigten des Förderkonzepts gehören alle Personen, die Pflichtbeiträge zur gesetzlichen Rentenversicherung zahlen. Auch Beamte und Arbeitnehmer im öffentlichen Dienst, bei denen der Altersvorsorgeplan 2001 vom 13.11.2001 greift, haben ebenfalls Anspruch auf die Förderung (§ 10a Abs. 1 EStG)[4]. Unter bestimmten Voraussetzungen gehören auch Personen, die eine Rente wegen voller Erwerbsminderung oder Erwerbsunfähigkeit oder eine Versorgung wegen Dienstunfähigkeit beziehen, zum Kreis der förder-

---

[4] Geändert durch Art. 11 Versorgungsänderungsgesetz vom 20.12.2001, BGBl. I 2001, S. 3949.

berechtigten Personen. Gehört nur ein Ehepartner zum begünstigten Personenkreis, so kann auch der selbst nicht zum Begünstigtenkreis gehörende Ehepartner die Förderung erhalten, wenn für ihn ein eigener Vorsorgevertrag abgeschlossen wird.

Nicht gefördert werden alle Personen, die nicht in der gesetzlichen Rentenversicherung pflichtversichert sind. Darunter fallen z. B.:

- geringfügig Beschäftigte, also Personen die bis zu 450 EUR monatlich verdienen;
- kurzfristig Beschäftigte, wie z. B. Saisonarbeiter, die nicht mehr als 50 Arbeitstage im Jahr bzw. nicht mehr als zwei Monate innerhalb eines Kalenderjahres arbeiten;
- Empfänger einer Altersrente (z. B. ehemalige Arbeitnehmer) oder einer Pension (ehemalige Beamte);
- nicht gesetzlich rentenversicherungspflichtige Selbstständige;
- freiwillig Versicherte, die zwar freiwillig in die gesetzliche Rentenversicherung, beispielsweise als Selbstständige, Beiträge entrichten, aber für die keine Versicherungspflicht besteht;
- Bezieher von Sozialhilfe ohne ein versicherungspflichtiges Einkommen.

Die geförderten Beiträge setzen sich immer aus (Mindest-) Eigenbeiträgen des Berechtigten und steuerfreien Zulagen zusammen, die auf Antrag des Berechtigten unmittelbar auf den begünstigten Vertrag gutgeschrieben werden. Die Höhe der Zulagen ist von Familienstand und Kinderzahl abhängig. Gestaffelt bis zum Jahr 2008 ist in der Endstufe eine Grundzulage für Verheiratete von jeweils 154 EUR jährlich und für jedes berücksichtigungsfähige Kind eine Kinderzulage von 185 EUR bzw. für ab 1.1.2008 geborene Kinder 300 EUR jährlich vorgesehen. Da Eigenbeiträge samt Zulagen als Sonderausgaben gemäß § 10a EStG im Rahmen der Einkommensteuererklärung geltend gemacht werden können (gestaffelt bis zum Jahr 2008, max. 2.100 EUR p. a. in der Endstufe), kann sich für Bezieher höherer Einkommen eine zusätzliche Steuerersparnis ergeben. Diese Günstiger-Prüfung wird von Amts wegen vorgenommen.

Lohnsteuerliche Behandlung des Arbeitgeberaufwands

Eine Übersicht über die gestaffelten Beträge gibt nachfolgende Tabelle:

Jahr	Erforderlicher Eigenbeitrag*	Grundzulage pro Person p. a.	Kinderzulage pro Kind p. a.	Sonderausgaben-abzug (max.)
2002/2003	1 %	38 EUR	46 EUR	525 EUR
2004/2005	2 %	76 EUR	92 EUR	1.050 EUR
2006/2007	3 %	114 EUR	138 EUR	1.575 EUR
ab 2008	4 %	154 EUR	185 EUR Für ab 2008 geborene Kinder 300 EUR	2.100 EUR

*) in Prozent des sozialversicherungspflichtigen Gehaltes des Vorjahres incl. Zulagen, max. 525 EUR / 1.050 EUR / 1.575 EUR / 2.100 EUR

Tab. 1: Erforderlicher Eigenbetrag / Grundzulage p. P. / Kinderzulage pro Kind / Sonderausgabenabzug

Aufgrund des AltEinkG gibt es seit 2005 den Dauerzulageantrag, womit der Anleger seinen Anbieter einmalig bevollmächtigt, seine Zulagen für ihn zu beantragen. Damit kann der jährliche Zulageantrag ersetzt werden.

Abb. 15: Schema der Riesterförderung

4.1.4 Exkurs: Abzugsfähigkeit von Beiträgen zur gesetzlichen Rentenversicherung und für die Privatvorsorge

Mit dem AltEinkG wurde eine grundsätzliche Neuordnung der Abzugsfähigkeit von Beiträgen zur gesetzlichen Rentenversicherung und für die private Altersvorsorge vorgenommen. Im Rahmen einer langjährigen Übergangsregelung sind beginnend mit dem Jahr 2005 zunächst 60 % der Beiträge zur gesetzlichen Rentenversicherung, maximal 12.000 EUR p. a. (für Ledige, 24.000 EUR für Verheiratete) inklusive des Arbeitgeberanteils steuerlich abzugsfähig. Der Prozentsatz erhöht sich jährlich ab 2006 um 2 %, sodass im Jahr 2025 schließlich 100 % der Beiträge zur gesetzlichen Rentenversicherung, maximal 20.000 EUR (für Ledige, 40.000 EUR für Verheiratete) steuerlich abzugsfähig sein werden.

Im Rahmen der privaten Altersvorsorge sind die Beiträge grundsätzlich wie die Beiträge zur gesetzlichen Rentenversicherung steuerlich abzugsfähig, sofern es sich um die eigene Altersversorgung des Steuerpflichtigen handelt, die Altersversorgung in einer lebenslangen Leibrente (sog. „Rürup-Renten") besteht, die nicht vor Alter 60 (bei Verträgen, die nach dem 31.12.2011 abgeschlossen wurden: 62) fällig wird und die Ansprüche nicht vererblich, nicht übertragbar, nicht beleihbar, nicht veräußerbar und nicht kapitalisierbar sind. Die ergänzende Absicherung von Hinterbliebenen (Ehegatte, Kinder) sowie für Berufs- oder Erwerbsunfähigkeit ist dabei zulässig.

Modellhaft lassen sich die durch das Alterseinkünftegesetz erfolgten Änderungen wie folgt darstellen:

4 Lohnsteuerliche Behandlung des Arbeitgeberaufwands

■ **Drei Schichten der Besteuerung von Alterseinkünften**

[Abbildung: 3 Säulen der Altersvorsorge (1. Säule: Gesetzliche Rente, 2. Säule: Betriebliche Altersversorgung, 3. Säule: Privatvorsorge) → Drei Schichten der Altersvorsorge (1. Schicht: Basisversorgung, 2. Schicht: Kapitalgedeckte Zusatzversorgung, 3. Schicht: Kapitalanlageprodukte)]

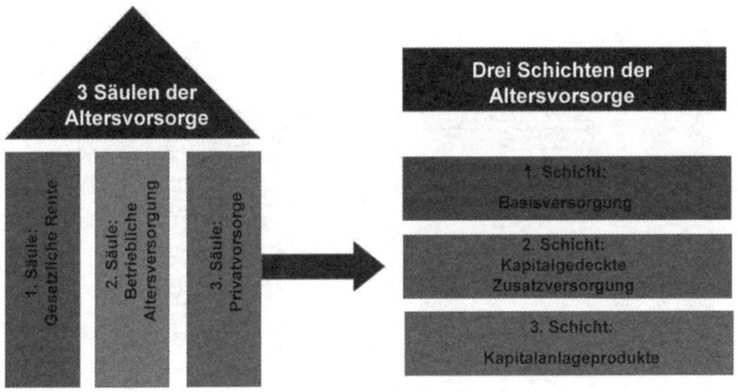

Abb. 16: Schichten der Besteuerung von Alterseinkünften

Drei Schichten der Besteuerung von Alterseinkünften	

• Schicht 1 — Basisversorgung
  • Gesetzliche Rentenversicherung
  • Berufsständische Versorgung
  • Private kapitalgedeckte Leibrentenversicherung
• Schicht 2 — Kapitalgedeckte Zusatzversorgung
  • „Riester-Rente"
  • Betriebliche Altersversorgung (Direktversicherung, Pensionskasse, Pensionsfonds)
	steuerlich gefördert

• Schicht 3 — Kapitalanlageprodukte
  • Alle anderen Anlageprodukte
  • z. B.: Investmentfonds, Lebensversicherungen
	nicht gefördert

Tab. 2: Drei Schichten der Besteuerung von Alterseinkünften

Den Besteuerungsanteil an Rentenversicherungsbeiträgen und Sozialversicherungsrenten in der Übergangszeit bis zum Jahr 2040 zeigt nachfolgende Grafik:

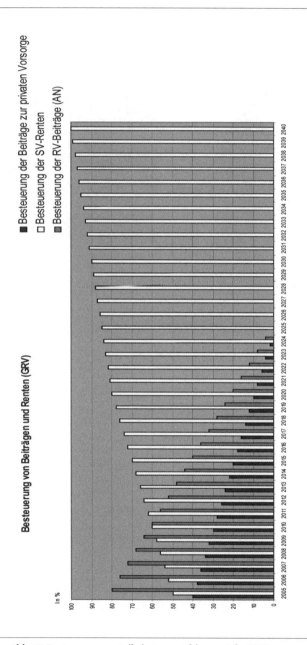

Abb. 17: Besteuerungsanteile in Prozent bis zum Jahr 2040

4.2 Sozialversicherungsrechtliche Behandlung des Versorgungsaufwandes

4.2.1 Direktzusagen und Unterstützungskassen

Die Zuführungen zu einer Pensionsrückstellung aufgrund einer Direktzusage bzw. die Zuwendungen an eine Unterstützungskasse durch den Arbeitgeber sind kein Arbeitsentgelt im Sinne des § 14 SGB IV und lösen somit keine Beitragspflicht zur Sozialversicherung aus.[5]

Allerdings zählen aufgrund gesetzlicher Regelung (§ 14 Abs. 1 S. 2 SGB IV) Entgeltteile, die durch Entgeltumwandlung in den Durchführungswegen Direktzusage oder Unterstützungskasse verwendet werden, zum beitragspflichtigen Arbeitsentgelt. Die für eine Entgeltumwandlung verwendeten Entgeltbestandteile gelten nicht als Arbeitsentgelt, soweit die Entgeltbestandteile 4 % der BBG nicht übersteigen (§ 14 Abs. 1 S. 2 SGB IV). Die ursprünglich bis Ende 2008 geltende Befristung der Sozialversicherungsfreiheit wurde aufgehoben.[6] Eine erneute Befristung wurde nicht aufgenommen, sodass diese Gehaltsbestandteile bis 4 % der BBG in der Ansparphase von der Entrichtung von Sozialversicherungsbeiträgen frei sind.

4.2.2 Direktversicherung, Pensionskasse und Pensionsfonds

Beitragsfreiheit nach § 1 Abs. 1 Nr. 9 SvEV

Nach § 3 Nr. 63 Satz 1 und 2 EStG steuerfreie Beiträge bzw. Zuwendungen an Direktversicherungen, Pensionskassen oder Pensionsfonds sind gemäß § 1 Abs. 1 Nr. 9 SvEV bis zur Höhe von insgesamt 4 % der BBG dem Arbeitsentgelt

---

[5] Vgl. *Grintsch*, Die Neuregelung des Betriebsrentenrechts durch das Altersvermögensgesetz, S. 70ff.

[6] Gesetz zur Förderung der zusätzlichen Altersversorgung und zur Änderung des Dritten Buches Sozialgesetzbuch v. 10.12.2007, BGBl. I 2007, S. 2838.

nicht hinzuzurechnen. Soweit diese Beiträge bzw. Zuwendungen aus einer Entgeltumwandlung stammen, besteht ebenfalls Beitragsfreiheit.

Arbeitnehmer, die von der Förderung nach § 10a EStG/Abschnitt XI EStG Gebrauch machen wollen, müssen die Beiträge individuell versteuern (vgl. § 82 Abs. 2 EStG). Die Individualversteuerung hat zur Folge, dass die Regelung des § 1 Abs. 1 Satz 1 Nr. 9 SvEV keine Anwendung findet und dass die Beiträge der Beitragspflicht zur Sozialversicherung unterliegen.

Beitragsfreiheit nach § 1 Abs. 1 Nr. 4 SvEV

Nach § 1 Abs. 1 Satz 1 Nr. 4 SvEV sind nach § 40b EStG pauschal versteuerte Beiträge und Zuwendungen nicht dem Arbeitsentgelt in der Sozialversicherung zuzurechnen, vorausgesetzt, dass sie zusätzlich zu Löhnen oder Gehältern gewährt werden. Diese Voraussetzung ist immer dann erfüllt, wenn es sich um rein arbeitgeberfinanzierte Beiträge handelt oder (im Falle von Entgeltumwandlung) diese aus Sonderzuwendungen (z. B. dem 13. Gehalt) finanziert werden. Dagegen unterliegen aus laufendem Arbeitsentgelt finanzierte Beiträge und Zuwendungen im Fall der Entgeltumwandlung der Beitragspflicht auch dann, wenn sie pauschal versteuert werden.[7]

4.3 Steuerliche Behandlung der Versorgungsleistungen

4.3.1 Direktzusage und Unterstützungskasse

Versorgungsleistungen des Arbeitgebers aufgrund einer Direktzusage und Versorgungsleistungen einer Unterstützungskasse führen zu Einkünften aus nichtselbstständiger Arbeit (§ 19 EStG). In Abzug gebracht werden können

---

[7] BSG, Urteil v. 21.8.1997 – 12 RK 44/96, BB 1998, 1216; BSG, Urteil v. 14.7.2004 – B 12 KR 10/02 R, BetrAV 2004, 679.

der Versorgungsfreibetrag und der Zuschlag zum Versorgungsfreibetrag (§ 19 Abs. 2 EStG) sowie der Arbeitnehmer-Pauschbetrag (§ 9a Satz 1 Nr. 1 Buchst. b EStG).

4.3.2 Direktversicherung, Pensionskasse und Pensionsfonds

Die steuerliche Behandlung der Leistungen aus einer Direktversicherung, einer Pensionskasse und einem Pensionsfonds in der Auszahlungsphase hängt davon ab, ob und inwieweit die Beiträge in der Ansparphase durch die Steuerfreiheit nach § 3 Nr. 63 EStG oder durch Sonderausgabenabzug nach § 10a EStG und Zulage nach Abschnitt XI EStG gefördert wurden.[8]

Leistungen, die ausschließlich auf nicht geförderten Beiträgen beruhen

Leistungen, die ausschließlich auf nicht geförderten Beiträgen beruhen (also individuell oder pauschal versteuert waren), sind, wenn es sich um **Rentenzahlungen** handelt, als sonstige Einkünfte gemäß § 22 Nr. 1 Satz 3 Buchst. a EStG (Altzusage) mit dem Ertragsanteil zu besteuern. Bei Neuzusagen wird danach unterschieden, ob die Voraussetzungen des § 10 Abs. 1 Nr. 2 S. 1 Buchst. b EStG erfüllt sind. Wenn ja, erfolgt die Besteuerung als sonstige Einkünfte nach § 22 Nr. 5 S. 2 i. V. m. § 22 Nr. 1 S. 3 Buchst. a Doppelbuchst. aa EStG. Liegen die Voraussetzungen des § 10 Abs. 1 Nr. 2 S. 1 Buchst. b EStG nicht vor, erfolgt die Besteuerung gemäß § 22 Nr. 5 S. 2 i. V. m. § 22 Nr. 1 S. 3 Buchst. a Doppelbuchst. bb EStG mit dem Ertragsanteil.

Bei **Kapitalauszahlung** aus einer Altzusage unterliegt die Kapitalauszahlung insgesamt nicht der Besteuerung, wenn die Voraussetzungen des § 10 Abs. 1 Nr. 2 Buchst. b EStG in der am 31.12.2004 geltenden Fassung erfüllt sind (§ 52 Abs. 36 S. 5 EStG). Bei einer Kapitalzahlung aus einer Neuzusage unterliegt der Unterschiedsbetrag zwischen der Versicherungsleistung und der Summe der auf sie entrichteten Beiträge der Besteuerung, wenn die Voraussetzun-

---

[8] Siehe im Einzelnen BMF-Schreiben v. 31.3.2010 – IV C 3 – S 2222/09/10041 / IV C 5 – S 2333/07/0003 DOK 2010/0256374, BStBl. I 2010, S. 270, Rz. 329 ff.

gen des § 20 Abs. 1 Nr. 6 EStG erfüllt sind. Erfolgt die Auszahlung erst nach Vollendung des 60. Lebensjahres des Steuerpflichtigen und hat der Vertrag im Zeitpunkt der Auszahlung mindestens 12 Jahre bestanden, ist nur die Hälfte dieses Unterschiedsbetrages der Besteuerung zu Grunde zu legen.

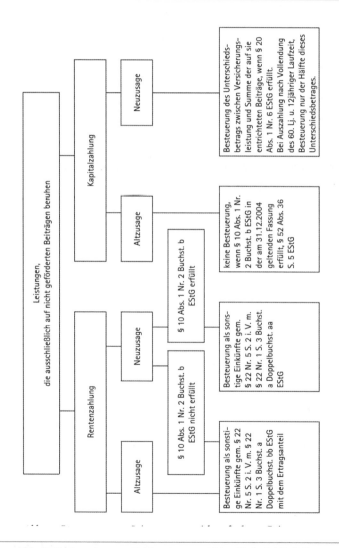

Abb. 18: Besteuerung von Leistungen aus nicht geförderten Beiträgen

Leistungen, die ausschließlich auf geförderten Beiträgen beruhen

Leistungen, die ausschließlich auf geförderten Beiträgen beruhen (Eichel- bzw. Riester-Förderung), unterliegen als sonstige Einkünfte nach § 22 Nr. 5 Satz 1 EStG in vollem Umfang der Besteuerung.

Leistungen, die sowohl auf geförderten als auch auf nicht geförderten Beiträgen beruhen

Beruhen die Leistungen sowohl auf geförderten als auch auf nicht geförderten Beiträgen, müssen die Leistungen in der Auszahlungsphase aufgeteilt werden.[9]

4.4 Sozialversicherungsrechtliche Behandlung der Versorgungsleistungen

Betriebsrenten und Kapitalabfindungen sind in der gesetzlichen Kranken- und Pflegeversicherung grundsätzlich beitragspflichtig. Dies gilt wegen der Änderung des § 229 Abs. 1 Satz 3 SGB V seit 1.1.2004 auch für Kapitalleistungen, die vor Eintritt des Versicherungsfalles vereinbart oder zugesagt worden sind.[10] Kapitalabfindungen und Kapitalleistungen sind für 10 Jahre (längstens aber bis zum Tod des Versorgungsberechtigten) mit monatlich 1/120 der Leistung zu verbeitragen.

---

[9] Zum Aufteilungsmaßstab vgl. BMF-Schreiben v. 11.11.2004, BStBl. I 2004, S. 1061; ergänzt durch BMF-Schreiben v. 14.03.2012, IV C 3 – S 2257-b/11/10003, BStBl I 2012, S. 311.

[10] Die Verfassungsmäßigkeit dieser Rechtsänderung bejahend BVerfG, Beschluss v. 7.4.2008 – 1 BvR 1924/07, WM 2008, 1114.

Steuerliche und sozialversicherungsrechtliche Behandlung beim Arbeitnehmer

Durch die Änderung des § 248 SGB V müssen in der gesetzlichen Krankenversicherung versicherte Rentner seit 1.1.2004 statt des halben Beitragssatzes den vollen Beitragssatz aus Versorgungsbezügen i. S. des § 229 SGB V zahlen.[11]

Bei Beziehern einer Betriebsrente, die zugleich in der gesetzlichen Krankenversicherung pflichtversichert sind und eine gesetzliche Rente beziehen, hat der Arbeitgeber die Sozialversicherungsabgaben einzubehalten und abzuführen, ansonsten der Betriebsrentner selbst. Dies gilt insbesondere bei einer Kapitalleistung aus der betrieblichen Altersversorgung.

---

[11] Die Verfassungsmäßigkeit dieser Rechtsänderung bejahend BVerfG, Beschluss v. 7.10.2008 – 1 BvR 2995/06.

5 Handelsbilanzielle und steuerliche Behandlung der verschiedenen Durchführungswege beim Arbeitgeber

Thomas Hagemann, Matthias Lieb

5.1 Direktzusagen

5.1.1 Betriebsausgabenabzug

Die vom Unternehmen an die Pensionsberechtigten gezahlten Betriebsrenten sind als Betriebsausgaben steuerlich abzugsfähig (§ 4 Abs. 4 EStG).

5.1.2 Rückstellungsbildung

Handelsbilanz

Passivierungspflicht und Passivierungswahlrecht

Da bei Pensionsverpflichtungen nicht von vornherein feststeht, ob, wann und in welcher Höhe es zu Zahlungen kommt, handelt es sich um ungewisse Verbindlichkeiten. Gemäß § 249 Abs. 1 HGB besteht handelsrechtlich eine Passivierungspflicht für ungewisse Verbindlichkeiten und damit auch für Pensionsverpflichtungen. Diese Passivierungspflicht wird durch Art. 28 EGHGB allerdings eingeschränkt: Wenn der Pensionsberechtigte seinen Rechtsanspruch vor dem 1.1.1987 erworben hat oder sich ein vor diesem Zeitpunkt erworbener Rechtsanspruch nach dem 31.12.1986 erhöht, besteht gemäß Art. 28 Abs. 1 EGHGB weiterhin (entsprechend der Rechtslage vor 1987) ein Passivierungswahlrecht für Anwartschaften und laufende Pensionen. Für mittelbare Pensionsverpflichtungen und ähnliche Verpflichtungen braucht eine Rückstellung in keinem Fall gebildet zu werden.

Jedoch müssen nach Art. 28 Abs. 2 EGHGB Kapitalgesellschaften (und seit 2000 nach Art. 48 Abs. 6 EGHGB auch die GmbH & Co. KG und andere Personengesellschaften ohne persönlich haftende natürliche Personen) die in der Bilanz nicht ausgewiesenen Rückstellungen für unmittelbare und mittelbare Pensionsverpflichtungen jeweils im Anhang und Konzernanhang in einem Betrag angeben (siehe auch § 285 Nr. 3 HGB). Nach Auffassung des IDW[1] ist auch für reine Personengesellschaften und Einzelunternehmen eine Fehlbetragsangabe „wünschenswert".

Ausweis

Große und mittelgroße Kapitalgesellschaften müssen die Pensionsrückstellungen nach § 266 HGB auf der Passivseite der Bilanz unter B. 1. „Rückstellungen für Pensionen und ähnliche Verpflichtungen" gesondert ausweisen. Kleine Kapitalgesellschaften (§ 267 Abs. 1 und 4 HGB) können die Pensionsrückstellungen mit den übrigen Rückstellungen zusammenfassen. Zu dem Posten „Pensionsrückstellungen" gehören die Rückstellungen für laufende Pensionen und die für Anwartschaften auf Pensionen sowie für ähnliche Verpflichtungen.

Grundsätzlich besteht nach dem HGB ein Saldierungsverbot, d. h., Posten der Aktiv- und der Passivseite der Bilanz dürfen nicht miteinander verrechnet werden. Als Ausnahme vom Saldierungsverbot können nach § 246 Abs. 2 HGB bestimmte Vermögensgegenstände, das sogenannte Deckungsvermögen, mit den Pensionsverpflichtungen verrechnet werden. Voraussetzung für diese Saldierung ist, dass die Vermögensgegenstände „dem Zugriff aller übrigen Gläubiger entzogen sind und ausschließlich der Erfüllung von Schulden aus Altersversorgungsverpflichtungen oder vergleichbaren langfristig fälligen Verpflichtungen dienen". Das ist beispielsweise der Fall bei verpfän-

---

[1] HFA 2/1993, WPg 1994, 22.

deten Rückdeckungsversicherungen, verpfändeten Fondsanteilen oder bei Vermögenswerten in einem CTA (vgl. Kapitel „Outsourcing von Pensionsverpflichtungen"). Ist der Wert der Pensionsverpflichtungen höher als der Wert der Vermögensgegenstände, so wird nur noch der Saldo als Pensionsrückstellungen ausgewiesen. Im umgekehrten Fall, also bei einem Überhang der Vermögenswerte über die Pensionsverpflichtungen, wird der Saldo unter dem Bilanzposten „E. Aktiver Unterschiedsbetrag aus der Vermögensverrechnung" ausgewiesen.

Die Zuführungen zu den Pensionsrückstellungen sind — nach Abzug des Zinsaufwands (s. u.) — in der Gewinn- und Verlustrechnung nach § 275 Abs. 2 Ziffer 6b HGB unter „Soziale Abgaben und Aufwendungen für Altersversorgung und für Unterstützung" ebenso wie die laufenden Zahlungen auszuweisen; die Aufwendungen für Altersversorgung sind außerdem gesondert mit dem Vermerk „davon für Altersversorgung" anzugeben. Versicherungsmathematische Auflösungen für laufende Pensionen können mit Zuführungen und laufenden Zahlungen verrechnet werden.

Nach § 277 Abs. 5 HGB ist der Teil der Rückstellungsveränderung, der allein auf der Abzinsung beruht (Zinsaufwand), in der Gewinn- und Verlustrechnung unter dem Posten „Zinsen und ähnliche Aufwendungen" und damit im Finanzergebnis auszuweisen. Für Aufwendungen und Erträge, die sich aus einer Veränderung des Rechnungszinssatzes ergeben, besteht nach Auffassung des IDW ein Wahlrecht, sie im Finanz- oder Betriebsergebnis auszuweisen.[2]

Im Falle der Saldierung der Pensionsverpflichtungen mit Deckungsvermögen sind die Erträge und Aufwendungen aus dem Deckungsvermögen mit dem Zinsaufwand aus der Rückstellungsbildung zu verrechnen. Ergibt sich per Saldo ein Ertrag, ist dieser unter dem Posten „Sonstige Zinsen und ähnliche Erträge" auszuweisen. Sofern Erträge und Aufwendungen aus dem Deckungsvermögen nicht bereits verrechnet werden mussten, besteht auch hier ein Ausweiswahlrecht, das aber genauso wie bei den Änderungen des Rechnungszinssatzes auszuüben ist.[3]

---

[2] IDW RS HFA 30, Wpg Supplement 2011, 44 (Rdnr. 87).
[3] IDW RS HFA 30, Wpg Supplement 2011, 44 (Rdnr. 87).

Handelsbilanzielle und steuerliche Behandlung beim Arbeitgeber

Nach § 284 Abs. 2 HGB sind im Anhang des Jahresabschlusses die Bilanzierungs- und Bewertungsmethode für Pensionsrückstellungen – wie für andere Bilanzposten auch – anzugeben. Daneben gibt es nach § 285 HGB spezielle Angaben für Pensionsverpflichtungen, beispielsweise das Berechnungsverfahren, die Bewertungsannahmen sowie die Bewertungsergebnisse *vor* einer Saldierung von Pensionsverpflichtungen und Deckungsvermögen.

Bewertung

Nach § 253 Abs. 1 Satz 2 HGB sind Rückstellungen „in Höhe des nach vernünftiger kaufmännischer Beurteilung notwendigen Erfüllungsbetrages" anzusetzen. Der Begriff „Erfüllungsbetrag" zeigt an, dass die Wertverhältnisse zum Zeitpunkt der Erfüllung maßgeblich sind. Zukünftige Steigerungen von Bezügen und Renten, die den Erfüllungsbetrag erhöhen, sind anders als in der Steuerbilanz, also auch dann in die Bewertung einzubeziehen, wenn ihre Höhe noch ungewiss ist.

Ein bestimmtes Bewertungsverfahren ist im Gesetz nicht vorgesehen. Allgemein anerkannt ist die sogenannte Projected-Unit-Credit-Methode (PUC-Methode), die auch bei Bewertungen nach IAS 19 üblich ist. Nach diesem Verfahren wird der erdiente Teil der Versorgungsanwartschaft bewertet. Welcher Teil einer Anwartschaft erdient ist, ist im Hinblick auf Leistungsplan und Unverfallbarkeit zu prüfen, sodass sich eine wirtschaftlich zutreffende Bewertung ergibt. Demgegenüber ist das Teilwertverfahren mit seiner gleichmäßigen Verteilung über die gesamte Dienstzeit nur dann als zulässig anzusehen, wenn auch die Zusage eine gleichmäßige Verteilung nahelegt.[4] Bei bereits laufenden Leistungen, Anwartschaften bereits ausgeschiedener Mitarbeiter oder auch voll erdienten Anwartschaften aktiver Mitarbeiter (beispielsweise nach einmaliger Entgeltumwandlung oder bei Wegfall der Altersversorgung für zukünftige Dienstjahre) ist der volle Barwert anzusetzen.

§ 253 Abs. 2 HGB schreibt bei Rückstellungen – anders als bei Verbindlichkeiten – in jedem Fall eine Abzinsung vor. Maßgeblich für die Abzinsung ist der Marktzinssatz im Durchschnitt der letzten 7 Jahre. Die Zinssätze werden

---

[4] IDW RS HFA 30, Wpg Supplement 2011, 44 (Rdnr. 61).

5 Direktzusagen

von der Deutschen Bundesbank hergeleitet und veröffentlicht. Als Basis für die Zinsfestsetzung dienen auf Euro lautende Null-Kupon-Festzinsswaps und Unternehmensanleihen mit einem Rating von AA.[5] In der Veröffentlichung der Deutschen Bundesbank wird zu jedem Monatsende und für alle Restlaufzeiten bis 50 Jahre ein Zinssatz angegeben. Für Pensionsverpflichtungen sowie für vergleichbare langfristig fällige Verpflichtungen besteht das Wahlrecht, an Stelle der versicherungsmathematisch ermittelten mittleren Laufzeit (der sogenannten Duration) pauschal den Rechnungszins für eine Laufzeit von 15 Jahren anzusetzen. Dieser betrug zum 31.12.2013 4,88 %.

Sofern Pensionsverpflichtungen sich nach dem Zeitwert von Wertpapieren richten (sogenannte wertpapierorientierte Versorgungszusagen), werden die Pensionsrückstellungen mit dem Zeitwert der Wertpapiere bewertet. Das Gleiche gilt nach herrschender Meinung auch bei Zusagen, deren Leistungen sich an den Leistungen einer Rückdeckungsversicherung orientieren.[6] Sofern allerdings eine zugesagte Mindestleistung zu einem höheren Erfüllungsbetrag führt, ist dieser anzusetzen.

Die Saldierung von Pensionsverpflichtungen mit Deckungsvermögen hat Einfluss auf deren Bewertung. Nach § 253 Abs. 1 HGB ist das Deckungsvermögen mit dem Zeitwert zu bewerten (und nicht nach dem sonst für Vermögensgegenstände geltenden Niederstwertprinzip).

Sofern bestimmte Vermögensgegenstände nicht die Voraussetzungen für die Anerkennung als Deckungsvermögen erfüllen, kann es trotzdem zu einer Bewertung mit dem Zeitwert kommen. Wenn die Voraussetzungen nach § 254 HGB zur Bildung von Bewertungseinheiten vorliegen, wenn also die Vermögensgegenstände die Wertänderungen oder Zahlungsströme der Pensionsverpflichtungen ausgleichen, werden die Vermögensgegenstände mit dem Wert der Pensionsverpflichtungen bewertet.[7] Dies ist beispielsweise der Fall, wenn die Wertpapiere bei einer wertpapiergebundenen Versorgungszusage

---

[5] Vgl. Rückstellungsabzinsungsverordnung (RückAbzinsV) vom 18.11.2009, BGBl. I 2009, S. 3790.
[6] IDW RS HFA 30, Wpg Supplement 2011, 44 (Rdnr. 74).
[7] IDW RS HFA 30, Wpg Supplement 2011, 44 (Rdnr. 76).

selbst gehalten werden oder wenn die Risiken aus der Pensionszusage mit Hilfe einer Rückdeckungsversicherung kongruent rückgedeckt sind.

Exkurs: Pensionsverpflichtungen gegenüber Vorstandsmitgliedern

Gemäß § 285 Nr. 9 Buchst. a HGB müssen börsennotierte Aktiengesellschaften im Anhang die Bezüge jedes einzelnen Vorstandmitglieds zusätzlich zur Angabe der Gesamtbezüge des Vorstandsgremiums angeben. Dazu zählen auch Leistungen, die dem Vorstandsmitglied für den Fall der Beendigung seiner Tätigkeit zugesagt worden sind. Hiermit sollen sowohl Versorgungs- als auch Abfindungszusagen erfasst werden.

Nach § 285 Nr. 9 Buchst. b HGB sind für die früheren Mitglieder (und deren Hinterbliebene) des Geschäftsführungsorgans, eines Aufsichtsrats, eines Beirats oder einer ähnlichen Einrichtung einer Kapitalgesellschaft die Gesamtbezüge (Abfindungen, Ruhegehälter, Hinterbliebenenbezüge und Leistungen verwandter Art) und der Betrag der für diese Personengruppe gebildeten Rückstellungen sowie der nicht gebildeten Rückstellungen (Fehlbeträge) für laufende Pensionen und Anwartschaften auf Pensionen anzugeben; befreit hiervon sind kleine Kapitalgesellschaften (§ 288 HGB).

Übergangsregelungen für den Übergang auf das BilMoG

Die handelsrechtliche Rechnungslegung wurde durch das Bilanzrechtsmodernisierungsgesetz (BilMoG) vom 25. Mai 2009 wesentlich reformiert. Mit dem Übergang auf das BilMoG kam es wegen der Berücksichtigung zukünftiger Bezüge- und Rentensteigerungen und des (i. d. R.) niedrigeren Zinssatzes als früher zu teilweise deutlichen Rückstellungserhöhungen, die nach Art. 67 Abs. 1 EGHGB auf 15 Jahre verteilt werden konnten. In jedem Jahr muss dabei mindestens ein Fünfzehntel des Unterschiedsbetrages zwischen den Verpflichtungswerten nach altem und neuem HGB zugeführt werden, wobei der Ausweis im außerordentlichen Ergebnis erfolgt. Höhere Zuführungen sind möglich, entlasten aber nicht die unmittelbar folgenden Jahre, sondern führen nur dazu, dass der Übergang schneller beendet werden kann. Der Übergangszeitraum ist spätestens am 31.12.2024 beendet.

Bei Auflösungen, die bis zum 31.12.2024 voraussichtlich wieder aufgeholt werden, bestand ein Wahlrecht: Die Auflösung konnte unterbleiben, die Rückstellung also beibehalten werden, oder sie konnte vorgenommen werden, musste dann aber erfolgsneutral direkt gegen die Gewinnrücklagen gebucht werden. Auflösungen, bei denen nicht mit einer Aufholung zu rechnen ist, wurden erfolgswirksam vorgenommen.

Steuerbilanz

Passivierungspflicht und Passivierungswahlrecht

Für Ansatz und Bewertung von Pensionsrückstellungen in der Steuerbilanz ist § 6a EStG maßgebend. Für Pensionsverpflichtungen, die vor dem 1.1.1987 entstanden sind (Altzusagen), besteht sowohl handelsrechtlich als auch steuerlich ein Passivierungswahlrecht. Für Zusagen, die nach dem 31.12.1986 erteilt worden sind (Neuzusagen), besteht in Handels- und Steuerbilanz eine Passivierungspflicht (Art. 28 EGHGB).

Ansatz

Eine Pensionsrückstellung darf gemäß § 6a Abs. 1 EStG nur gebildet werden, wenn und soweit

- der Pensionsberechtigte einen Rechtsanspruch auf einmalige oder laufende Pensionsleistungen hat,
- die Pensionszusage keine Pensionsleistungen in Abhängigkeit von künftigen gewinnabhängigen Bezügen vorsieht,
- die Pensionszusage schriftlich erteilt ist; sie muss eindeutige Angaben zu Art, Form, Voraussetzungen und Höhe der in Aussicht gestellten künftigen Leistungen enthalten.

Zur Abhängigkeit von künftigen gewinnabhängigen Bezügen hat ein BFH-Urteil[8] für Verwirrung gesorgt. Der BFH hat entschieden, dass eine Rückstellung

---

[8] BFH, Beschluss v. 3.3.2010, I R 31/09, DB 2010, 757.

mit steuerlicher Wirkung nicht zulässig ist, wenn sie von zukünftigen gewinnabhängigen Bezügen abhängt. In der Begründung wurde ausgeführt, dass die Beurteilung, ob es sich um zukünftige gewinnabhängige Bezüge handelt, immer vom Zeitpunkt der Zusageerteilung und nicht vom Bilanzstichtag aus erfolgt.

Die Finanzverwaltung hat das BFH-Urteil in einem BMF-Schreiben[9] aufgegriffen. Zur Anerkennung der Pensionsrückstellungen für Versorgungsleistungen, die aus gewinnabhängigen Bezügen zwischen Zusageerteilung und Bilanzstichtag resultieren, ist danach ein (i. d. R. jährlicher) schriftlicher Nachtrag zur Versorgungszusage erforderlich.

Bewertung

Für die Höhe der in der Steuerbilanz auszuweisenden Pensionsrückstellung schreibt § 6a EStG das sogenannte Teilwertverfahren unter Anwendung der anerkannten Regeln der Versicherungsmathematik mit einem Rechnungszins von 6 % vor. Dabei handelt es sich versicherungsmathematisch gesehen um ein Anwartschaftsdeckungsverfahren (d. h. volle Dotierung während der Aktivitätszeit), wobei jedoch der Gehaltstrend (z. B. bei gehaltsabhängigen Zusagen) sowie der Rententrend (für laufende Renten gem. § 16 BetrAVG) nicht zu berücksichtigen sind, soweit diese noch nicht schriftlich rechtsverbindlich zugesagt sind.

Nach R 6.11 Abs. 3 und R 6a Abs. 1 EStR dürfen die steuerlichen Rückstellungen den zulässigen Ansatz in der Handelsbilanz nicht überschreiten. Dies gelte aber nicht für Pensionsrückstellungen. Diese uneinheitliche Sichtweise von z. B. Jubiläums- und Pensionsrückstellungen ist nicht nachvollziehbar. Zumindest für Pensionsverpflichtungen wird aber nicht beanstandet, wenn die steuerlichen Rückstellungen über den handelsrechtlichen liegen.

Der Gewinn des Unternehmens wird in Höhe der jährlichen Zuführungen zur Pensionsrückstellung gemindert mit der Folge einer gleichzeitigen Minderung

---

[9] BMF-Schreiben vom 18.10.2013 (IV C 6 – S 2176/12/10001).

Direktzusagen 5

der Einkommen- bzw. Körperschaftsteuer und der Gewerbesteuer. Nach Rentenbeginn ist die gebildete Rückstellung Jahr für Jahr bis zum Tode des Pensionärs bzw. seiner Hinterbliebenen gewinnerhöhend aufzulösen. Die Bildung von Pensionsrückstellungen stellt demnach eine Steuerstundung (auf Jahrzehnte hinaus) dar mit den damit verbundenen Finanzierungseffekten. In der Rückstellungsperiode verbleiben dem Unternehmen die Mittel aus vorläufig ersparten Ertragsteuern, die z. B. für Investitionen eingesetzt werden, die ihrerseits Erträge erbringen oder zur Ersparnis von Fremdkapital beitragen.

Auflösungen oder Teilauflösungen in der Steuerbilanz sind nach R 6a Abs. 22 EStR nur insoweit zulässig, als sich die Höhe der Pensionsverpflichtung gemindert hat.

▶ **BEISPIEL:**

Richttafel nach Prof. Dr. Klaus Heubeck; 6 % Zins

Altersrente	=	10.000 € jhl.	(ab 65)
Invalidenrente	=	10.000 € jhl.	
Witwenrente		6.000 € jhl.	

Tod des Mannes im Alter 80
Tod der Witwe im Alter 90

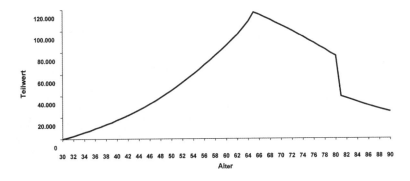

Abb. 19: Teilwert gemäß § 6 a EStG

Der versicherungsmathematische Teilwert gemäß § 6a EStG

Als biometrische Rechnungsgrundlagen dienen i. d. R. die Richttafeln von Prof. Dr. K. Heubeck. Andere biometrische Rechnungsgrundlagen sind nur dann zulässig, wenn sie im Wesentlichen den gleichen wissenschaftlichen Anforderungen genügen. Modifikationen der vorhandenen Rechnungsgrundlagen auf Basis der Erfahrungen in einem ausreichend großen Bestand sind denkbar, müssen aber aufwändig hergeleitet und verifiziert werden[10].

Als Definition des steuerlichen Teilwertes einer Pensionsanwartschaft gilt nach § 6a Abs. 3 EStG vor Beendigung des Dienstverhältnisses der Barwert der künftigen Pensionsleistungen am Schluss des Wirtschaftsjahrs abzüglich des Barwerts gleichbleibender Jahresbeträge (fiktiver Nettoprämien) nach den Verhältnissen am Bilanzstichtag auf Basis eines frühesten Diensteintritts mit Alter 27 (gilt für nach dem 31.12.2008 erstmals erteilte Pensionszusagen) bzw. mit Alter 28 (gilt für nach dem 31.12.2000, aber vor dem 01.01.2009 erteilte Pensionszusagen) bzw. mit Alter 30 (gilt für vor dem 01.01.2001 erteilte Zusagen). Dies hat zur Folge, dass steuerlich eine Pensionsrückstellung vor dem genannten Mindestalter nicht zulässig ist und die Teilwerte für Pensionsberechtigte mit Diensteintritt vor dem Mindestalter fiktiv auf den Diensteintritt mit dem Mindestalter abstellen. Hierdurch soll in pauschaler Weise die Fluktuation der Arbeitnehmer berücksichtigt werden, die rechnerisch nicht einkalkuliert wird.

Bei Pensionszusagen, die auf einer nach dem 31.12.2000 vereinbarten Entgeltumwandlung im Sinne von § 1 Abs. 2 BetrAVG beruhen, ist der steuerliche Teilwert mit dem Barwert der gesetzlichen unverfallbaren Anwartschaft zu vergleichen und der höhere Wert als Rückstellung anzusetzen (§ 6a Abs. 3 Nr. 1 Satz 1 EStG). Im Altersbereich unter 27 bzw. 28 Jahren ist bei diesen Entgeltumwandlungszusagen der Barwert der gesetzlich unverfallbaren Anwartschaft auszuweisen (§ 6a Abs. 2 Nr. 1 zweite Alternative sowie § 6a Abs. 3 Nr. 1 S. 6 zweiter Halbsatz EStG).

Nach Eintritt des Versorgungsfalls oder Ausscheiden des Arbeitnehmers mit aufrechterhaltener Anwartschaft mündet der Teilwert ein in den Barwert der

---

[10] Vgl. BMF-Schreiben v. 9.12.2011, IV C 6 – S 2176/07/10004:001.

laufenden Pension bzw. in den Barwert der aufrechterhaltenen Anwartschaft; letzterer steigt bis zum Eintritt des Versorgungsfalles noch auf den Barwert der laufenden Pension an. Nach § 6a Abs. 3 Nr. 2 EStG gilt ab dem Zeitpunkt der Pensionierung oder des vorzeitigen Ausscheidens mit aufrechterhaltener Anwartschaft der Barwert als Teilwert. Mit Erreichung des Barwerts der laufenden Pension ist die Rückstellungsbildung abgeschlossen. Die Rückstellung wird dann in den folgenden Jahren der laufenden Pensionszahlung mit zunehmendem Alter der Pensionsberechtigten schrittweise wieder aufgelöst. Erhöht sich die laufende Pension z. B. infolge der Anpassungsprüfung nach § 16 BetrAVG, so muss (bei Zusagen vor 1987: kann) für den Erhöhungsbetrag der Barwert der Erhöhung als Einmalbetrag zugeführt werden.

Wird die Zusage erst einige Zeit nach dem Diensteintritt erteilt, was vor allem bei einzelvertraglichen Zusagen und bei Neueinführung von Versorgungsregelungen vorkommt, so müssen die auf die bereits zurückliegenden Dienstjahre (Wirtschaftsjahre) rechnungsmäßig entfallenden Zuführungen in einem Betrag nachgeholt werden (past service). Rechnungsmäßig wird unterstellt, die Zusage wäre bereits mit Diensteintritt – frühestens mit Alter 27/28/30 – erteilt worden, und die Verhältnisse vom Bilanzstichtag werden – auch wenn Dienstzeiten vor Zusageerteilung nicht als rentensteigernd angerechnet werden – auf den vorgenannten Diensteintritt zurückprojiziert. Für spätere Erhöhungen gilt das Gleiche.

In den Pensionsvereinbarungen sind häufig als Anspruchsvoraussetzungen Wartezeiten (z. B. 5 oder 10 Jahre) festgelegt. Tritt der Versorgungsfall vor Ablauf der Wartezeit ein, kann der Pensionsberechtigte keine Leistungen verlangen. Die Pensionsrückstellung ist gleichwohl bereits ab dem Zusagejahr in Höhe des Teilwerts zu bilden und nicht erst nach Ablauf der Wartezeit. Sogenannte Vorschaltzeiten, d. h. Zeiten vor Aufnahme in eine Versorgungsregelung, stehen Wartezeiten gleich.[11]

Änderungen der Bemessungsgrundlagen, die erst nach dem Bilanzstichtag wirksam werden (z. B. Erhöhungen der Pensionsverpflichtungen) sind bei der Rückstellungsberechnung zu berücksichtigen, wenn sie am Bilanzstich-

---

[11] BAG, Urteil v. 7.7.1977 – 3 AZR 572/76, DB 1977, 1704; v. 24.2.2004 – 3 AZR 5/03, NZA 2004, 789.

tag bereits feststehen, z. B. durch schriftliche Bekanntgabe entsprechender Willenserklärungen oder Änderungen der Bemessungsgrundlagen durch Betriebsvereinbarung, Tarifvertrag oder Gesetz vor dem Bilanzstichtag.[12] Änderungen werden auf den Diensteintritt zurückprojiziert und verursachen zusätzliche Einmalrückstellungen bei Erhöhungen bzw. Einmalauflösungen bei Verminderungen.

Drittelungsmöglichkeit bei hohen Zuführungen

Nach § 6a Abs. 4 S. 2 EStG darf die erstmals für eine Pensionsverpflichtung in Höhe des Teilwerts steuerlich mögliche Pensionsrückstellung auf drei Jahre — das Erstjahr und die beiden folgenden Wirtschaftsjahre — gleichmäßig verteilt werden. Im Erstjahr ergeben sich hohe Einmalzuführungen, wenn die Pensionszusage erst nach längerer Dienstzeit erteilt wird (past service) und eine periodengerechte Rückstellungsbildung wegen der bereits abgelaufenen Dienstjahre nicht mehr möglich ist. Die Verteilungsmöglichkeit der Erstzuführung auf drei Jahre soll die Rückstellungsbildung und damit auch die Erteilung von Pensionszusagen erleichtern. Zu den Zuführungen je eines Drittels im zweiten und dritten Jahr kommen die laufenden Zuführungen dieser Jahre hinzu.

Besonders hohe Zuführungen können sich ergeben:

1. bei Erhöhung von Pensionszusagen,
2. bei vorzeitigem Eintritt des Versorgungsfalles infolge Invalidität oder Tod oder
3. bei vorzeitiger Beendigung des Dienstverhältnisses unter Aufrechterhaltung der vollen Pensionsanwartschaft.

Erhöht sich im ersten Fall der Leistungsbarwert als eine Komponente des Teilwerts gegenüber dem Vorjahr um mehr als 25 %, so kann die für das Erhöhungsjahr sich ergebende Teilwertzuführung gleichmäßig auf drei Jahre verteilt werden.

---

[12] Zum Stichtagsprinzip vgl. R 6a. Abs. 17 EStR.

5 Direktzusagen

Das steuerliche Nachholverbot

Nach § 6a Abs. 4 S. 4 EStG können Fehlbeträge zum Schluss des betreffenden Wirtschaftsjahres bis zur Höhe des Teilwerts in folgenden Fällen nachgeholt werden:

1. bei Beendigung des Dienstverhältnisses mit aufrechterhaltener Anwartschaft (ohne Eintritt des Versorgungsfalles) oder
2. bei Eintritt des Versorgungsfalles.

Ansonsten besteht ein Nachholverbot. Die Finanzverwaltung[13] sowie die Finanzgerichte[14] vertreten hinsichtlich des Nachholverbotes eine restriktive Haltung und wollen es selbst dort anwenden, wo der fehlerhafte Ansatz der Pensionsrückstellung auf einem Rechtsirrtum beruht. Dies scheint u. E. zumindest dort zweifelhaft, wo Pensionsrückstellungen zu Unrecht aufgelöst wurden oder trotz bestehender Passivierungspflicht nicht voll gebildet wurden. Nach Auffassung des BFH geht das Nachholverbot als speziellere Regelung dem Grundsatz des formellen Bilanzenzusammenhangs vor.[15]

Entgeltliche Übertragung von Pensionsverpflichtungen

Mit dem AIFM-Steuer-Anpassungsgesetz[16] wurden neue Regelungen für die entgeltliche Übertragung von Verpflichtungen in das Einkommensteuergesetz aufgenommen, die auch für Pensionsverpflichtungen gelten. Nach dem neuen § 4f EStG darf ein Unternehmen, das Pensionsverpflichtungen auf ein anderes Unternehmen überträgt, den daraus resultierenden Aufwand, der über die aufzulösende steuerliche Pensionsrückstellung hinausgeht, nur auf 15 Jahre verteilt als Betriebsausgaben abziehen. Nach dem neuen § 5 Abs. 7 EStG darf das aufnehmende Unternehmen eine Rückstellung nur in der Höhe bilden, in der auch das ursprünglich verpflichtete Unternehmen eine Rück-

---

[13] BMF-Schreiben v. 11.12.2003 – IV A 6 – S 2176-70/39, BStBl. I 2003, S. 746 = BB 2004, 212.
[14] Z. B. BFH, Urteil v. 13.2.2008 – I R 44/07, BStBl. II 2008, S. 673; BFH, Urteil v. 10.7.2002 – I R 88/01, BStBl. II 2003, S. 936.
[15] BFH, Urteil v. 13.2.2008 – I R 44/07, BStBl. II 2008, S. 673.
[16] AIFM-StAnpG vom 18.12.2013, BGBl I 2013, S. 4318.

stellung hätte bilden können. Damit wird das Anschaffungskostenprinzip, das der BFH in mehreren Urteilen zu verschiedenen Verpflichtungen[17] bestätigt hat, ausgehebelt, es bleibt auch beim aufnehmenden Unternehmen bei der Bewertung mit dem steuerlichen Teilwert nach § 6a EStG. Soweit das gezahlte Entgelt höher ist als die steuerliche Rückstellung, darf das Unternehmen hier ebenfalls eine Verteilung auf 15 Jahre vornehmen.

Schuldbeitritte oder Erfüllungsübernahmen werden in diesem Zusammenhang genauso behandelt wie die entgeltliche Übertragung der Verpflichtungen,

Einfluss von Versorgungsfällen auf die Pensionsrückstellung

Anhand der Grafik wird aufgezeigt, wie sich eine Änderung der Pensionszusage oder ein Versorgungsfall auf die individuelle Pensionsrückstellung auswirkt:

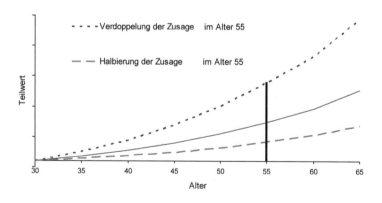

Abb. 20: Teilwertverlauf bei Verdoppelung der Zusage/Halbierung der Zusage

---

[17] Zu Pensionsverpflichtungen BFH-Urteile vom 12.12.2012 (I R 69/11 und I R 28/11).

Direktzusagen 5

> **BEISPIEL:**

Altersrente = 10.000 € jhl.
Invalidenrente = 10.000 € jhl.
Witwenrente   6.000 € jhl.
Invalidität im Alter 50

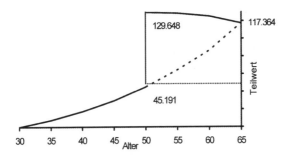

Abb. 21: Teilwertverlauf bei Invalidität

> **BEISPIEL:**

Altersrente = 10.000 € jhl. (ab 65)
Invalidenrente = 10.000 € jhl.
Witwenrente   6.000 € jhl.
Tod im Alter 50

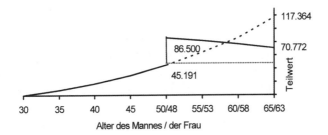

Abb. 22: Teilwertverlauf bei Tod mit Witwenrente

5.2 Unterstützungskassen

5.2.1 Betriebsausgabenabzug

Höchstgrenzen

Zuwendungen an eine sogenannte klassische oder auch pauschaldotierte Unterstützungskasse (also eine Unterstützungskasse ohne Rückdeckungsversicherungen) dürfen von dem Unternehmen, das die Zuwendungen leistet (Trägerunternehmen), gemäß § 4d EStG als Betriebsausgaben abgezogen werden, soweit sie die folgenden Beträge nicht übersteigen:

- Bei Unterstützungskassen, die lebenslänglich laufende Leistungen gewähren:
  1. das Deckungskapital für die laufenden Leistungen. Leistungsempfänger ist jeder ehemalige Arbeitnehmer des Trägerunternehmens, der von der Unterstützungskasse Leistungen erhält; soweit die Kasse Hinterbliebenenversorgung gewährt, ist Leistungsempfänger der Hinterbliebene eines ehemaligen Arbeitnehmers des Trägerunternehmens, der von der Kasse Leistungen erhält. Dem ehemaligen Arbeitnehmer stehen andere Personen gleich, denen Leistungen der Alters-, Invaliditäts- oder Hinterbliebenenversorgung aus Anlass ihrer ehemaligen Tätigkeit für das Trägerunternehmen zugesagt worden sind;
  2. in jedem Wirtschaftsjahr für jeden Leistungsanwärter,
     - wenn die Kasse nur Invaliditätsversorgung oder nur Hinterbliebenenversorgung gewährt, jeweils 6 %,
     - wenn die Kasse Altersversorgung mit oder ohne Einschluss von Invaliditätsversorgung oder Hinterbliebenenversorgung gewährt, 25 %

     der jährlichen Versorgungsleistungen, die der Leistungsanwärter oder, wenn nur Hinterbliebenenversorgung gewährt wird, dessen Hinterbliebene nach den Verhältnissen am Schluss des Wirtschaftsjahres der Zuwendung im letzten Zeitpunkt der Anwartschaft, spätestens im Zeitpunkt des Erreichens der Regelaltersgrenze erhalten können. Leistungsanwärter ist jeder Arbeitnehmer oder ehemalige Arbeitnehmer

des Trägerunternehmens, der von der Unterstützungskasse schriftlich zugesagte Leistungen erhalten kann und am Schluss des Wirtschaftsjahrs, in dem die Zuwendung erfolgt, das 27. /28. /30. Lebensjahr vollendet hat.

- Bei Kassen, die keine lebenslänglich laufenden Leistungen gewähren: für jedes Wirtschaftsjahr 0,2 % der Lohn- und Gehaltssumme des Trägerunternehmens, mindestens jedoch den Betrag der von der Kasse in einem Wirtschaftsjahr erbrachten Leistungen, soweit dieser Betrag höher ist als die in den vorangegangenen fünf Wirtschaftsjahren vorgenommenen Zuwendungen abzüglich der in dem gleichen Zeitraum erbrachten Leistungen.

Bei der Berechnung der Lohn- und Gehaltssumme des Trägerunternehmens sind Löhne und Gehälter von Personen, die von der Kasse keine nicht lebenslänglich laufenden Leistungen erhalten können, auszuscheiden.

Bei rückgedeckten Unterstützungskassen können dagegen Zuwendungen in Höhe der Versicherungsbeiträge geltend gemacht werden, sofern die Beiträge gleich bleiben oder steigen.

Betriebliche Veranlassung

Zuwendungen dürfen als Betriebsausgaben nicht abgezogen werden, soweit die Leistungen der Kasse, wenn sie vom Trägerunternehmen unmittelbar erbracht würden, bei diesem nicht betrieblich veranlasst wären. Deshalb können Leistungen der Kasse zugunsten der Eigentümer des Unternehmens oder der Angehörigen der Eigentümer nicht mit steuerlicher Wirkung geltend gemacht werden, wenn sie nicht betrieblich veranlasst sind und nur auf dem Gesellschafterverhältnis beruhen.[18]

Zeitpunkt des Betriebsausgabenabzugs

Zuwendungen sind von dem Trägerunternehmen in dem Wirtschaftsjahr als Betriebsausgaben abzuziehen, in dem sie geleistet werden. Zuwendungen,

---

[18] BT-Drucks. 7/1281 v. 26.11.1973, 37.

die bis zum Ablauf eines Monats nach Aufstellung oder Feststellung der Bilanz des Trägerunternehmens für den Schluss eines Wirtschaftsjahrs geleistet werden, können von dem Trägerunternehmen noch für das abgelaufene Wirtschaftsjahr durch eine Rückstellung gewinnmindernd berücksichtigt werden. Übersteigen die in einem Wirtschaftsjahr geleisteten Zuwendungen die abzugsfähigen Beträge, so können die übersteigenden Beträge im Wege der Rechnungsabgrenzung auf die folgenden drei Wirtschaftsjahre vorgetragen und im Rahmen der für diese Wirtschaftsjahre abzugsfähigen Beträge als Betriebsausgaben behandelt werden.

Kein Betriebsausgabenabzug bei Überschreiten des zulässigen Kassenvermögens

Zuwendungen des Trägerunternehmens dürfen *nicht* als Betriebsausgaben abgezogen werden, wenn das Vermögen der Kasse ohne Berücksichtigung künftiger Versorgungsleistungen am Schluss des Wirtschaftsjahres das zulässige Kassenvermögen übersteigt. Soweit sich die Kasse die Mittel für ihre Leistungen durch Abschluss einer Versicherung verschafft, ist zulässiges Kassenvermögen der Wert des geschäftsplanmäßigen Deckungskapitals aus der Versicherung am Schluss des Wirtschaftsjahrs.

Zulässiges Kassenvermögen ist die Summe aus dem Deckungskapital für alle am Schluss des Wirtschaftsjahrs laufenden Leistungen nach der § 4d EStG als Anlage 1 beigefügten Tabelle und dem Achtfachen der abzugsfähigen Zuwendungen für Anwärter. Wenn die Kasse auch Leistungen von Fall zu Fall gewährt, erhöht sich dieser Betrag noch um 1 % der durchschnittlichen jährlichen Lohn- und Gehaltssumme der letzten drei Wirtschaftsjahre des Trägerunternehmens, höchstens jedoch um die Summe der in den letzten 10 Wirtschaftsjahren gewährten Leistungen.

BEISPIEL:

(1)	Deckungskapital für die laufenden Leistungen gemäß Tabelle der Anlage 1 zu § 4d Abs. 1 EStG	6.000.000,00 EUR
(2)	Das 8fache der nach V. Zeile 2 abzugsfähigen Zuwendungen (Reservepolster)	7.200.000,00 EUR
(3)	1 % der durchschnittlichen Lohn- und Gehaltssumme der letzten drei Wirtschaftsjahre (0,01 × (50.000.000,00 EUR + 45.000.000,00 EUR + 40.000.000,00 EUR) : 3)	450.000,00 EUR
(4)	Summe der in den letzten 10 Wirtschaftsjahren gewährten Leistungen	350.000,00 EUR
(5)	Minimum von (3) und (4)	350.000,00 EUR
(6)	Zulässiges Kassenvermögen (Summe (1) + (2) + (5))	13.550.000,00 EUR

FALLBEISPIEL:

Eine Unterstützungskasse gewährt nach ihrer Satzung
- lebenslänglich laufende Altersrente von monatlich 500 EUR
- lebenslänglich laufende Witwenrente von monatlich 300 EUR
- Beihilfe bei Krankheit oder Notfällen

Leistungsberechtigt sind alle Arbeitnehmer des Trägerunternehmens, die ihm mindestens 10 Jahre angehören und das 35. Lebensjahr vollendet haben. Dem Trägerunternehmen gehören 600 Personen an, die die Leistungsvoraussetzungen bis zum Pensionsalter erfüllen und über 27/28/30 Jahre alt sind. Im Wirtschaftsjahr sind 3 männliche und 2 weibliche Mitarbeiter nach Erreichen des 65. Lebensjahres ausgeschieden und beziehen eine Altersrente in Höhe von 500 EUR monatlich. Aufgrund des Ablebens eines Leistungsanwärters erhält dessen 35-jährige Witwe eine monatliche Rente in Höhe von 300 EUR. Unverfallbar ausgeschiedene Leistungsanwärter gibt es nicht.

Das in früheren Wirtschaftsjahren entstandene, aber noch nicht zugewendete Deckungskapital beträgt 3,4 Mio. EUR. Die Lohn- und Gehaltssumme beträgt 50 Mio. EUR. In den letzten beiden vorangegangenen Wirtschaftsjahren betrug die Lohn- und Gehaltssumme 45 Mio. EUR bzw. 40 Mio. EUR. Die Summe der in den letzten 10 Jahren gewährten Leistungen beträgt 350.000 EUR.

Das Kassenvermögen vor den Zuwendungen zum Ende des Wirtschaftsjahres hat einen Stand von 6,6 Mio. EUR erreicht. Das Deckungskapital für die laufenden Leistungen beträgt 6 Mio. EUR. Die steuerlich zulässige Zuwendung ermittelt sich unter diesen Voraussetzungen wie folgt:

Lösung: Berechnung des zulässigen Kassenvermögens

(1)		Deckungskapital für laufende Leistungen	
	a)	im Wirtschaftsjahr neu entstanden	375.600,00 EUR
		(= 3 x 11 x 500 EUR x 12 + 2 x 10 x 500 EUR x 12 + 16 x 300 EUR x 12)	
	b)	in früheren Wirtschaftsjahren entstanden, aber bisher noch nicht zugewendet	3.400.000,00 EUR
			3.775.600,00 EUR
(2)		25 % des Durchschnittsbetrages der j. Versorgungsleistungen, den die über 27-/28-/30-jährigen Leistungsanwärter im Pensionsalter erreichen können, multipliziert mit der Anzahl dieser Leistungsanwärter (0,25 × 6.000,00 EUR × 600)	900.000,00 EUR
(3)		0,2 % der Lohn- und Gehaltssumme, höchstens jedoch die Summe der in den letzten 10 Wirtschaftsjahren gewährten Leistungen (Minimum von 0,002 × 50.000.000,00 EUR und 350.000,00 EUR)	100.000,00 EUR
(4)		Abfindungsbeträge gemäß § 4d Abs. 1 Ziff. 1d	0,00 EUR
(5)		Zulässige Zuwendung im Wirtschaftsjahr (ohne evtl. Begrenzung durch das zulässige Kassenvermögen) (Summe (1) bis (4))	**4.775.600,00 EUR**
(6)		Stand des Kassenvermögens vor Zuwendung per Ende des Wirtschaftsjahres	6.600.000,00 EUR
(7)		Zulässiges Kassenvermögen (vgl. Beispiel Ziff. 2)	13.550.000,00 EUR
(8)		Steuerlich zulässige Zuwendung (Minimum von (5) und (7) − (6) bzw. 0,00 falls (7) < (6))	4.775.600,00 EUR
(9)		Stand nach Zuwendung per Ende des Wirtschaftsjahres	**11.375.600,00 EUR**

5.2.2 Ausweis von Fehlbeträgen (Art. 28 EGHGB)

Das in Art. 28 Abs. 1 Satz 2 EGHGB niedergelegte handelsrechtliche Passivierungswahlrecht für eine mittelbare Verpflichtung betrifft auch die Einstandspflicht des Trägerunternehmens für Unterstützungskassen, die nicht ausreichend mit finanziellen Mitteln ausgestattet sind.

Verzichtet das Trägerunternehmen auf die Bildung von Rückstellungen in der Handelsbilanz für die mittelbaren Verpflichtungen, so ist der Fehlbetrag bei Kapitalgesellschaften im Anhang zum Jahresabschluss anzugeben. Dabei ergibt sich nach herrschender Meinung der Fehlbetrag aus der Differenz der nach handelsrechtlichen Grundsätzen bewerteten Versorgungsverpflichtungen und dem Kassenvermögen zu Veräußerungswerten. Dabei gelten für die Bewertung dieselben Vorgaben wie für unmittelbare Zusagen, d. h., bei der Bewertung sind beispielsweise zukünftige Steigerungen von Bezügen und Renten zu berücksichtigen und die Zinsvorgabe des § 253 Abs. 2 HGB zu beachten.

Je nach Gestaltung sind aber auch andere Vorgehensweisen denkbar. So ist es bei rückgedeckten Unterstützungskassen sachgerecht, nur den noch nicht durch die Rückdeckung finanzierten Teil der erdienten Verpflichtung, der vom Trägerunternehmen später noch zu finanzieren ist, nach den handelsrechtlichen Vorgaben zu bewerten (Nettomethode) und diesen Betrag im Anhang anzugeben.

Bedienen sich mehrere Trägerunternehmen einer gemeinsamen (Gruppen-) Unterstützungskasse, so ist entsprechend bei jedem einzelnen Trägerunternehmen ein eventueller Fehlbetrag aus der Differenz der jeweiligen Versorgungsverpflichtungen des einzelnen Trägerunternehmens und des anteiligen Kassenvermögens auszuweisen.

5.2.3 Steuerfreiheit der Kasse

Gemäß § 5 Abs. 1 Nr. 3e KStG sind Unterstützungskassen von der Körperschaftsteuer befreit, wenn das Vermögen am Schluss des Wirtschaftsjahrs nicht höher ist als das um 25 % erhöhte zulässige Kassenvermögen im Sinne des

§ 4d EStG. Übersteigt am Schluss des Wirtschaftsjahrs das Vermögen einer Unterstützungskasse im Sinne des § 5 Abs. 1 Nr. 3 KStG den in Buchstabe e dieser Vorschrift bezeichneten Betrag, so ist die Kasse gemäß § 6 Abs. 5 KStG steuerpflichtig, soweit ihr Einkommen anteilig auf das übersteigende Vermögen entfällt.

5.3 Direktversicherungen

Die Beiträge für die Direktversicherung sind abzugsfähige Betriebsausgaben (§ 4 Abs. 4 EStG). Der Versicherungsanspruch aus der Direktversicherung (geschäftsplanmäßiges Deckungskapital des Versicherungsunternehmens) ist vom Arbeitgeber nicht zu aktivieren. Dies gilt selbst dann, wenn er die Ansprüche aus dem Versicherungsvertrag abgetreten oder beliehen hat, sofern er sich dem bezugsberechtigten Arbeitnehmer gegenüber schriftlich verpflichtet, ihn bei Eintritt des Versorgungsfalles so zu stellen, als ob die Abtretung oder Beleihung nicht erfolgt wäre (§ 4b EStG).

5.4 Pensionskassen

Zuwendungen an eine Pensionskasse dürfen von dem Unternehmen, das die Zuwendungen leistet (Trägerunternehmen), als Betriebsausgaben abgezogen werden (§ 4c EStG). Ansonsten wird die Bilanz des Trägerunternehmens bei dieser Art der betrieblichen Altersversorgung nicht tangiert.

5.5 Pensionsfonds

Beiträge an einen Pensionsfonds im Sinne des § 112 VAG dürfen von dem Unternehmen, das die Beiträge leistet (Trägerunternehmen), als Betriebsausgaben abgezogen werden, soweit sie auf einer festgelegten Verpflichtung beruhen oder der Abdeckung von Fehlbeträgen bei dem Fonds dienen (§ 4e EStG). Ansonsten wird die Bilanz des Trägerunternehmens bei dieser Art der betrieblichen Altersversorgung nicht tangiert.

5.6 Vor- und Nachteile der einzelnen Gestaltungsformen aus steuerlicher und bilanzieller Sicht

Vor- und Nachteile der verschiedenen Versorgungsformen sind in den unterschiedlichen rechtlichen Voraussetzungen und Gestaltungsmöglichkeiten begründet. Im Folgenden soll nur auf die grundlegenden Punkte eingegangen werden.

5.6.1 Direktzusagen

Für Direktzusagen, bei denen das Unternehmen Träger der Versorgung ist, können Pensionsrückstellungen gebildet werden; für Neuzusagen besteht Passivierungspflicht.

Der wesentliche Vorteil dieser Versorgungsform besteht — wegen der Bildung von Pensionsrückstellungen mit steuerlicher Wirkung bereits während der Anwartschaftszeit — im ertragsteuerlichen Stundungseffekt. Diese Versorgungsform eignet sich im Allgemeinen für Unternehmen mit einer größeren Zahl von Mitarbeitern.

Nachteilig kann sich der Zwang zur Vornahme der erforderlichen Zuführungen ohne Rücksicht auf die Ertragslage des Unternehmens auswirken. Die Bestimmungen des Betriebsrentengesetzes, insbesondere die Regelung der Unverfallbarkeit und die Anpassungsverpflichtung, führen zu einer Erhöhung des ursprünglich gewählten Dotierungsrahmens.

5.6.2 Unterstützungskassen

Unterstützungskassen schließen zwar satzungsmäßig einen Rechtsanspruch auf die Gewährung von Versorgungsleistungen aus, doch besteht aufgrund der Subsidiärhaftung insoweit letztlich kein großer Unterschied gegenüber unmittelbaren Versorgungszusagen.

Bei gleichem Verpflichtungsumfang ist jedoch bei (nicht rückgedeckten) Unterstützungskassen eine steuerlich wirksame Anwartschaftsfinanzierung, wie sie für unmittelbare Pensionszusagen nach der Teilwertmethode gemäß § 6a EStG grundsätzlich möglich ist, regelmäßig nicht gegeben. Es ergeben sich deshalb Unterdeckungen zwischen rd. 30 % und 50 % gegenüber dem Teilwert nach § 6a EStG.

Da für die Finanzierung der Leistungen der Unterstützungskasse keine Nachholverbote gelten, besteht für das Trägerunternehmen jedoch eine flexible Zuwendungsmöglichkeit unter Berücksichtigung der jeweiligen Ertragslage.

Bei Anlage des Kassenvermögens im Trägerunternehmen entsteht auch nach Dotierung der Unterstützungskasse kein Liquiditätsabfluss, sodass sich insgesamt — allerdings in vermindertem Umfang und ohne Berücksichtigung von Zinsen — ähnliche Finanzierungseffekte wie bei unmittelbaren Pensionszusagen ergeben. Hinzu kommt allerdings, dass die Darlehenszinsen gewerbeertragsteuerlich als Dauerschuldzinsen behandelt werden.

5.6.3 Direktversicherungen

Bei der Direktversicherung entsteht für das Unternehmen während der Versicherungsdauer ein Liquiditätsabfluss in Höhe der Beiträge. Der Mittelabfluss endet dabei mit Eintritt des Versorgungsfalles, während er bei unmittelbaren Versorgungszusagen erst zu diesem Zeitpunkt beginnt. Die Nachteile des Liquiditätsabflusses können allerdings durch Beleihung der Direktversicherung gemindert werden.

Wegen der Überschaubarkeit der künftigen Beiträge an Stelle der direkten Übernahme des Versorgungsrisikos eignet sich diese Versorgungsform besonders für kleinere und mittlere Unternehmen. Ein weiterer Vorteil ist darin zu sehen, dass im Allgemeinen die Anpassungsverpflichtung nach § 16 BetrAVG und eine Beitragsverpflichtung zur Insolvenzsicherung entfallen.

5.6.4 Pensionskassen

Bei Pensionskassen als Träger der betrieblichen Altersversorgung wird das Vermögen getrennt vom Betriebsvermögen des Trägerunternehmens verwaltet. Die Auflagen der Versicherungsaufsicht führen zu einem vergleichsweise hohen Verwaltungsaufwand, sodass diese Form der Altersversorgung im Allgemeinen nur bei größeren Unternehmen oder als Gruppenpensionskasse in Betracht kommt.

Da die Pensionskasse dem Trägerunternehmen nur in begrenztem Umfang ein Darlehen zur Verfügung stellen kann, bedeuten die Zuwendungen einen Liquiditätsabfluss. Es entfallen somit weitgehend die bei unmittelbaren Versorgungszusagen üblichen Stundungs- und Finanzierungseffekte.

Pensionskassenzusagen unterliegen nicht der gesetzlichen Insolvenzsicherungspflicht.

5.6.5 Pensionsfonds

Pensionsfonds haben ihre Stärken gegenüber Pensionskassen vor allem in der Liberalisierung der Anlagevorschriften. Durch die Beitragszahlung werden die vorgesehenen Versorgungsleistungen bereits während der Anwartschaftszeit ausfinanziert (Anwartschaftsdeckungsverfahren). Bei entsprechender Ausgestaltung trägt der Pensionsfonds das Versorgungsrisiko, ein Ausweis der Versorgungsverpflichtungen in der Bilanz des Trägerunternehmens entfällt damit. In der Regel wird jedoch eine liquiditätsschonende Variante des Pensionsfondsvertrags gewählt, bei der es zukünftig zu Unterdeckungen und damit zur Nachschusspflicht kommen kann.

Pensionsfondszusagen unterliegen gemäß § 7 Abs. 1 Satz 2 Nr. 2 BetrAVG der gesetzlichen Insolvenzsicherungspflicht, allerdings nur mit einer Bemessungsgrundlage in Höhe von 20 % des steuerlichen Teilwertes der Versorgungsverpflichtung (§ 6a EStG).

6 Internationale Rechnungslegungsvorschriften IAS 19

Günter Neumeier, Thomas Hagemann, Stefan Oecking

6.1 Vorbemerkung

Die Internationalen Rechnungslegungsstandards (International Accounting Standards IAS bzw. International Financial Reporting Standards IFRS)[1] werden vom International Accounting Standards Board (IASB) festgelegt und veröffentlicht. Seit Mitte der 1990er Jahre erstellen einige große deutsche Konzerne ihren Konzernabschluss nach IFRS (oder nach US-amerikanischen Rechnungslegungsvorschriften US-GAAP, wenn sie an einer US-Börse gelistet waren), womit sie von der Erstellung eines HGB-Konzernabschlusses befreit waren.[2]

Für Geschäftsjahre, die am oder nach dem 1.1.2005 begannen, haben grundsätzlich alle kapitalmarktorientierten Unternehmen in der EU einen Konzernabschluss nach IFRS aufzustellen.[3] Allerdings behält sich die EU eine gesonderte Anerkennung („EU-Endorsement") der einzelnen Standards und deren Änderungen vor. Bedeutung und Verbreitung der Internationalen Bewertungsstandards werden künftig weiter zunehmen.

---

[1] Seit April 2001 werden neue Standards des IASB „International Financial Reporting Standards" (IFRS) genannt. Es gibt bereits die Standards IFRS 1 bis IFRS 13. Die älteren Standards IAS 1 bis IAS 41, von denen bereits 13 nicht mehr anzuwenden sind, behalten ihre Bezeichnungen bei, auch wenn sie geändert werden. Dies gilt insbesondere auch für IAS 19. Vgl. www.ifrs.org.

[2] Kapitalaufnahmeerleichterungsgesetz (KapAEG) vom 20.4.1998, BGBl. I 1998, 707; § 292a HGB.

[3] EU-Verordnung Nr. 1606/2002 vom 19.7.2002, umgesetzt in Deutschland durch das Bilanzrechtsreformgesetz (BilReG) vom 4.12.2004, BGBl. I 2004, 3166, u. a. in § 315a HGB. Die IFRS können auch von nicht-kapitalmarktorientierten Unternehmen im Konzernabschluss verwendet werden (§ 315a Abs. 3 HGB).

Die Bewertung von Pensionsverpflichtungen ist in IAS 19 („Leistungen an Arbeitnehmer") geregelt.[4]

Das IASB hatte am 16. Juni 2011 eine Neufassung des IAS 19 (revised 2011) veröffentlicht. Die drei zentralen Punkte der Neufassung betreffen die Abschaffung von Verteilungswahlrechten, die klare Strukturierung des Pensionsaufwandes und die Erweiterung der Anhangangaben (*Footnote Disclosures*). Mit diesen Änderungen soll eine bessere Vergleichbarkeit von Unternehmensabschlüssen und die Erkennung von Risiken ermöglicht werden.

Die Neuregelung ist für Geschäftsjahre, die ab dem 1.1.2013 beginnen, verpflichtend anzuwenden. Durch die Veröffentlichung im Amtsblatt der EU am 6. Juni 2012 gilt die Neuregelung in allen EU Ländern.

Im Folgenden werden die wesentlichen Grundsätze der Bewertung von Pensionsverpflichtungen nach IAS 19 dargestellt.

6.2 Klassifizierung der Versorgungszusage

Die Rechnungslegung von Versorgungsleistungen unterscheidet nach Beitrags- und Leistungszusagen. Mischformen aus Beitrags- und Leistungszusagen (sog. Hybrid-Zusagen) gelten nach IAS 19 formal als Leistungszusagen. Deren Bewertung stellt aber ein noch nicht abschließend gelöstes Problem dar (vgl. 6.4.1).

6.2.1 Beitragszusage und Leistungszusage (IAS 19.26 – 19.31)

Eine Beitragszusage (defined contribution plan) liegt dann vor, wenn sich die Verpflichtung des Arbeitgebers auf die Zahlung vereinbarter Beiträge an eine externe Versorgungseinrichtung (Unterstützungskasse, Pensionskasse, Pen-

---

[4] In der vorliegenden Version von „Betriebliche Altersversorgung" wird die seit 2013 anzuwendende Fassung von IAS 19 (revised 2011) behandelt. Bezüglich der bis Ende 2012 gültigen (alten) Fassung wird auf die 4. Auflage von „Betriebliche Altersversorgung" verwiesen.

sionsfonds, Versicherungsgesellschaft) beschränkt. In diesem Fall liegen das Anlagerisiko und das versicherungsmathematische Risiko allein bei den Arbeitnehmern bzw. ggf. bei der externen Versorgungseinrichtung.

Besteht die Verpflichtung des Arbeitgebers dagegen in der Zahlung oder Finanzierung einer zugesagten Leistung, liegt eine Leistungszusage vor (defined benefit plan). In diesem Fall werden das versicherungsmathematische Risiko und das Anlagerisiko im Wesentlichen vom Arbeitgeber getragen.

Von den Durchführungswegen in Deutschland können Beitragszusagen allenfalls über Direktversicherungen, Pensionskassen und je nach Gestaltung ggf. auch über Pensionsfonds oder rückgedeckte Unterstützungskassen abgebildet werden. Im Falle von Direktversicherungen und Pensionskasse muss dem Arbeitnehmer dazu ein unwiderrufliches Bezugsrecht eingeräumt werden, und die sogenannte versicherungsvertragliche Methode bei Ausscheiden (§ 2 Abs. 2 und 3 BetrAVG) muss regelmäßig vereinbart sein. Es gibt andererseits Pensionskassenzusagen, die als Leistungszusage aufgefasst werden, zum Beispiel dann, wenn eine Nachschusspflicht des Arbeitgebers in der Satzung der Kasse festgelegt ist oder der Arbeitgeber sich anderweitig (etwa durch gesonderte Erklärung) zur Übernahme eines eventuell entstehenden Fehlbetrages der Kasse verpflichtet hat (z. B. Verwendung des Bilanzausgleichsverfahrens). Bei unmittelbaren Zusagen und pauschal dotierten Unterstützungskassen besteht in jedem Fall eine Leistungs- oder Nachschusspflicht des Arbeitgebers, sodass diese grundsätzlich als Leistungszusage klassifiziert werden.

6.2.2 Planvermögen (IAS 19.8)

Wurde eine Pensionszusage als Leistungszusage klassifiziert, ist zu entscheiden, ob ein diesbezügliches Planvermögen besteht (funded plan) oder nicht (unfunded plan). Unter Planvermögen wird zum einen Vermögen, das durch eine externe Versorgungseinrichtung (Unterstützungskasse, Pensionskasse, Pensionsfonds) oder über eine Treuhandlösung (Contractual Trust Arrangement CTA) exklusiv zur Erfüllung von Leistungen für Arbeitnehmer gehalten wird, verstanden, zum anderen „qualifizierende" Versicherungspolicen.

Externes Planvermögen

Planvermögen, das von einer externen Einrichtung zur Erfüllung von Versorgungsleistungen für Arbeitnehmer gehalten wird, liegt vor, wenn

- die Einrichtung eine rechtlich unabhängige Einheit ist, die ausschließlich besteht, um Leistungen an Arbeitnehmer zu zahlen oder zu finanzieren, und
- das Vermögen ausschließlich verfügbar ist, um die Leistungen an die Arbeitnehmer zu zahlen oder zu finanzieren und weder für (andere) Gläubiger im Insolvenzfall zur Verfügung steht noch an den Arbeitgeber zurückgezahlt werden kann, es sei denn, das verbleibende Vermögen reicht aus, um die Leistungsverpflichtungen zu erfüllen.

Diese Voraussetzungen für ein „externes" Planvermögen sind beispielsweise bei einem über eine Pensionskasse durchgeführten Leistungsplan stets erfüllt.

Ferner kann auch eine Unterstützungskasse oder ein Pensionsfonds (i. S. v. § 112 VAG) Träger von Planvermögen im Sinne von IAS 19 sein; gemäß HFA-Stellungnahme[5] muss dabei geprüft werden, ob die auf das Versorgungsinteresse der berechtigten Mitarbeiter gerichtete Zwecksetzung in schädlicher Weise zugunsten des Trägerunternehmens eingeschränkt ist. Bei nicht rückgedeckten Unterstützungskassen ist es üblich, dass die Kasse dem Trägerunternehmen ein Darlehen gewährt. Entsprechen die Darlehenskonditionen nicht den marktüblichen Bedingungen und sind diese Finanzinstrumente nicht handelbar, wird die Unterstützungskasse — zumindest insoweit — nicht als externer Träger von Planvermögen klassifiziert werden können.

Qualifizierende Versicherungspolicen

Darunter werden Versicherungspolicen bei einem dem Unternehmen nicht im Sinne von IAS 24 „nahe stehendem" Versicherungsunternehmen verstanden, wenn die Zahlungen aus der Police nur zur Zahlung der dem Arbeitnehmer

---

[5] IDW RS HFA 2 vom 06.06.2012, Einzelfragen zur Anwendung von IFRS, FN-IDW 7/2012, S. 380 ff.

zugesagten Leistungen verwendet werden dürfen und den Gläubigern des Unternehmens auch im Insolvenzfall nicht zur Verfügung stehen, es sei denn, die Auszahlungen stellen Überschüsse dar, die zur Erfüllung der Leistungsversprechen an den Arbeitnehmer gar nicht benötigt werden.

Im Falle einer unmittelbaren Versorgungszusage stellt demnach eine an den Arbeitnehmer verpfändete Rückdeckungsversicherung eine qualifizierende Versicherungspolice dar, denn durch die Verpfändung sind die Leistungen insolvenzgeschützt. Ebenso handelt es sich bei unwiderruflichen Direktversicherungen um qualifizierende Versicherungspolicen.

6.2.3 Gemeinschaftliche Pläne mehrerer Arbeitgeber (IAS 19.32 – 19.39)

Ein gemeinschaftlicher Plan mehrerer Arbeitgeber (multi-employer-plan) ist grundsätzlich anhand der in 6.2.1. genannten Kriterien als Leistungs- oder Beitragszusage zu klassifizieren. Ein beteiligter Arbeitgeber hat für die auf ihn entfallenden Pensionsverpflichtungen und das ihm zuzurechnende Planvermögen der Versorgungseinrichtung Rechnung zu legen. Sofern bei einem multi-employer-plan in Form einer Leistungszusage nicht alle erforderlichen Informationen beschafft werden können bzw. eine vernünftige Aufteilung von Verpflichtungen und Vermögen auf die einzelnen beteiligten Arbeitgeber nicht möglich ist, ist der Plan in der Rechnungslegung nach IAS 19 wie eine Beitragszusage zu behandeln, wobei entsprechende Erläuterungen in den Disclosures erforderlich sind.

Eine gemeinschaftliche Leistungszusage mehrerer Arbeitgeber findet sich zum Beispiel bei der Versorgungsanstalt des Bundes und der Länder (VBL). Da eine Zuordnung von Verpflichtungen und Vermögen auf die einzelnen Trägerunternehmen problematisch ist, wird der Plan derzeit üblicherweise wie eine Beitragszusage behandelt. Gemeinschaftliche Pläne mehrerer Arbeitgeber sind nicht zu verwechseln mit lediglich gemeinschaftlich verwalteten Plänen mehrerer Arbeitgeber, die aber ansonsten separat gehalten und finanziert werden.

6.3 Bewertungsannahmen (IAS 19.75 ff.)

Alle Bewertungsannahmen sind zu jedem Bewertungsstichtag nach bestmöglicher Einschätzung des Unternehmens („best estimate") zu bestimmen. Die versicherungsmathematischen Annahmen umfassen demografische und finanzielle Annahmen.

6.3.1 Demografische Annahmen

Wie in der deutschen Handelsbilanz sind geeignete Wahrscheinlichkeiten z. B. für Sterblichkeit, Invalidisierung und Mitarbeiterkündigung (Fluktuation) anzusetzen. Im Gegensatz zur deutschen Steuerbilanz wird Fluktuation i. A. nicht durch einen pauschalen Ansatz wie etwa nach § 6a EStG berücksichtigt; vielmehr werden geeignete Fluktuationswahrscheinlichkeiten verwendet.

Die Pensionierungsalter sind unter Berücksichtigung aller maßgeblichen Einflussgrößen, wie etwa Frühverrentungsplänen oder Änderungen der Pensionierungsalter der gesetzlichen Rentenversicherung, zu bestimmen und können daher von den vertraglichen Pensionierungsaltern der Pensionszusagen abweichen. Es ist auch möglich (und z. B. in den USA auch üblich), anstelle fester Altersgrenzen Pensionierungswahrscheinlichkeiten anzusetzen.

6.3.2 Finanzielle Annahmen

Die wesentliche finanzielle Bewertungsannahme ist der Rechnungszins. Zur Bestimmung des Zinssatzes für die Diskontierung der Verpflichtungen sind die Renditen hochwertiger festverzinslicher Unternehmensanleihen („high quality corporate bonds") am Bewertungsstichtag heranzuziehen. Dabei müssen Währung und Laufzeit der Anleihen mit Währung und (voraussichtlicher) Laufzeit der Verpflichtungen übereinstimmen. Für einen reinen Rentnerbestand wird daher i. d. R. ein niedrigerer Zinssatz als für einen gemischten Bestand mit entsprechend längeren Laufzeiten anzusetzen sein. Sofern für einen Währungsraum ein ausreichend liquider Markt für hochwertige festverzinsliche Unternehmensanleihen mit passenden Laufzeiten nicht existiert, sind alternativ die Renditen von Staatsanleihen anzusetzen.

Hinsichtlich der Anwartschafts- und Rentendynamik sind alle künftigen Einflussgrößen durch geeignete Bewertungsannahmen zu berücksichtigen, insbesondere künftige Gehaltssteigerungen ggf. unter Einschluss eines Karrieretrends, Steigerungen zugesagter Leistungsbausteine (Festbeträge), Inflation sowie zugesagte oder erwartete Rentensteigerungen, auch soweit sie auf § 16 Abs. 1 BetrAVG beruhen.

Sofern die Verpflichtungen von externen Größen abhängen, etwa den Leistungen der gesetzlichen Rentenversicherung oder den Beitragsbemessungsgrößen der Sozialversicherung, sind auch Annahmen bezüglich der Entwicklung dieser Größen zu treffen.

Bei der Festlegung der Bewertungsannahmen ist darauf zu achten, dass die Bewertungsannahmen in sich schlüssig sind: Die einzelnen Parameter stehen nicht für sich, sondern sind vielfach voneinander oder von denselben externen Größen abhängig. Beispielsweise ist die erwartete Inflation zum einen für die künftigen Rentenanpassungen nach § 16 Abs. 1 BetrAVG maßgeblich, zum anderen aber auch bei der Festsetzung der erwarteten Gehaltstrends zu berücksichtigen.

6.4 Bewertungsverfahren

6.4.1 Verpflichtungsumfang (defined benefit obligation, IAS 19.67)

Der Verpflichtungsumfang ist nach der Projected-Unit-Credit-Methode (PUC-Methode) zu ermitteln; andere Bewertungsverfahren sind nicht zugelassen. Die PUC-Methode ordnet jedem Dienstjahr den in diesem Zeitraum erdienten Leistungsbaustein zu, wobei die Leistungen entweder linear oder der Planformel folgend („planbezogen") aufgeteilt werden.

Nach dem Wortlaut von IAS 19.70 ist im Regelfall eine planbezogene Bewertung vorzunehmen. Eine lineare Bewertung ist nur dann vorgesehen, wenn gemäß Pensionsplan spätere Dienstjahre mit einem höheren Pensionsanspruch belegt sind als frühere Dienstjahre (sogenanntes „backloading"); solche Pläne sind in Deutschland wenig verbreitet.

In der Literatur wird — abweichend von der wortlautbezogenen Auslegung von IAS 19 — empfohlen, die Bewertung entsprechend den Unverfallbarkeitsregeln — also linear — durchzuführen.[6] Dieser Ansatz ist im Allgemeinen auch deshalb angemessen, weil IAS 19 implizit davon ausgeht, dass Erdienen und Unverfallbarkeit grundsätzlich übereinstimmen. Dem entspricht in Deutschland aufgrund der gesetzlichen Unverfallbarkeitsregelungen i. d. R. ein linearisierter Verlauf. Eine Zuordnung der Leistungen auf die Dienstjahre entsprechend den Unverfallbarkeitsregeln nach § 2 BetrAVG führt deshalb bei reinen Leistungszusagen im Ergebnis zu der zulässigen linearen Bewertung. Eine planbezogene Bewertung ist aber in jedem Fall bei neueren beitragsorientierten Leistungszusagen sowie bei vertraglichen oder durch Rechtsprechung vorgegebenen Unverfallbarkeitsregeln anzuwenden, die von dem gesetzlichen linearen Verlauf abweichen. Beispiele hierfür finden sich bei individuellen Versorgungszusagen an Führungskräfte oder bei Besitzstandsregelungen nach einer Neuordnung des Versorgungssystems.

Problematisch und gegenwärtig stark in der Diskussion ist die Bewertung von sogenannten Hybrid-Zusagen, also von Mischformen aus Beitrags- und Leistungszusagen. In Deutschland betrifft dies insbesondere moderne wertpapiergebundene Versorgungszusagen, bei denen sich die Versorgungsleistung an der Entwicklung eines Wertpapiers orientiert, bei denen aber der Arbeitgeber eine Mindestleistung zusagt, um das Risiko einer ungünstigen Wertentwicklung für die Arbeitnehmer zu mindern.

Die in Deutschland übliche Praxis ist, die Mindestleistung nach IAS 19 zu bewerten und mit dem Marktwert des Wertpapiers zu vergleichen. Der größere der beiden Werte stellt den Gesamtverpflichtungsumfang aus der Versorgungszusage dar. Eigentlich müsste sogar auch noch die „implizit in der Mindestleistung steckende Option" („the higher of" option) nach den Regeln der Optionspreistheorie zusätzlich berücksichtigt werden, was aus Wesentlichkeitsgründen aber in der Praxis unterbleibt.

---

[6] Vgl. z. B. DAV/IVS-Richtlinie vom 14.06.2010 zur Anwendung von IAS 19 „Employee Benefits" (revised 2008) auf die betriebliche Altersversorgung in Deutschland.

6.4.2 Ergebniskomponenten (IAS 19.120)

Die Ergebniskomponenten (components of defined benefit cost) umfassen

a) Dienstzeitaufwand (service cost),
b) Nettozinsen/Zinsanteil auf die Rückstellung (net interest on the net defined liability),
c) Neubewertungen (remeasurements).

Nur zwei dieser Kostenkomponenten, nämlich der Dienstzeitaufwand und die Nettozinsen, stellen den Pensionsaufwand in der GuV dar. Der Pensionsaufwand einer Berichtsperiode kann (bzw. darf) im Wesentlichen bereits zu Beginn der Berichtsperiode berechnet werden. Dies erlaubt eine frühzeitige Planung des Pensionsaufwands. Die Neubewertungen laufen erfolgsneutral über das Eigenkapital und werden zum Geschäftsjahresende ermittelt. Im Einzelnen setzen sich die Ergebniskomponenten wie folgt zusammen, wobei Rentenzahlungen nicht in den Aufwand mit eingehen:

Dienstzeitaufwand (service cost, IAS 19.66 – IAS 19.112)

Der Dienstzeitaufwand setzt sich zusammen aus dem laufenden Dienstzeitaufwand (current service cost), dem nachzuverrechnenden Dienstzeitaufwand (past service cost einschl. curtailments) und der Auswirkung von Abgeltungen (settlements). Der laufende Dienstzeitaufwand ist der Barwert der im Berichtsjahr erworbenen Anwartschaften zuzüglich der darauf entfallenden Zinsen. Die Berechnung hat nach der PUC-Methode zu erfolgen (vgl. 7.4.1).

Nachzuverrechnender Dienstzeitaufwand kann aus Planänderungen (plan amendments) oder Plankürzungen (curtailments) resultieren. Planänderungen treten auf, wenn ein Unternehmen einen Leistungsplan einführt oder ändert und wenn diese Änderungen sich auf bereits vergangene Dienstjahre beziehen.

Beispielsweise entsteht ein nachzuverrechnender Dienstzeitaufwand, wenn ein Unternehmen eine zugesagte Altersrente von 2 % des Endgehaltes pro Dienstjahr auf 2,5 % erhöht oder wenn eine Altersrente von 2 % des Endgehaltes pro Dienstjahr neu zugesagt wird und bei der Berechnung der Altersrente auch zum Zeitpunkt der Zusage bereits vergangene Dienstjahre berücksichtigt werden. Nachzuverrechnender Dienstzeitaufwand kann auch entstehen, wenn erdiente Leistungen (im arbeitsrechtlich zulässigen Rahmen) gekürzt werden; in diesem Fall führt die Verminderung des Verpflichtungsumfangs zu einem negativen nachzuverrechnenden Dienstzeitaufwand (Ertrag).

Nachzuverrechnender Dienstzeitaufwand (Erhöhung/Ermäßigung der DBO) ist sofort in voller Höhe ergebniswirksam zu berücksichtigen.

Eine „Plankürzung" (curtailment) liegt vor, wenn die Anzahl der von einem Leistungsplan begünstigten Arbeitnehmer wesentlich reduziert wird, z. B. im Zusammenhang mit Umstrukturierungsmaßnahmen wie Betriebsschließungen oder Massenentlassungen.

Eine „Abgeltung" (settlement) von Versorgungsansprüchen liegt vor, wenn die Anwartschaften bzw. laufenden Ansprüche gegenüber Arbeitnehmern oder Rentnern ganz oder teilweise „eliminiert" werden, d. h. wenn etwa bestehende Anwartschaften bzw. Ansprüche abgefunden oder an eine Versicherung, Pensionskasse, Pensionsfonds oder anderen Arbeitgeber übertragen werden und den Arbeitgeber abgesehen von der Haftung nach § 1 Satz 3 BetrAVG keine Finanzierungsverpflichtung für diese Verpflichtungen mehr trifft.

Nettozinsen (net interest on the net defined benefit liability, IAS 19.123 – IAS 19.126)

Die Nettozinsen stellen den Zinsanteil auf die Rückstellung dar und ergeben sich aus der Verzinsung der Verpflichtung (DBO) zu Beginn des Jahres abzüglich der Verzinsung des Planvermögens zu Beginn des Jahres zzgl. der Verzinsung einer eventuell bestehenden Vermögenswertbegrenzung (asset ceiling) zu Beginn des Jahres, wobei unterjährige Rentenzahlungen des Arbeitgebers und aus dem Planvermögen und auch Beitragszahlungen an das Planvermögen zu berücksichtigen sind. Eine vereinfachte Formel wäre

Zinsaufwand = Zins
        x (Verpflichtungsumfang zu Beginn der Berichtsperiode
        — ½ x Rentenzahlungen der Firma und aus Planvermögen
        — Planvermögen zu Beginn der Berichtsperiode
        + ½ x Rentenzahlungen aus Planvermögen
        — ½ x Beitragszahlungen an das Planvermögen
        + Vermögenswertbegrenzung zu Beginn der Berichtsperiode)

Der Zinsaufwand kann im Finanzergebnis ausgewiesen werden (IAS 19.134).

Neubewertungen (remeasurements, IAS 19.127 – 19.130)

Neubewertungen entstehen, wenn der zu Beginn der Berichtsperiode für das Ende der Berichtsperiode erwartete Verpflichtungsumfang oder das Planvermögen vom tatsächlich am Ende der Berichtsperiode vorhandenen Verpflichtungsumfang oder Planvermögen abweicht.

Abweichungen zwischen erwartetem und tatsächlichem Verpflichtungsumfang beruhen zunächst auf von den versicherungsmathematischen Annahmen abweichenden tatsächlichen Entwicklungen (etwa bezüglich Sterblichkeit oder Vermögensertrag). Vor allem entstehen versicherungsmathematische Gewinne/Verluste aber dann, wenn sich die versicherungsmathematischen Bewertungsannahmen zum Ende der Berichtsperiode von denen zu Beginn unterscheiden, weil etwa die versicherungsmathematischen Annahmen für den Zins oder die Dynamik geändert wurden oder die Bewertung auf Basis geänderter Sterbetafeln erfolgte.

Änderungen der Bewertungsannahmen können zu erheblichen versicherungsmathematischen Gewinnen bzw. Verlusten führen.

Daneben entstehen Neubewertungen auch dann, wenn der Ertrag aus dem Planvermögen von der rechnerischen Rendite in Höhe des Rechnungszinssatzes abweicht, wie er bereits in den Nettozinsen erfasst wurde. Sofern eine Vermögenswertbegrenzung bestand, entstehen Neubewertungen auch aus einer Veränderung dieser Größe, soweit sie nicht bereits in den Nettozinsen berücksichtigt wurde.

Anders als nach den Regeln des HGB werden die in einer Berichtsperiode angefallenen Neubewertungen nach IAS 19 nicht erfolgswirksam erfasst, sondern sofort im Eigenkapital berücksichtigt. Die hier erfassten Gewinne und Verluste sind auch später nicht in der Gewinn- und Verlustrechnung zu erfassen, d. h. es gibt kein sog. Recycling wie bei US-GAAP.

6.4.3 Bilanzansatz (IAS 19.8 und 19.63ff)

Für reine Beitragszusagen ist in der Bilanz kein Rückstellungsbetrag auszuweisen, da der Arbeitgeber über die Beitragszahlung an die externe Versorgungseinrichtung hinaus keine Verpflichtungen hat. Allenfalls Beitragsrückstände sind zu zeigen.

Für Leistungszusagen leitet sich der Bilanzansatz aus der DBO, vermindert um das Planvermögen (und u. U. erhöht um Effekte der Vermögenswertbegrenzung) ab:

Bilanzansatz	=	Verpflichtungsumfang (DBO zum Ende der Berichtsperiode)
	—	Planvermögen
	+	Effekt der Vermögenswertbegrenzung (effect of asset ceiling)
	=	Bilanzansatz (am Ende der Berichtsperiode)

Alternativ lässt sich der Bilanzansatz auch wie folgt entwickeln: Er ergibt sich aus der Pensionsrückstellung zu Beginn der Berichtsperiode, zuzüglich des zu Beginn der Berichtsperiode (mit Wertstellung zum Ende der Periode) berechneten Pensionsaufwandes abzüglich der ggf. in der Berichtsperiode erfolgten Zahlungen (Renten-/Kapitalzahlungen des ArbG, Zahlungen in das Planvermögen, Übertragungen) zzgl. der Neubewertungen:

Bilanzansatz	=	Bilanzansatz (zu Beginn der Berichtsperiode)
	+	Pensionsaufwand in der GuV
	—	Renten-/Kapitalzahlungen des ArbG und Beiträge des ArbG an externe Versorgungseinrichtungen
	—/+	Übertragungen an/von andere/n Unternehmen oder Versorgungsträger
	—/+	Neubewertungen im OCI
	=	Bilanzansatz (am Ende der Berichtsperiode)

Ist der Bilanzansatz wegen eines anzusetzenden Planvermögens negativ (d. h. ein Vermögenswert), ist u. U. für die Pensionsverpflichtungen anstelle eines Rückstellungsbetrages ein Aktivposten auszuweisen. Nach IAS 19.64 ist ein Aktivposten jedoch zu begrenzen auf den wirtschaftlichen Nutzen aus der Überdeckung.

6.4.4 Anhangangaben (IAS 19.135 – IAS 19.147)

IAS 19 sieht umfangreiche Anhangangaben vor, die dem Ziel dienen sollen

- die Merkmale des Leistungsplans und die damit verbundenen Risiken zu erläutern,
- die in der Bilanz in Bezug auf die Leistungspläne gezeigten Beträge zu erklären und
- zu beschreiben, wie die Leistungspläne die Höhe, Fälligkeit und Unsicherheit der zukünftigen Zahlungsströme beeinflussen.

Deshalb werden neben den quantitativen Angaben auch qualitative Angaben in Form von Beschreibungen gefordert, die Risiken besser erkennbar machen sollen.

Da IAS 19 prinzipienorientiert ist, gibt es in vielen Fällen keine klaren Vorschriften, was genau angegeben werden muss, sondern es werden lediglich Beispiele angeführt.

Im Einzelnen sind neben einer detaillierten Beschreibung der Versorgungspläne zur Art des Plans (z. B. endgehaltsabhängige Zusage oder Festbetragszusage), zur Leistungsart (Kapital oder Rentenzahlung etc.), zum Einfluss Dritter und zu Sonderfällen (Plankürzungen, Abgeltungen etc.) auch detaillierte Angaben zu den wesentlichen Bewertungsannahmen und -verfahren, sowie die Angabe aller in den Bilanzansatz eingehenden Beträge sowie der in der Gewinn- und Verlustrechnung erfassten Beträge erforderlich.

Zusätzlich zu der Überleitung der Rückstellung/des Vermögenswerts (net defined benefit liability/(asset)) vom Jahresanfang zum Jahresende sind dabei auch die Verpflichtung (DBO), das Planvermögen (plan assets) und die Vermögenswertbegrenzung (Asset Ceiling) separat überzuleiten.

Das Planvermögen (und eventuell existierende reimbursement rights) ist in die einzelnen Anlageklassen aufzuschlüsseln. Darüber hinaus ist anzugeben, ob der Marktwert der Anlageklasse in einem aktiven Markt festgestellt werden kann oder nicht.

Des Weiteren sind sog. Sensitivitätsanalysen durchzuführen, die die Auswirkung einer Annahmeänderung (für alle Annahmen von erheblicher Bedeutung) auf die Verpflichtung aufzeigen.

7 Gesellschafter-Geschäftsführer von GmbHs

Gordon Teckentrup, Thomas Bischopink

7.1 Allgemeines

Sehr häufig erhalten Geschäftsführer von Kapitalgesellschaften, die am Kapital der Gesellschaft beteiligt sind, Versorgungszusagen. Die steuerliche Anerkennung solcher Zusagen hängt — anders als die von kapitalmäßig nicht beteiligten Arbeitnehmern — davon ab, ob nach den Gesamtumständen davon auszugehen ist, dass die Zusagen ihre Ursache im Dienstverhältnis des Gesellschafter-Geschäftsführers (GGF) haben und nicht im Gesellschaftsverhältnis.

Bei den GGF ist nämlich zu befürchten, dass sie aus überwiegend steuerlichen Gründen den Zeitpunkt des Abschlusses bestimmen und den Inhalt ihrer Pensionszusage gestalten um so von der Gesellschaft Vermögensvorteile zu erhalten, die bei Anwendung der Sorgfalt eines ordentlichen und gewissenhaften Geschäftsleiters einem Nicht-Gesellschafter unter sonst gleichen Umständen nicht gewährt würden. Ist das der Fall, dann liegt die Ursache im Gesellschaftsverhältnis und die entsprechenden Aufwendungen der Gesellschaft stellen eine verdeckte Gewinnausschüttung dar.

In Abhängigkeit von dem Grad der Beteiligung werden unterschiedliche Anforderungen an eine steuerlich anzuerkennende Pensionszusage gestellt.[1]

---

[1] *Doetsch/Lenz*, Versorgungszusagen an Gesellschafter-Geschäftsführer und -Vorstände, 9. Auflage 2014, S. 57f.

7.2 Begriffsbestimmungen

7.2.1 Beherrschender Gesellschafter

Ein Gesellschafter beherrscht eine Kapitalgesellschaft im steuerlichen Sinne, wenn er den Abschluss des zu beurteilenden Rechtsgeschäfts erzwingen kann. Das ist der Fall, wenn er aufgrund der ihm aus seiner Gesellschafterstellung herrührenden Stimmrechte den entscheidenden Beschluss durchsetzen kann. Eine beherrschende Stellung erfordert deshalb grundsätzlich die Mehrheit der Stimmrechte. Andererseits kann eine Beteiligung von 50 v. H. oder weniger ausreichen, wenn besondere Umstände hinzutreten, die eine Beherrschung der Gesellschaft begründen. Eine Beherrschung wird etwa auch dann angenommen, wenn mehrere Gesellschafter einer Kapitalgesellschaft mit gleichgerichteten Interessen zusammenwirken, um eine ihren Interessen entsprechende einheitliche Willensbildung herbeizuführen.

Für die Frage, ob die Regelungen des Betriebsrentengesetzes zwingend anwendbar sind (z. B. insbesondere bei Abfindung, Übertragung und wegen des gesetzlichen Insolvenzschutzes und der damit verbundenen Mitgliedschaft beim PSVaG) kommt es demgegenüber auf die Beherrschung im betriebsrentenrechtlichen Sinne an.[2] Ein Alleingesellschafter-Geschäftsführer einer GmbH unterfällt nicht dem Betriebsrentengesetz.[3]

Zumeist decken sich die vorgenannten Beherrschungsbegriffe weitgehend, im Einzelfall muss dies aber nicht zutreffen. Nur der Vollständigkeit halber soll darauf hingewiesen werden, dass es im Übrigen auch einen sozialrechtlichen Beherrschungsbegriff gibt, der sich von den vorstehenden Definitionen wesentlich unterscheidet.[4]

---

[2] Nach BAG, Urteil v. 21.4.2009 – 3 AZR 285/07 (AP Nr. 1 zu § 1 BetrAVG Beamtenversorgung), kann bei Organpersonen, also auch GGF, von den nach § 17 Abs. 3 BetrAVG tarifdispositiven Vorschriften des BetrAVG vertraglich zu Ungunsten abgewichen werden. Häufig wird in der Literatur und Rechtsprechung auch der Terminus „Unternehmer i. S. d. BetrAVG" verwandt.

[3] BGH, Beschluss v. 15.10.2007 – II ZR 236/06, DB 2008, 287.

[4] Vgl. hierzu z. B. BSG Urteil v. 29.08.2012 – B 12 KR 25/10 R, BB 2013, 894 mit Anm. Bischopink.

7.2.2 Begriff der verdeckten Gewinnausschüttung und verdeckten Einlage

Unter einer verdeckten Gewinnausschüttung (vGA) im Sinne des § 8 Abs. 3 Satz 2 KStG ist eine Vermögensminderung (oder verhinderte Vermögensmehrung) bei der Gesellschaft zu verstehen, die durch das Gesellschaftsverhältnis veranlasst ist, sich auf die Höhe des Einkommens auswirkt und in keinem Zusammenhang zu einer offenen Ausschüttung steht. Eine Veranlassung durch das Gesellschaftsverhältnis wird angenommen, wenn die Kapitalgesellschaft ihrem Gesellschafter einen Vermögensvorteil zuwendet, den sie mit der Sorgfalt eines ordentlichen und gewissenhaften Geschäftsleiters einem Nichtgesellschafter nicht gewährt hätte.[5]

Ein Verzicht auf eine bereits erteilte Pensionszusage oder deren Absenkung kann wiederum eine verdeckte Einlage (vE) darstellen, wenn dieser nicht betrieblich, sondern gesellschaftlich veranlasst ist. Von einer betrieblichen Veranlassung des Verzichts kann u. a. dann ausgegangen werden, wenn die Gesellschaft nach insolvenzrechtlichen Maßstäben überschuldet ist, der Verzicht im Zusammenhang mit anderen, die Überschuldung mindernden Maßnahmen (etwa Gehaltsreduzierung des Geschäftsführers) steht und zuletzt auch ein Vergleich mit einem Fremdgeschäftsführer ergibt, dass sich dieser zu einem Verzicht bereit erklärt hätte.[6]

Erstreckt sich der Verzicht ausschließlich auf den zukünftig noch zu erdienenden Teil der zugesagten Leistung (future service), so ist hierin i. d. R. keine verdeckte Einlage und kein Lohnzufluss zu sehen.[7]

---

[5] *Gosch*, BetrAV 2002, 754.
[6] Vgl. Bayerisches Landesamt für Steuern v. 15.2.2007 – S 2742 – 26 St 31 N. Zur Auffassung in der Literatur siehe z. B. *Götz*, nwb Fach 3, S. 13815; *Langohr-Plato*, BetrAV 2004, 130; *Risthaus*, BetrAV 2008, 737.
[7] BMF-Schreiben vom 14.08.2012, IV C 2 – S 2743/10/10001, BStBl. I 2012, S. 874.

7.3 Rückstellungen für Pensionszusagen an beherrschende Gesellschafter-Geschäftsführer von Kapitalgesellschaften

Rückstellungen für Pensionszusagen an beherrschende Gesellschafter-Geschäftsführer von Kapitalgesellschaften sind dem Grunde nach steuerlich anzuerkennen, soweit die Voraussetzungen des § 6a EStG erfüllt sind und die Pensionszusage als betrieblich veranlasst anzusehen ist.

Für eine Pensionsverpflichtung darf gemäß § 6a EStG eine Pensionsrückstellung nur gebildet werden, wenn und soweit

- der Pensionsberechtigte einen Rechtsanspruch auf einmalige oder laufende Pensionsleistungen hat,
- die Pensionszusage keine Pensionsleistungen in Abhängigkeit von künftigen gewinnabhängigen Bezügen[8] vorsieht und keinen Vorbehalt enthält, dass die Pensionsanwartschaft oder die Pensionsleistung gemindert oder entzogen werden kann,
- die Pensionszusage schriftlich erteilt ist; die Pensionszusage muss eindeutige Angaben zu Art, Form, Voraussetzungen und Höhe der in Aussicht gestellten künftigen Leistungen enthalten, und es sich nicht um eine arbeitgeberfinanzierte Nur-Pension handelt.[9]

7.3.1 Zivilrechtliche Wirksamkeit der Pensionszusage

Die Gesellschafterversammlung einer GmbH ist außer für den Abschluss und die Beendigung des Dienstvertrags eines Geschäftsführers auch für dessen Änderung zuständig, soweit keine anderweitige Zuständigkeit (z. B. nach der Satzung) bestimmt ist.[10] Vertragsänderungen, die nicht vom zuständigen Organ vorgenommen worden sind, sind nach Auffassung des BGH zivilrechtlich nicht wirksam zustande gekommen.

---

[8] Vgl. BMF-Schreiben vom 18.10.2013, IV C 6 - S 2176/12/10001.
[9] Vgl. BFH Urteil v. 28.4.2010 - I R 78/08, DB 2010, 1617; v. 9.11.2005 - I R 89/04, DB 2006, 20; BMF-Schreiben vom 13.12.2012, IV C 6 - S 2176/07/10007, DB 2012, 2906.
[10] BGH, Urteil v. 25.3.1991 – II ZR 169/90, BB 1991, 927.

Danach fällt nicht nur eine Erhöhung der Bezüge des Geschäftsführers, sondern auch eine Vereinbarung, Änderung oder Erhöhung der Ruhegehalts- bzw. Hinterbliebenenversorgungszusage in die Zuständigkeit der Gesellschafterversammlung. Das gilt unabhängig davon, ob der Geschäftsführer an der Gesellschaft beteiligt ist.

Für den zivilrechtlich wirksamen Abschluss des Dienstvertrages ist die Gesellschafterversammlung zuständig (§ 46 Nr. 5 GmbHG). Ohne Zustimmung der Gesellschafterversammlung ist der Dienstvertrag (und damit die Pensionszusage) zivilrechtlich nicht wirksam zustande gekommen.

Bei einer Ein-Mann-GmbH ist die Zusage unwirksam, wenn der Geschäftsführer nicht vom Selbstkontrahierungsverbot des § 181 BGB befreit war. Die Befreiung erfolgt im Gesellschaftsvertrag der GmbH (für einen bestimmten Geschäftsführer) oder durch eine Ermächtigung in der Satzung, die noch eines weiteren Gesellschafterbeschlusses bedarf.[11] Die Befreiung ist im Handelsregister einzutragen (§ 10 Abs. 1 S. 2 GmbHG), wobei die Eintragung nur deklaratorische Wirkung hat.

7.3.2 Schriftform

Die Zusage muss schriftlich erteilt worden sein und Angaben zu Art, Form und Höhe der zugesagten Leistungen enthalten, § 6a Abs. 1 Nr. 3 EStG. Das Schriftformerfordernis wird eingehalten, wenn die Verbindlichkeit einer betragsmäßig fixierten Zusage klar aus den schriftlichen Dokumenten hervorgeht.[12]

7.3.3 Kein schädlicher Vorbehalt

Die Pensionszusage darf nicht unter einem schädlichen Vorbehalt stehen. Nach Auffassung der Finanzverwaltung schädliche Vorbehalte sind R 6a Abs. 3

---

[11] *Kienbaum*, Die Altersversorgung der Geschäftsführer, S. 69.
[12] BFH, Urteil v. 28.10.2003 – I R 37/02, BStBl. II 2004, S. 118.

EStR 2012[13] zu entnehmen, unschädliche Klauseln finden sich in R 6a Abs. 4 EStR 2012.

Auch in der Möglichkeit, den Pensionsanspruch zum Teilwert abzufinden, soll ein schädlicher Vorbehalt liegen.[14] Betroffen sind allerdings nur Zusagen, in denen sich der Zusagende ein einseitiges Abfindungsrecht vorbehält.

7.3.4 Überversorgung

Eine Rückstellung scheidet nach Auffassung des BFH auch soweit aus, wie eine Überversorgung vorliegt.[15] Eine Überversorgung ist nach Auffassung des BFH[16] regelmäßig dann anzunehmen, wenn die betriebliche Versorgungsanwartschaft zusammen mit der Anwartschaft aus der gesetzlichen Rentenversicherung 75 % der am Bilanzstichtag bezogenen Aktivbezüge übersteigt. Bei Vorliegen einer Überversorgung ist die nach § 6a EStG zulässige Rückstellung für Pensionsanwartschaften nur unter Zugrundelegung eines angemessenen Vomhundertsatzes der jeweiligen letzten Aktivbezüge zu ermitteln.

Zur praktischen Anwendung dieses Urteils hat das BMF mit Schreiben vom 3.11.2004[17] Stellung genommen. Danach entsprechen die Aktivbezüge dem Arbeitslohn im Sinne des § 2 LStDV. Soweit variable Gehaltsbestandteile (z. B. Tantiemen, Boni) einzubeziehen sind, ist der Durchschnitt dieser Bezüge aus den letzten fünf Jahren maßgebend. Soweit die Versorgungsleistungen auf Entgeltumwandlung beruhen, können die umgewandelten Entgelte und die diesen entsprechenden Versorgungsleistungen bei der Berechnung der 75 %-Grenze unberücksichtigt bleiben.

---

[13] Allgemeine Verwaltungsvorschrift zur Anwendung des Einkommensteuerrechts vom 16.12.2005 (BStBl. I Sondernummer 1) in der Fassung der EStÄR 2012 v. 25.3.2013 (BStBl. I S. 276).

[14] BFH, Urteil v. 10.11.1998 – I R 49/97, BStBl. II 2005, S. 261; BMF-Schreiben v. 6.4.2005 – IV B 2– S 2176 –10/05, BStBl. I 2005, S. 619 und v. 1.9.2005 – IV B 2 – S 2176 – 48/05, BStBl. I 2005, S. 860.

[15] BFH, Urteil v. 31.3.2004 – I R 70/03, BStBl. II 2004, S. 937.

[16] BFH, Urteil v. 15.9.2004 – I R 62/03, DB 2005, 21.

[17] BMF-Schreiben v. 3.11.2004 – IV B 2 – S 2176 –13/04, DB 2004, 2501.

Die Folge des Überschreitens der 75 %-Grenze ist, wegen der Verletzung des § 6a EStG, grundsätzlich (nur) eine Bilanzkorrektur der ersten noch offenen Schlussbilanz. Darf eine Rückstellung für die Anwartschaft schon nicht gebildet werden, erübrigen sich Erwägungen zur Annahme einer verdeckten Gewinnausschüttung. Der vorstehende Grundsatz gilt jedoch nur für Festbetragszusagen. Denn Finanzverwaltung[18] und Rechtsprechung[19] haben die Überversorgung als ein Problem der Vorwegnahme künftiger Einkommensentwicklungen und damit als eine Verletzung des in § 6a bzw. § 4d EStG verankerten sogenannten Stichtagsprinzips identifiziert. Liegen gehaltsabhängige Zusagen vor, scheidet jedoch eine Verletzung des vorgenannten Prinzips systematisch aus.[20] Dies bedeutet jedoch nicht, dass damit eine Versorgung oberhalb der 75 %-Grenze zulässig wäre. Denn sie führt jedenfalls beim Gesellschafter-Geschäftsführer wegen Unüblichkeit zur Annahme einer vGA im jeweils übersteigenden Maße — die außerbilanziell zu korrigieren ist.[21]

Eine „Nur-Pensionszusage" anstelle von Aktivbezügen an einen GGF ist nach Auffassung des BFH unter dem Gesichtspunkt der Überversorgung nach § 6a Abs. 3 Satz 2 Nr. 1 Satz 4 EStG zu betrachten; hiernach würde eine Bilanzkorrektur die Folge sein.[22] Das BMF hat seine abweichende Auffassung aufgegeben.[23]

Festzuhalten bleibt daher, dass die Folgen einer Überversorgung stets mit Blick auf den konkreten Einzelfall beurteilt werden müssen.

---

[18] BMF-Schreiben v. 3.11.2004 – IV B 2 – S 2176 – 13/04, BStBl I 2004, S. 1045.
[19] BFH, Urteil v. 31.3.2004 – I R 79/03, BStBl. II 2004, S. 940.
[20] Vgl. BMF-Schreiben v. 3.11.2004 – IV B 2 – S 2176 – 13/04, BStBl. I 2004, S. 1045, Rn 16.
[21] Vgl. hierzu: *Doetsch/Lenz*, Versorgungszusagen an Gesellschafter-Geschäftsführer und -Vorstände, 9. Aufl. 2014, S. 92
[22] BFH, Urteil v. 9.11.2005 – I R 89/04, BStBl. II 2008, S. 523 = BB 2006, 80.
[23] BMF-Schreiben vom 13.12.2012, IV C 6 – S 2176/07/10007.

7.4 Verdeckte Gewinnausschüttung

Das Merkmal der betrieblichen Veranlassung erfordert neben einem wirksamen Anstellungsvertrag eine klare und im Voraus gegebene schriftliche Zusage, die ernsthaft, erdienbar, finanzierbar und angemessen ist (R 38 KStR 2004).

Einem beherrschenden Gesellschafter-Geschäftsführer können Vergütungen und Pensionen mit steuerlicher Wirkung nur gewährt werden, wenn sie — klar und wirksam — im Voraus vereinbart sind (sog. Nachzahlungsverbot). Rückwirkende Vergütungen (Bezüge für einen zurückliegenden Zeitraum) können bei der Gesellschaft nicht als Betriebsausgaben gewinnmindernd berücksichtigt werden, sie gelten als verdeckte Gewinnausschüttung (H 36 (III) KStH 2008).

7.4.1 Ernsthaftigkeit der Pensionszusage

Eine Pensionszusage ist nur dann betrieblich veranlasst, wenn sie auch ernsthaft gewollt ist. Ernsthaft gewollt ist eine Zusage nur dann, wenn die Beteiligten die Rechtswirkungen des Geschäfts beabsichtigen. Allerdings sind die Rechtsfolgen einer nicht ernsthaften Versorgungszusage umstritten.[24]

Eine Pensionszusage wird dann als ernsthaft angesehen, wenn der Gesellschafter-Geschäftsführer sich seine Pension für ein Pensionsalter nicht vor dem vollendeten 60.[25] Lebensjahr, jedoch nicht über 70 Jahre, verspricht.[26]

Für die Berechnung der Pensionsrückstellung nach § 6a EStG ist die vertraglich vorgesehene Altersgrenze, bei beherrschenden Gesellschafter-Geschäftsführern mindestens jedoch das 65. Lebensjahr zugrunde zu legen (H 38 KStH 2008). Seit dem Veranlagungszeitraum 2008 sind wegen der Neufassung von R 6a Abs. 8 EStR 2012 — trotz des unveränderten Wortlauts von H 38 KStH 2008

---

[24] Vgl. m. w. N.: *Höfer*, BetrAVG, Bd. II, Steuerrecht, Stand April 2013, Rn. 2889ff.
[25] Für Versorgungszusagen, die ab 1.1.2012 erteilt werden, soll nach BMF-Schreiben v. 31.3.2010, IV C 3 – S 2222/09/10041, IV C 5 – S 2333/07/0003, BStBl. I 2010, S. 270, als Untergrenze das vollendete 62. Lebensjahr gelten.
[26] BFH, Urteil v. 24.4.2002 – I R 43/01, DB 2002, 2248.

7 Verdeckte Gewinnausschüttung

— für beherrschende Gesellschafter-Geschäftsführer von Kapitalgesellschaften folgende geburtsjahrabhängige Pensionsalter maßgebend:

Geburtsjahrgang	Pensionsalter
bis 1952	65
ab 1953 bis 1961	66
ab 1962	67

Der BFH[27] ist dieser Vorgabe entgegengetreten und hat ausgeführt, dass „nach dem eindeutigen Wortlaut des § 6a Abs. 3 Satz 2 Nr. 1 Satz 3 EStG bei der Berechnung der Pensionsrückstellungen ausschließlich auf den in der Pensionszusage vorgesehenen Zeitpunkt des Eintritts des Versorgungsfalles abzustellen" ist. Für ein davon abweichendes Pensionsalters gäbe § 6a EStG nichts her.

In Zukunft wird man zu entscheiden haben, ob man der Auffassung des BMF oder des BFH folgt. Wie die Finanzverwaltung auf das BFH Urteil reagieren wird, bleibt abzuwarten. Vertraglich könnte jedenfalls auf das Pensionsalter von 65/66/67 Jahren als Endalter abgestellt werden.

Vereinbarungen, die nur die Vollendung eines bestimmten Lebensalters, nicht aber das **Ausscheiden** des Gesellschafter-Geschäftsführers aus dem Betrieb vorsehen, stellen die Ernstlichkeit der Versorgungszusage grundsätzlich nicht in Frage, jedoch ist das Einkommen aus der fortbestehenden Tätigkeit als Geschäftsführer auf die Versorgungsleistung anzurechnen.[28]

7.4.2 Üblichkeit

Ein Indiz für die betriebliche Veranlassung der Zusage kann ihre Üblichkeit sein. Ob eine Versorgungszusage unüblich ist, ist anhand eines Fremdvergleichs zu ermitteln. Es gibt verschiedene Arten des Fremdvergleichs. Bei einem konkre-

---

[27] BFH, Urteil v. 11.9.2013 – I R 72/12, DStR 2014, 633-635.
[28] BFH, Urteil v. 5.3.2008 – I R 12/07, DB 2008, 1183; ebenso *Höfer*, BetrAVG, Bd. II, Steuerrecht, Stand April 2013, Rn. 2900, 2934f.; *Lenz/Teckentrup*, INF 2006, 907 = BetrAV 2007, 131; *Lenz/Teckentrup*, SteuerConsultant 2008, 26 = BetrAV 2008, 672.

ten Fremdvergleich kann intern und auch extern verglichen werden; bei einem hypothetischen Vergleich wird ein nicht beteiligter Geschäftsführer herangezogen.

Unter das eher allgemeine Merkmal der „Üblichkeit" kann eine Vielzahl von Kriterien subsumiert werden, wovon nachfolgend einige wesentliche aufgeführt werden sollen.

Personenbezogene und unternehmensbezogene „Probezeit"

Rechtsprechung und Finanzverwaltung vertreten die Auffassung, dass der Geschäftsführer eine Probezeit durchlaufen müsse, bevor er in den Genuss einer Versorgungszusage gelangt. Begründet wird dies damit, dass ein ordentlicher und gewissenhafter Geschäftsleiter einem neuen Geschäftsführer erst nach Ablauf einer Probezeit eine Versorgungszusage erteilen würde, um seine Eignung, Befähigung und fachliche Leistung prüfen zu können.

Nach einer neueren Auffassung in der Literatur[29] muss demgegenüber systematisch zwischen „ersetzenden" und „ergänzenden" Zusagen unterschieden werden, wobei bei ersteren unter bestimmten Umständen keine Probezeit erforderlich sein soll.[30]

Die Dauer der personenbezogenen Probezeit zur Feststellung der Eignung beträgt nach Auffassung der Finanzverwaltung 2 bis 3 Jahre.[31] Unter bestimmten Umständen kann die Einhaltung einer solchen Probezeit im Einzelfall allerdings auch nach bisheriger Ansicht entfallen (etwa bei entsprechender Vorbeschäftigung in vergleichbarer Tätigkeit).

---

[29] Vgl. *Doetsch/Lenz*, DB 2006, 1028 sowie *Doetsch/Lenz*, Versorgungszusagen an Gesellschafter-Geschäftsführer und -Vorstände, 9. Aufl. 2014, S. 59ff.
[30] In diesem Sinne vgl. nunmehr auch: *Höfer*, BetrAVG, Bd. II, Steuerrecht, Stand April 2013, Rn. 2860, 2922.
[31] BMF-Schreiben v. 14.5.1999 – IV C 6 – S 2742 – 9/99, BStBl. I 1999, S. 512.

7 Verdeckte Gewinnausschüttung

Bei neu gegründeten Unternehmen wird von der Rechtsprechung verlangt, dass die Gesellschaft mit der Erteilung der Pensionszusage einige Jahre abwartet, bis die Ertragsaussichten der Gesellschaft zuverlässig abgeschätzt werden können.[32] Die Finanzverwaltung verlangt in diesen Fällen eine unternehmensbezogene Probezeit von 5 Jahren.[33]

Dies gilt jedoch nicht für Unternehmen, die nicht völlig neu gegründet werden, sondern aus einem anderen Unternehmen hervorgehen (z. B. Umwandlung aus einer Personengesellschaft, Betriebsaufspaltung, Management-Buy-out oder ähnliches).[34] Hier habe die Gesellschaft erstens schon Kenntnisse über die Befähigung des Geschäftsleiters und könne zweitens auch ihre Ertragserwartung hinreichend abschätzen.[35] In diesen Fällen verzichtet die Rechtsprechung je nach den Umständen des Einzelfalles ganz auf die (erneuten) Probezeiten[36] oder hält eine kurze Probezeit von ca. 1 Jahr für ausreichend.[37]

Zuführungen zu einer Rückstellung für eine Pensionszusage, die ohne Beachtung der unter Fremden üblichen Probezeit vereinbart worden ist, werden dauerhaft als vGA behandelt und wachsen nach Auffassung des BFH auch nach Ablauf der angemessenen Probe- oder Karenzzeit nicht in eine fremdvergleichsgerechte Versorgungszusage hinein.[38] Das BMF hat sich nun nach bislang entgegenstehender Auffassung dieser BFH-Rechtsprechung angeschlossen.[39]

---

[32] Gesicherte Gewinnerwartung: BFH, Urteil v. 30.9.1992 – I R 75/91, BFH/NV 1993, S. 330.
[33] BMF-Schreiben v. 14.5.1999 – IV C 6 – S 2742 – 9/99, BStBl. I 1999, S. 512.
[34] BMF-Schreiben v. 14.5.1999 – IV C 6 – S 2742 – 9/99, BStBl. I 1999, S. 512.
[35] BFH, Urteil v. 24.4.2002 – I R 18/01, BStBl. II 2002, S. 670.
[36] BFH, Urteil v. 18.8.1999 – I R 10/99, NJW 2000, 1671.
[37] BFH, Urteil v. 24.4.2002 – I R 18/01, BStBl. II 2002, S. 670.
[38] BFH, Urteil v. 28.04.2010 – I R 78/08, BB 2010, 2167.
[39] BMF-Schreiben v. 14.12.2012 – IV C 2 – S 2742/10/10001, DB 2012, 2906; aufgehoben: BMF-Schreiben v. 14.5.1999 – IV C 6 – S 2742 – 9/99, DB 1999, 1191.

Unverfallbarkeit

Vereinbarungen über eine Unverfallbarkeit in Zusagen auf Leistungen der betrieblichen Altersversorgung an Gesellschafter-Geschäftsführer einer Kapitalgesellschaft sehen häufig abweichend von den Regelungen im Betriebsrentengesetz vor, dass dem Berechtigten eine sofortige Unverfallbarkeit der zugesagten Ansprüche eingeräumt wird. Eine derartige Vereinbarung ist grundsätzlich für sich genommen nur dann nicht als durch das Gesellschaftsverhältnis veranlasst anzusehen, wenn es sich um eine sofortige *ratierliche* Unverfallbarkeit handelt. „Ratierliche Unverfallbarkeit" bedeutet, dass unabhängig von den speziellen Vorschriften des BetrAVG die jeweils erdiente Rentenanwartschaft — die sich durch zeitliche Quotierung der im Pensionsalter erreichbaren Rentenanwartschaft ergibt — bei vorzeitigem Ausscheiden vor Eintritt des Versorgungsfalles vertraglich unverfallbar aufrechterhalten wird. Bei einem Anspruch auf betriebliche Altersversorgung durch Entgeltumwandlung ist nicht zu beanstanden, wenn sich die Unverfallbarkeit nach § 2 Abs. 5a BetrAVG richtet, d. h. dass die vom Zeitpunkt der Zusage bis zum Ausscheiden erreichte Rentenanwartschaft aus den bis dahin umgewandelten Entgeltbestandteilen aufrechterhalten wird.

Bei Zusagen an beherrschende Gesellschafter-Geschäftsführer ist zur Ermittlung des Betrags, der sich bei einer sofortigen ratierlichen Unverfallbarkeit ergeben würde, wegen des für diesen Personenkreis geltenden Nachzahlungsverbots nicht der Beginn der Betriebszugehörigkeit, sondern der Zeitpunkt der Zusageerteilung maßgebend.[40]

Finanzierbarkeit

Der BFH verlangt in ständiger Rechtsprechung, dass die Pension, die eine GmbH ihrem Gesellschafter-Geschäftsführer zusagt, erfüllbar, „finanzierbar" sein muss. Danach gilt: Kein ordentlicher und gewissenhafter Geschäftsleiter wird durch Zusage nicht erfüllbarer Verpflichtungen „den Ruin des Unterneh-

---

[40] BFH, Urteil v. 5.3.2008 – I R 12/07, DB 2008, 1183; BFH, Urteil v. 20.8.2003 – I R 99/02, BFH/NV 2004, 373; BMF-Schreiben v. 9.12.2002 – IV A 2 – S 2742 – 68/02, BStBl. I 2002, S. 1393 = DB 2002, 2624.

mens" bis hin zur Insolvenzreife in Kauf nehmen. Eine dennoch gegebene Zusage kann deshalb indiziell als nicht „ernstlich" gemeint verstanden werden. Die gleichwohl gegebene Zusage führt gemeinhin zur vGA.

Die Finanzverwaltung sieht mit dem BFH das Finanzierungsrisiko dabei als weitgehend eliminiert an, wenn es mittels einer — voll-, ggf. auch nur teilkongruenten — Rückdeckungsversicherung abgedeckt wurde. Die Prüfung der Finanzierbarkeit beschränkt sich dann im Wesentlichen auf die Zahlung der Prämien. Bei Abschluss einer solchen Versicherung sind in diesem Punkt mithin keine größeren Auseinandersetzungen zu erwarten.[41]

Gemäß Abschn. 32 Abs. 1 KStR 1995 war die Finanzierbarkeit der Zusage dann zu verneinen, wenn bei einem unmittelbar nach dem Bilanzstichtag eintretenden Versorgungsfall der Barwert der künftigen Pensionsleistungen am Ende des Wirtschaftsjahres auch nach Berücksichtigung einer Rückdeckungsversicherung zu einer Überschuldung in der Bilanz führen würde. Der BFH[42] hat jedoch entschieden, dass es bei der Durchführung der Prüfung im Grundsatz auf den Zusagezeitpunkt und nicht, wie dies die Ansicht der Finanzverwaltung war, auf den jeweiligen Bilanzstichtag ankommt. Er hat weiter entschieden, dass ausschlaggebend auch im Falle der Invaliditätsrente nicht derjenige (Erfüllungs-)Wert sei, der sich bei fiktivem Eintritt des Versorgungsfalles am Bilanzstichtag ergäbe, sondern vielmehr derjenige Wert, der einer versicherungsmathematischen Wahrscheinlichkeit des Versorgungsfalles entspricht. Das sei, so der BFH, der sogenannte Anwartschaftsbarwert im Sinne von § 6a Abs. 3 Satz 2 Nr. 2 EStG.

Mit Urteilen vom 4.9.2002[43] und 31.3.2004[44] bestätigt der BFH seine Rechtsprechung und bekräftigt, dass bei der Beurteilung der Finanzierbarkeit einer Versorgungszusage das sogenannte „Bilanzsprungrisiko" nicht zu berücksichtigen sei. Ferner müsse die Passivierung des Barwertes der Pensionsverpflichtung zu einer Überschuldung der Gesellschaft im insolvenzrechtlichen

---

[41] *Gosch*, BetrAV 2002, 754; vgl. auch BFH Urteil v. 8.11.2000 – I R 70/99, DStR 2001, 571-573.
[42] BFH, Urteil v. 7.11.2001 – I R 79/00, BB 2002, 394.
[43] BFH, Urteil v. 4.9.2002 – I R 7/01, DB 2003, 242.
[44] BFH, Urteil v. 31.3.2004 – I R 65/03, BStBl. II 2005, S. 664.

Sinne führen. Die Steuerbilanzwerte seien unbeachtlich. Der BFH[45] gesteht in diesem Zusammenhang im Rahmen des Fremdvergleichs dem ordentlichen und gewissenhaften Geschäftsleiter die Entscheidung zu, einen befähigten Geschäftsführer auszuwählen, auch wenn dieser als Vergütung eine Versorgungszusage verlangt. Es ist dem gedachten Geschäftsleiter auch nicht vorzuwerfen, wenn er dabei den Finanzierbarkeitsrahmen ausreizt und bis an die Grenze der Leistungsfähigkeit geht.[46]

Im Urteil vom 4.9.2002 gibt der BFH Hinweise zur Prüfung der insolvenzrechtlichen Überschuldung. Laut BFH sind dabei diejenigen Bilanzansätze maßgeblich, die in eine Überschuldungsbilanz aufzunehmen wären. Dabei ist die Pensionsverpflichtung grundsätzlich mit dem nach § 6a Abs. 3 Satz 2 Nr. 2 EStG zu bestimmenden Barwert der Pensionsanwartschaft anzusetzen. Weise jedoch die GmbH nach, dass der „handelsrechtlich" maßgebliche Teilwert der Pensionsverpflichtung niedriger ist als der Anwartschaftsbarwert, so sei dieser Teilwert anzusetzen. Dieser könne sich vom „steuerrechtlichen" Teilwert eventuell durch den Finanzierungsbeginn (anzusetzendes Eintrittsalter), durch die Berücksichtigung künftiger Gehaltsentwicklungen und im Hinblick auf den anzuwendenden Rechnungszinsfuß unterscheiden.

Das BMF-Schreiben vom 6.9.2005[47] nimmt zur Finanzierbarkeit von Pensionszusagen gegenüber Gesellschafter-Geschäftsführern Stellung. Im BMF-Schreiben vom 14.5.1999[48] hatte die Finanzverwaltung ihre doch sehr restriktive Sichtweise zur Finanzierbarkeit einer Pensionszusage dargelegt, aber der BFH machte in o. g. Urteilen deutlich, dass er dieser Sichtweise nicht folgt. Im Schreiben vom 6.9.2005 schloss sich das BMF der doch um einiges moderateren Ansicht des BFH an.[49]

---

[45] BFH, Urteil v. 7.11.2001 – I R 79/00, BStBl. II 2005, S. 659.
[46] *Gosch*, BetrAV 2002, 754.
[47] BMF-Schreiben v. 6.9.2005 – IV B7 – S 2742 – 69/05, BetrAV 2005, 381.
[48] BMF-Schreiben v. 14.5.1999 – IV C 6 – S 2742 – 9/99, DB 1999, 1191.
[49] *Keil/Prost*, DB 2006, 355.

7.5 Erdienbarkeit der Pensionszusage

Nach den BMF-Schreiben vom 1.8.1996[50] bzw. vom 7.3.1997[51] lehnen sich die Zeiträume, in denen sich der Gesellschafter-Geschäftsführer seine Ansprüche aus einer Zusage auf Leistungen der betrieblichen Altersversorgung noch erdienen können muss, an die Unverfallbarkeitsfristen des BetrAVG in dessen damaliger Fassung an. Diese Fristen sind durch das Altersvermögensgesetz vom 26.6.2001 verkürzt worden.

Die in dem BMF-Schreiben vom 1.8.1996 bzw. vom 7.3.1997 genannten Fristen sind jedoch weiterhin zu beachten. Ein Unterschreiten ist als Indiz dafür anzusehen, dass die Zusage ihre Ursache im Gesellschaftsverhältnis hat.[52]

Danach muss bei Zusage einer Pension an den **beherrschenden Gesellschafter-Geschäftsführer** einer Kapitalgesellschaft zwischen dem Zeitpunkt der Zusage und dem frühestmöglichen Zeitpunkt des Eintritts in den Ruhestand grundsätzlich ein Zeitraum von mindestens **10 vollen Jahren** (Restdienstzeit) liegen. In engen Ausnahmefällen lässt der BFH bei beherrschenden GGF kürzere Wartezeiten zu.[53] Auch die **Erhöhung** einer bereits erteilten Zusage ist nur dann erdienbar, wenn zwischen der Erhöhung und dem vorgesehenen Eintritt in den Ruhestand mindestens 10 Jahre liegen. Ausnahmen von diesem Grundsatz sind möglich, bedürfen jedoch wie bei einer erstmaligen Zusage besonderer Begründung.[54] Kann der beherrschende Gesellschafter-Geschäftsführer die Versorgung **vorzeitig** — und damit vor Ablauf der Erdienensdauer von 10 Jahren — in Anspruch nehmen, ist aus der rechtlichen Möglichkeit zwar nicht grundsätzlich auf die Wahrscheinlichkeit der Inanspruchnahme dieser Möglichkeit zu schließen, allerdings sind im Zusagezeitpunkt bestehende hinreichende Anhaltspunkte für die Wahrscheinlichkeit eines vorzeitigen Ausscheidens zu berücksichtigen.[55]

---

[50] BMF-Schreiben v. 1.8.1996 – IV B 7 – S 2742 – 88/96, DB 1996, 1702.
[51] BMF-Schreiben v. 7.3.1997 – IV B 7 – S 2742 – 20/97, DB 1997, 907.
[52] BMF-Schreiben v. 9.12.2002, DB 2002, 2624.
[53] BFH, Urteil v. 30.1.2002 – I R 56/01, BFH/NV 2002, 1055, v. 24.4.2002 – I R 43/01, BStBl. II 2003, S. 416.
[54] BFH, Urteil v. 23.9.2008 – I R 62/07, DB 2009, 95.
[55] Vgl. BFH, Beschluss v. 8.4.2008, I B 168/07, BetrAV 2008, 631.

Bei einem nicht beherrschenden Gesellschafter-Geschäftsführer genügt alternativ ein Zeitraum von mindestens 3 Jahren zwischen Zusagedatum und Eintritt in den Ruhestand, falls er zugleich eine Betriebszugehörigkeit (vom Diensteintritt bis zum Eintritt in den Ruhestand) von mindestens zwölf Jahren aufweisen kann.

Nach vollendetem 60. Lebensjahr (Höchstzusagealter) scheidet eine Erdienbarkeit per se aus.[56]

7.6 Angemessenheit der Gesamtvergütung

Gemäß BMF-Schreiben vom 14.10.2002[57] sind die Bezüge eines Gesellschafter-Geschäftsführers insgesamt nur dann als angemessen zu beurteilen, wenn alle Entgeltleistungen, die der Gesellschafter für seine Tätigkeit erhält, insgesamt als angemessen betrachtet werden können. Nach H 38 KStH 2008 sind bei den Gesamtbezügen nicht nur Gehalt und Gewinntantieme, sondern auch die Pensionszusage zu berücksichtigen. Für den Ansatz der Pensionszusage innerhalb dieser Gesamtbezüge bezieht sich H 38 KStH 2008 auf fiktive Jahresnettoprämien.[58] Das sind Prämien, die der Gesellschafter-Geschäftsführer für eine entsprechende Versicherung zu zahlen hätte, abzüglich etwaiger Abschluss- und Verwaltungskosten. Die Berechnung erfolgt nach dem Alter des Begünstigten im Zeitpunkt der Zusage. Maßgebend sind im Übrigen die in § 6a EStG bestimmten Berechnungsgrundlagen.[59]

Das *Zivilrecht* behandelt die Kapitalgesellschaft und ihren Gesellschafter jeweils als eigenständige Rechts- und Vermögenssubjekte. Das *Steuerrecht* folgt den Wertungen des Zivilrechts. Die Kapitalgesellschaft und der dahinter stehende Gesellschafter sind jeweils selbstständige Steuersubjekte. Daher sind

---

[56] Vgl. BFH, Urteil v. 20.5.1992, I R 2/91, BFH/NV 1993, 52; bestätigt durch BFH Urteil v. 11.9.2013 – I R 26/12, GmbHR 2014, 486–489.
[57] BMF-Schreiben v. 14.10.2002 – IV A 2 – S 2742 – 62/02, DB 2002, 2243.
[58] Bestätigt durch BFH, Urteil v. 31.1.2004 – I R 70/03, BStBl. II 2004, S. 937.
[59] *Wanninger/Nikolaidu*, BB 2002, 2470.

schuldrechtliche Leistungsbeziehungen (wie Dienstverträge und Pensionszusagen) zwischen der Kapitalgesellschaft und dem Gesellschafter grundsätzlich steuerlich anzuerkennen. Sie führen auf der Ebene der Kapitalgesellschaft zu Betriebsausgaben, die den Unterschiedsbetrag im Sinne des § 4 Abs. 1 Satz 1 EStG mindern.

Steuerlich ist zu prüfen, ob die Vereinbarung ganz oder teilweise durch das Gesellschaftsverhältnis veranlasst ist. Die Gewinnminderung, die auf dem durch das Gesellschaftsverhältnis veranlassten Teil der Vereinbarung beruht, ist außerhalb der Steuerbilanz dem Steuerbilanzgewinn im Rahmen der Ermittlung des Einkommens hinzuzurechnen.[60]

---

[60] BMF-Schreiben v. 14.10.2002 – IV A 2 – S 2742 – 62/02, DB 2002, 2243.

8 Outsourcing von Pensionsverpflichtungen

Rita Reichenbach, Michael Rath, Thomas Hagemann

Im Folgenden werden verschiedene Möglichkeiten des Outsourcings von Pensionsverpflichtungen im Hinblick auf ihre arbeitsrechtlichen Voraussetzungen sowie die handels- und steuerrechtlichen Konsequenzen dargestellt und bewertet. Neben den Varianten der rechtlichen Befreiung von der Versorgungsverpflichtung werden auch Möglichkeiten der wirtschaftlichen Befreiung und der Auslagerung von Pensionsrisiken erörtert.

8.1 Rückdeckungsversicherung

8.1.1 Grundsätzliches

Mit der unmittelbaren Zusage von Pensionsleistungen trägt das Unternehmen Risiken, die nicht in seinem Einflussbereich liegen. Insbesondere bei den Leistungsarten Hinterbliebenen- und Invaliditätsversorgung kann sich bei plötzlichem Eintritt eines Leistungsfalles ein hoher Finanzierungsbedarf ergeben, der mit einem sprunghaften Anstieg der Pensionsrückstellungen einhergeht.

Die Pensionsrückstellungen in der Steuerbilanz entsprechen versicherungsmathematischen Erwartungswerten (Teilwert nach § 6a EStG), die nur bei einer großen Zahl homogener Verbindlichkeiten die Belastungen des vorzeitig eintretenden Versorgungsfalles (Tod oder Invalidität) in ausreichendem Maße sicherstellen. Dieses versicherungstechnische Risiko wie auch die plötzliche Liquiditätsbelastung nach Versorgungseintritt kann vom Unternehmen durch den Abschluss einer Rückdeckungsversicherung abgedeckt werden. Rückdeckungsversicherungen können der erteilten Pensionszusage entsprechen oder auch nur einen Teil des versicherungstechnischen Risikos abdecken (kongruente oder partielle Rückdeckung).

Dadurch werden dem Unternehmen nach Eintritt des Versorgungsfalles die hierfür erforderlichen Mittel ganz oder teilweise zur Verfügung gestellt. Andererseits mindern die Prämien zur Rückdeckungsversicherung die Liquidität des Unternehmens. Die Rückdeckungsversicherung schlägt in der steuerlichen (bilanziellen) Sphäre des Arbeitgebers durch[1]. Sie kann für aktive Mitarbeiter, Rentner und für Mitarbeiter, die mit einer unverfallbaren Anwartschaft bereits aus dem Unternehmen ausgeschieden sind, abgeschlossen werden.

Der Abschluss einer solchen Versicherung stellt kein Outsourcing von Versorgungsverpflichtungen im engeren Sinne dar, denn der Arbeitgeber bleibt nach wie vor aus der Pensionszusage verpflichtet, auch wenn er (Teil-)Risiken finanziell absichert. Im Ergebnis erfolgt eine bilanzwirksame (kongruente oder partielle) Finanzierung der Pensionsverpflichtungen, wodurch das benötigte Deckungskapital in Form der Rückdeckungsversicherungen reserviert wird.

8.1.2 Arbeitsrecht

Die Rückdeckungsversicherung wird vom Unternehmen auf das Leben des Versorgungsberechtigten abgeschlossen; Bezugsberechtigter ist allein der Arbeitgeber. Aus diesem Grund kann nur das Unternehmen, nicht aber der Mitarbeiter selbst Ansprüche gegen die Versicherung herleiten; andererseits besteht aus Sicht der Mitarbeiter typischerweise auch kein Zustimmungs- bzw. Mitbestimmungserfordernis.

Wird die Rückdeckungsversicherung für den Fall des Todes des Mitarbeiters abgeschlossen und übersteigt die vereinbarte Leistung den Betrag der gewöhnlichen Beerdigungskosten, so ist zur Gültigkeit des Versicherungsvertrags allerdings die schriftliche Einwilligung des Mitarbeiters erforderlich, § 150 Abs. 2 VVG.

---

[1] Eine Ausnahme bilden Rückdeckungsversicherungen von Personengesellschaften, bei welchen der Versicherungsanspruch nicht zum Betriebsvermögen der Gesellschaft gehört. Die Prämien für die Rückdeckungsversicherung stellen keine Betriebsausgaben dar (vgl. BMF-Schreiben v. 29.1.2008 – IV B 2 – S 2176/07/0001, BStBl. I 2008, 317).

Für Vertragsabschlüsse ab 1.1.2008 besteht, sofern es sich um Kollektivlebensversicherungen im Bereich der betrieblichen Altersversorgung handelt, gemäß § 150 Abs. 2 VVG eine Ausnahme von diesem Einwilligungserfordernis, sodass diese zustimmungsfrei erfolgen können. Wurde bereits vor dem 1.1.2008 ein Versicherungsvertrag ohne Zustimmung des Mitarbeiters abgeschlossen, trat zum Januar 2008 keine automatische Heilung dieses Mangels ein, da die VVG-Reform zwar auch für bereits laufende Verträge gilt, jedoch nicht bis zu deren Abschlusszeitpunkt zurückwirkt.

8.1.3 Steuerrecht

Der Abschluss einer Rückdeckungsversicherung betrifft aufgrund der beschriebenen Gestaltung allein die Sphäre des Arbeitgebers. Für ihn stellen die Prämienzahlungen an den Versicherer Betriebsausgaben dar.

Beim Arbeitnehmer führt das nicht zu lohn- bzw. ertragsteuerlichen Konsequenzen. Nur dann, wenn der Anspruch aus einer Rückdeckungsversicherung auf den Arbeitnehmer übertragen wird, fließt ihm im Zeitpunkt der Übertragung ein lohnsteuerpflichtiger geldwerter Vorteil zu, der dem gebildeten Deckungskapital entspricht.

In der Rentenphase (Leistungsphase) kommt es auf Seiten des Begünstigten zur vollen Besteuerung der zugesagten Rente oder des Versorgungskapitals (§ 19 EStG). Man spricht insoweit auch von nachgelagerter Besteuerung von Versorgungsleistungen.

Steuerliche Freibeträge ergeben sich bezogen auf das Rentenalter von 65 Jahren wie folgt:

- Pauschbetrag für Werbungskosten in Höhe von 102 EUR (§ 9a Satz 1 Nr. 1b EStG);
- Versorgungsfreibetrag in Höhe von 25,6 % der Versorgungsbezüge, max. 1.920 EUR zzgl. eines Zuschlags zum Versorgungsfreibetrag von 576 EUR (bei Beginn der Versorgung in 2014), § 19 Abs. 2 S. 3 EStG;
- Anwendung der sog. „Fünftelungsregelung" gemäß § 34 EStG bei Zahlung eines Versorgungskapitals.

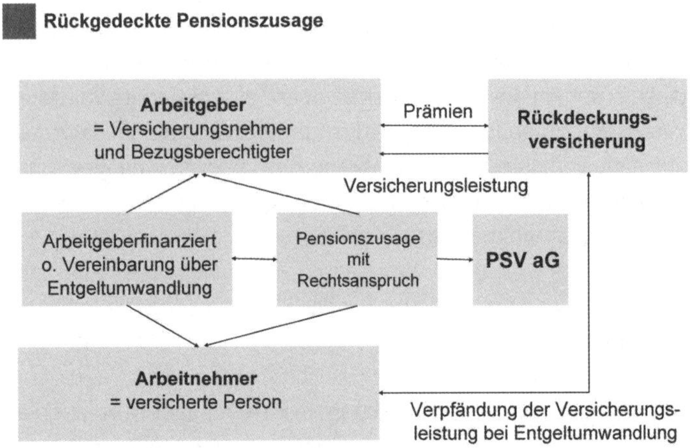

Rückgedeckte Pensionszusage

Abb. 23: Rückgedeckte Pensionszusage

8.1.4 Bilanz

In der Steuerbilanz ist der Rückdeckungsanspruch grundsätzlich mit dem geschäftsplanmäßigen Deckungskapital der Versicherungsgesellschaft zuzüglich eines etwa vorhandenen Guthabens aus Beitragsrückerstattungen (sog. Überschussbeteiligung) gewinnerhöhend zu aktivieren (H 6a Abs. 23 EStR). Dieser sogenannte „Aktivwert" wird von der Versicherung regelmäßig mitgeteilt und ist speziell bei bereits länger laufenden, kongruenten Rückdeckungsversicherungen oft deutlich größer als die Pensionsrückstellung nach § 6a EStG. Handelsbilanziell sind nun zwei Fälle zu unterscheiden. Ist die Rückdeckungsversicherung verpfändet, so gilt sie als Deckungsvermögen nach § 246 Abs. 2 HGB und ist demnach mit dem Zeitwert zu bewerten und mit der Pensionsverpflichtung zu saldieren. In der Regel wird der Aktivwert der Rückdeckungsversicherung die Anforderungen an einen Zeitwert erfüllen. Da dieser Aktivwert häufig größer ist als die Pensionsverpflichtung, wird es häufig zu einem aktivischen Ausweis des Saldos in der Bilanz kommen. Sind die Voraussetzungen für Deckungsvermögen dagegen nicht erfüllt, handelt es sich aber trotzdem um eine kongruente Rückdeckungsversicherung, so können die Voraussetzungen für eine Bewertungseinheit vorliegen. Dann ist die Rückdeckungsversicherung mit dem Wert der Pensionsverpflichtung anzusetzen. Nach § 5 Abs. 2 Satz 1 EStG gilt die Saldierung nicht in der Steuerbilanz, während nach Satz 2 die „Ergebnisse der in der handelsrechtlichen Rechnungslegung zur Absicherung finanzwirtschaftlicher Risiken gebildeten Bewertungseinheiten [...] auch für die steuerliche Gewinnermittlung maßgeblich" sind.

Im internationalen Konzernabschluss lässt sich eine Bilanzverkürzung (Saldierung) erzielen, wenn die Versicherungen als sogenannte Plan Assets eingestuft werden können. Nach IAS 19 können Rückdeckungsversicherungen als Plan Assets angesetzt werden, wenn die Versicherungen unwiderruflich und auch im Insolvenzfall – z. B. durch Verpfändung an die Versorgungsberechtigten des Unternehmens – ausschließlich für den Versorgungszweck zur Verfügung stehen. Die Bewertung erfolgt i. d. R. zum Marktwert (= Aktivwert). Bei kongruenten Rückdeckungsversicherungen, welche alle Pensionsansprüche bzw. -anwartschaften vollständig abdecken und Überschüsse den Arbeitnehmern zugutekommen, kann als Marktwert die Höhe der DBO angesetzt werden (IAS 19.104). Hierdurch werden die Pensionsverpflichtungen mit den Rückdeckungsversicherungen bilanziell zu Null saldiert. Mit dieser Vorgehensweise wird die Versorgungszusage materiell einer Beitragszusage (Defined Contribution Plan) ähnlich. Die Umsetzung ist aber nachträglich für bestehende Zusagen schwierig, weil die erforderliche Kongruenz oft nur durch eine Änderung der Pensionszusagen erreicht werden kann.

Fazit

- Die Rückdeckungsversicherung eignet sich nur im weitesten Sinne als Gestaltungsmöglichkeit des Outsourcings.
- Sie dient vor allem als Instrument zur Ausfinanzierung von Pensionsverpflichtungen.
- Die Rückdeckungsversicherung ist ein bewährtes Instrument, um einen privatrechtlichen Insolvenzschutz herzustellen, ohne die steuerlichen Vorteile der Direktzusage zu verlieren.
- Nach Inkrafttreten des BilMoG lässt sich nicht nur im internationalen Konzernabschluss eine Bilanzverkürzung (Outsourcing im engeren Sinne) erreichen, sondern auch in der deutschen Handelsbilanz.

8.2 Rückgedeckte Unterstützungskasse

8.2.1 Grundsätzliches

Die Unterstützungskasse ist eine rechtlich selbstständige Versorgungseinrichtung, die auf ihre Leistungen keinen Rechtsanspruch gewährt. Sie unterliegt deshalb auch nicht der Versicherungsaufsicht durch die BaFin.

Unterstützungskassen bestehen regelmäßig in der Rechtsform eines eingetragenen Vereins oder einer GmbH, gelegentlich auch in Form einer Stiftung. Sie sind mit einem Sondervermögen ausgestattet, das durch Zuwendungen des Trägerunternehmens (Arbeitgeber) und durch eigene Vermögenserträge aufgebaut und erhalten wird.

Soweit die Unterstützungskasse die einem Mitarbeiter zugesagten Leistungen ganz oder teilweise durch den Abschluss einer Versicherung abgesichert hat, liegt eine rückgedeckte Unterstützungskasse vor. Insoweit sind rückgedeckte Unterstützungskassen üblicherweise ein Vehikel von Versicherungsgesellschaften, die durch die Zuwendungen mehrerer unterschiedlicher Trägerunternehmen finanziert werden (sog. Gruppenunterstützungskasse).

Im Rahmen der einschlägigen steuerrechtlichen Regelungen bietet die rückgedeckte Unterstützungskasse die Möglichkeit, Pensionsverpflichtungen sowohl gegenüber Aktiven und unverfallbar Ausgeschiedenen als auch gegenüber Rentnern auf diese zu „übertragen".

8.2.2 Arbeitsrecht

Dabei erfolgt keine echte Übernahme der Verpflichtungen mit schuldbefreiender Wirkung. Nach den Vorschriften des Betriebsrentengesetzes handelt es sich lediglich um einen Wechsel des Durchführungsweges der betrieblichen Altersversorgung. Demnach hat der Arbeitgeber für die Erfüllung der von ihm zugesagten Leistungen einzustehen, auch wenn die Durchführung nicht unmittelbar über ihn erfolgt (§ 1 Abs. 1 Satz 3 BetrAVG).

8 Rückgedeckte Unterstützungskasse

Zur Übertragung der Pensionsverpflichtungen auf eine rückgedeckte Unterstützungskasse ist die ausdrückliche Einwilligung sämtlicher Begünstigter isoliert arbeitsrechtlich nicht erforderlich, wenn sich hierdurch keine Leistungskürzungen ergeben, die Finanzämter bestehen aber möglicherweise auf der Zustimmung. Auch der Betriebsrat wird regelmäßig mit einbezogen, wenngleich der Arbeitgeber grundsätzlich mitbestimmungsfrei den Durchführungsweg ändern darf.

8.2.3 Steuerrecht

Auf Ebene der Begünstigten kommt es nicht zu einer Lohn- bzw. Einkommensbesteuerung der vom Arbeitgeber an die Unterstützungskasse abgeführten Prämien.

Auf Ebene des Arbeitgebers ist für Aktive und unverfallbar Ausgeschiedene die Zahlung von Prämien an die Unterstützungskasse steuerlich auf laufende, gleichbleibende oder steigende Prämien beschränkt (§ 4d Abs. 1 Satz 1 Nr. 1c Satz 2 EStG). Insbesondere sind Einmalprämien an die Unterstützungskasse für eine sofortige vollständige Finanzierung steuerlich nicht abzugsfähig. Für Rentner gelten derartige Beschränkungen allerdings nicht.

In der Rentenphase (Leistungsphase) kommt es dann auf Seiten der Begünstigten zur vollen nachgelagerten Besteuerung der zugesagten Rente oder des Versorgungskapitals nach § 19 EStG. Man spricht insoweit auch von nachgelagerter Besteuerung von Versorgungsleistungen.

Steuerliche Freibeträge ergeben sich wie unter Kapitel „Steuerrecht" aufgeführt.

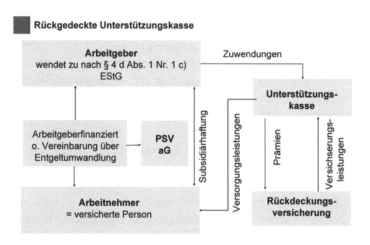

Abb. 24: Rückgedeckte Unterstützungskasse

8.2.4 Bilanz

Die bilanzielle Beurteilung einer Unterstützungskassenzusage wird vor allem dadurch geprägt, ob eine kongruente Rückdeckungsversicherung abgeschlossen wurde oder nicht. Sind die Versicherungsleistungen art- und wertmäßig (kongruent) voll auf die Kassenleistung abgestimmt, kann für eine Unterstützungskasse eine volle Anwartschaftsfinanzierung erreicht werden. In diesem Falle entfällt die bilanzielle Erfassung jeglicher Verpflichtungen beim Arbeitgeber.

Für die Steuerbilanz ergibt sich dies nach allgemeinen bilanzsteuerrechtlichen Grundsätzen daraus, dass ein Unternehmen für eine Haftungsverpflichtung erst dann eine Rückstellung bilden darf, wenn eine Inanspruchnahme aus der Haftung ernsthaft droht. Diese Situation ist aus den genannten Gründen bei einer kongruenten Rückdeckung allerdings nicht gegeben. Im Übrigen darf eine Rückstellung gemäß § 6a EStG wegen des fehlenden Rechtsanspruchs nicht gebildet werden.

In der Handelsbilanz muss das Unternehmen im Jahr der Umstellung des Durchführungsweges auf die rückgedeckte Unterstützungskasse und in den

Folgejahren die bis zum Zeitpunkt der Umstellung gebildete Pensionsrückstellung in dem Umfang auflösen, wie die jeweilige erdiente Leistung durch die Unterstützungskasse finanziert ist.

In der Betrachtung nach IFRS und US-GAAP stellt sich zunächst die Frage, ob das Kassenvermögen mit den Pensionsrückstellungen saldiert werden kann. Eine Saldierung setzt die Einstufung des Kassenvermögens als sogenannte Plan Assets voraus. Ist dies der Fall, erfolgt die Bewertung i. d. R. zum Marktwert (= Aktivwert). Falls die Rückdeckung sogar kongruent ist, also die gesamte arbeitsrechtliche Pensionsverpflichtung abdeckt, ist nach IAS 19.104 eine Saldierung zu Null möglich. Die Kongruenz ist bei Übertragungen oft schwer darstellbar.

Fazit

- Die rückgedeckte Unterstützungskasse eignet sich als Gestaltungsmöglichkeit des Outsourcing im engeren Sinne.
- In der Steuerbilanz erfolgt regelmäßig eine gewinnerhöhende Auflösung der Pensionsrückstellungen, der eine Betriebsausgabe nur in Höhe eines Jahresbeitrages bei Aktiven und unverfallbar Ausgeschiedenen gegenübersteht, während Verpflichtungen gegenüber Rentnern sofort ausfinanziert werden können.
- Im Übrigen erfolgt keine zeitabschnittsgerechte Finanzierung bei Aktiven oder unverfallbar Ausgeschiedenen, da der Past Service nur durch laufende Beiträge über die gesamte (verbleibende) Anwartschaftszeit finanziert werden kann.

8.3 Pensionsfonds

8.3.1 Grundsätzliches

Ein Pensionsfonds ist eine rechtlich selbstständige Versorgungseinrichtung, die dem Arbeitnehmer einen eigenen Anspruch auf seine Leistungen einräumt und verpflichtet ist, zu Gunsten des Arbeitnehmers die Altersversorgungsleistung als lebenslange Altersrente oder (seit Juli 2013 auch) als Einmalkapitalzahlung zu erbringen. Auch eine lebenslange Zahlung kann mit einem Kapitalwahlrecht verbunden werden. Neben Altersversorgung kann auch eine

Invaliden- und Hinterbliebenenversorgung gewährt werden. Außerdem kann auch ein Auszahlungsplan mit Restverrentung — ähnlich wie bei der „Riester-Rente" — vereinbart werden.

Für mittlere und kleinere Unternehmen kommt in der Praxis nur der Anschluss an einen Gruppenpensionsfonds in Betracht. Solche Gruppen-Pensionsfonds wurden von den meisten großen Versicherungsunternehmen — ggf. in Kooperation mit den Tarifvertragsparteien (Chemie, Metall, Elektro) — eingerichtet.

Pensionsfonds dürfen weitgehend frei investieren. Insbesondere ist es zulässig, in Aktien oder in Immobilien zu investieren. Allerdings sind hinsichtlich der Anlagehöhe die Punkte: Mischung, Streuung, Konvergenz und Belegenheit zu beachten.

Mit der Einführung des Pensionsfonds in das Gesetz wurde auch die Möglichkeit der Übertragung von Pensionsverpflichtungen auf den Pensionsfonds eröffnet. Auf ihn können die Verpflichtungen gegenüber Aktiven, Rentnern und unverfallbar Ausgeschiedenen gleichermaßen übertragen werden.

In diesen Fällen erfolgt die Vermögensanlage aus Gründen der Rechtssicherheit grundsätzlich in Versicherungsprodukten mit versicherungsförmigen Garantien (insbesondere Rückdeckungsversicherung).

Die im Zuge der Umsetzung der EU-Pensionsfondsrichtlinie geänderten Regelungen des Versicherungsaufsichtsgesetzes (VAG) und der Pensionsfonds-Deckungsrückstellung erlauben jedoch auch eine Kalkulation nach internationalen Rechnungslegungsgrundsätzen. Eine Übertragung von Pensionsverpflichtungen kann damit zunächst ohne zusätzlichen Aufwand durchgeführt werden, allerdings muss der Arbeitgeber ggf. Nachschüsse leisten, wenn es im zeitlichen Verlauf im Pensionsfonds zu einer Unterdeckung kommt.

8.3.2 Arbeitsrecht

Zum einen sieht auch in diesem Fall das Betriebsrentengesetz keine echte Auslagerung im Sinne einer befreienden Schuldübernahme vor, sodass — wie bei der rückgedeckten Unterstützungskasse — eine Subsidiärhaftung des

Arbeitgebers verbleibt (§ 1 Abs. 1 Satz 3 BetrAVG). Im Ergebnis erfolgt damit lediglich ein Wechsel des Durchführungswegs, der zu einer wirtschaftlichen Enthaftung des Arbeitgebers führt.

Zum anderen ist zu berücksichtigen, dass sich bei einem Wechsel des Durchführungsweges die Besteuerung für die Begünstigten ändert, was dazu führt, dass deren Zustimmung erforderlich wird, soweit der Arbeitgeber nicht jeglichen Steuernachteil ausgleicht. Eine Ausnahme hiervon besteht nur für Pensionsverpflichtungen gegenüber Berechtigten, die bereits vor der Übertragung entsprechende Leistungen erhalten haben nach § 3 Nr. 66 EStG. Für sie gilt ein gesetzlicher Vertrauenstatbestand (§ 52 Abs. 34c Satz 1 EStG).

Schließlich ist bei der Ausgliederung von Pensionsverpflichtungen gegenüber aktiven Mitarbeitern die Einschaltung des Betriebsrats zu empfehlen.

8.3.3 Steuerrecht

Der Pensionsfonds ist nach dem Gesetz der einzige Durchführungsweg, für den eine ausdrückliche steuerbefreiende Regelung zur Übertragung von Pensionsverpflichtungen des Arbeitgebers oder Verpflichtungen aus Unterstützungskassen geschaffen wurde (§ 3 Nr. 66 EStG in Verbindung mit §§ 4d Abs. 3 bzw. 4e Abs. 3 EStG). Nicht nur für Rentner, sondern für alle Berechtigten ist eine Übertragung somit lohnsteuerfrei.

Voraussetzung dafür ist, dass der Arbeitgeber einen Antrag nach § 4e Abs. 3 EStG auf Verteilung des Betriebsausgabenabzugs gestellt hat, da anderenfalls die Steuerfreiheit gemäß § 3 Nr. 66 EStG entfallen würde mit der Folge der Lohnsteuerpflicht des Umstellungsbetrages für den Arbeitnehmer.

Der Arbeitgeber darf im Wirtschaftsjahr der Auslagerung für steuerliche Zwecke lediglich den Betrag als Betriebsausgabe abziehen, der den gebildeten Pensionsrückstellungen nach § 6a EStG entspricht. Eventuell darüber hinausgehende Leistungen an den Pensionsfonds sind dagegen erst in den folgenden 10 Wirtschaftsjahren gleichmäßig verteilt als Betriebsausgaben abziehbar.

Dadurch ist der Übertragungsvorgang im Wirtschaftsjahr der Umstellung steuerneutral, da sich in diesem Fall der Ertrag aus der Auflösung der Rückstellung und der steuerlich zulässige Betriebsausgabenabzug entsprechen.

8.3.4 Bilanz

Mit Blick auf die Verteilungsregelung des § 4e Abs. 3 EStG kommt es u. E. in der Steuerbilanz bei Ausgliederung der Pensionsverpflichtungen zu einer gewinnerhöhenden Sofortauflösung der Pensionsrückstellungen in Höhe des bilanzierten Rückstellungsbetrages. Es könnte allerdings sein, dass die Finanzverwaltung in einem bevorstehenden BMF-Schreiben die Auffassung vertritt, es sei nur der Teilwert für den bereits erdienten Teil der Verpflichtung aufzulösen.

Die Behandlung in der Handelsbilanz hängt vor allem davon ab, inwieweit zukünftige Finanzierungsverpflichtungen des Arbeitgebers für bereits erbrachte Gegenleistungen des Arbeitnehmers entstehen können. Eine vollständige Auflösung der bestehenden Pensionsrückstellungen setzt voraus, dass der Past Service ausfinanziert ist. Vorwiegend entfällt aber der Rechtsgrund — die ursprüngliche Versorgungszusage — nicht, lediglich der Durchführungsweg und damit die Finanzierung ändern sich. Dies bedeutet, dass ein Auflösungsverbot nach wie vor besteht. Allerdings darf die Rückstellung „ausgekehrt" werden an den Pensionsfonds, da dadurch eine teilweise „Voraberfüllung" der Verpflichtung stattfindet und sich der verbleibende Verpflichtungsumfang entsprechend reduziert. Die Wirtschaftsprüfer sprechen hier von einem „Verbrauch der Rückstellung" im Gegensatz zu einer Auflösung.

Nach IFRS bzw. US-GAAP ist eine vollständige Übertragung ein „Settlement", somit eine Vertragserfüllung, die zur Auflösung der bisherigen Pensionsrückstellungen führt. Ein Settlement setzt voraus, dass der Pensionsplan nunmehr gänzlich erfüllt ist (wie bei Abfindungen) bzw. die bisherigen Defined-Benefit-Verpflichtungen nur noch in Form eines Defined Contribution Plans[2] fort-

---

[2] Wegen des Textes von IAS 19 wird gelegentlich behauptet, es könne wegen der Durchgriffshaftung nach § 1 Betriebsrentengesetz, der sog. „finalen Haftung" des Arbeitgebers in Deutschland keine Defined Contribution Plans geben. Wegen der

bestehen. Dies ist nicht nur hinsichtlich der bereits erdienten Anwartschaften („Past Service"), sondern auch hinsichtlich der künftig zu erdienenden Zuwächse („Future Service") erforderlich.

Unterschiede zur HGB-Bilanzierung ergeben sich aber bei unvollständigen Übertragungen; denn dann liegt kein Settlement vor. Stattdessen werden lediglich Plan Assets geschaffen, sodass (nur) saldiert werden kann. Die Bewertung des Vermögens des Pensionsfonds erfolgt i. d. R. zum Marktwert, für die Pensionsverpflichtungen ist nach wie vor eine versicherungsmathematische Berechnung erforderlich.

Fazit

- Der Pensionsfonds eignet sich als Gestaltungsmöglichkeit des Outsourcing im engeren Sinne. Es ist der einzige Durchführungsweg, der für alle Versorgungsbestände eine sofortige vollständige Ausfinanzierung des Past Service (durch Einmalbeitrag) ohne sofortigen lohnsteuerlichen Zufluss erlaubt.
- In Steuer- und Handelsbilanz kann — soweit eine Ausfinanzierung erfolgt — eine gewinnerhöhende Auflösung der Pensionsrückstellungen erfolgen, der entsprechende Aufwendungen in den vorgesehenen Grenzen gegenüberstehen.

8.4 Direktversicherung und Pensionskasse

8.4.1 Grundsätzliches

Eine Direktversicherung ist eine Lebensversicherung auf das Leben des Arbeitnehmers, die durch den Arbeitgeber abgeschlossen wird und bei der der Arbeitnehmer oder seine Hinterbliebenen hinsichtlich der Leistungen des Versicherers ganz oder teilweise bezugsberechtigt sind. Diese Gestaltung der

---

unter IFRS und US-GAAP notwendigen wirtschaftlichen Betrachtungsweise billigen indes alle großen Wirtschaftsprüfungsgesellschaften eine Pensionszusage als Defined Contribution Plan, wenn die wirtschaftlichen Risiken bei einer beitragsorientierten Zusage oder einer Beitragszusage mit Mindestleistung vollständig von einer Lebensversicherung bzw. Pensionskasse oder Pensionsfonds abgedeckt werden.

Bezugsrechtsregelung dient letztlich auch zur Abgrenzung der Direktversicherung von der Rückdeckungsversicherung.

Die Umstellung einer Pensionszusage auf eine Direktversicherung als neue Durchführungsform kann sowohl für Aktive wie auch für Rentner und unverfallbar Ausgeschiedene gewählt werden. Gleiches gilt grundsätzlich für die Pensionskasse. Neuer Versorgungsträger ist in diesem Fall allerdings nicht ein Lebensversicherungsunternehmen, sondern eine Pensionskasse als rechtsfähige Einrichtung, die ihrerseits eine eigene, unmittelbare Verpflichtung übernimmt.

8.4.2 Arbeitsrecht

Die Übernahme der Verpflichtung, bei Eintritt des Versorgungsfalles Versorgungsleistungen zu gewähren, kann grundsätzlich nur mit Zustimmung des Arbeitnehmers erfolgen. Das beruht nicht zuletzt darauf, dass sich für ihn bei dieser Gestaltung die Besteuerung ändert.

Wird die Direktversicherung (auch) für den Fall des Todes des Mitarbeiters genommen und übersteigt die vereinbarte Leistung den Betrag der gewöhnlichen Beerdigungskosten, so war zur Gültigkeit des Versicherungsvertrags für Abschlüsse bis Ende 2007 zusätzlich die schriftliche Einwilligung des Mitarbeiters nach § 159 Abs. 2 VVG a. F. erforderlich. Für Vertragsabschlüsse ab 1.1.2008 besteht, soweit es sich um Kollektivlebensversicherungen im Bereich der betrieblichen Altersvorsorge handelt, gemäß § 150 Abs. 2 VVG eine Ausnahme von Einwilligungserfordernis, sodass diese zustimmungsfrei erfolgen können.

Bei der Ausgliederung von Pensionsverpflichtungen ist die Einschaltung des Betriebsrats geboten.

8.4.3 Steuerrecht

Beiträge und Zuwendungen für die Direktversicherung/Pensionskasse stellen grundsätzlich lohnsteuerpflichtigen Arbeitslohn dar. Allerdings werden diese Zuwendungen bis zu einer Grenze von 4 % der Beitragsbemessungsgrenze

Direktversicherung und Pensionskasse 8

in der allgemeinen Rentenversicherung gemäß § 3 Nr. 63 EStG seit 1.1.2002 steuerfrei gestellt, soweit sie aus einem ersten Dienstverhältnis stammen.[3] Zusätzlich erhöht sich der für § 3 Nr. 63 EStG gültige Höchstbetrag von 4 % jährlich — gemessen an der Beitragsbemessungsgrenze — um 1.800 EUR p. a. für den Fall, dass Beiträge/Zuwendungen aufgrund einer Versorgungszusage geleistet werden, die ab dem 1.1.2005 erteilt wurde.

Die aus den nach § 3 Nr. 63 EStG geförderten Beitragszahlungen resultierenden Leistungen werden beim Versorgungsempfänger als sonstige Einkünfte voll versteuert (§ 22 Nr. 5 Satz 1 EStG).

8.4.4 Bilanz

Bei vollständiger Ablösung der Pensionsverpflichtungen sind die Pensionsrückstellungen in der Steuerbilanz vollständig gewinnerhöhend aufzulösen. Da die Ablösung regelmäßig im Rahmen der jährlichen 4 %-Grenze gegen laufende Beiträge abgewickelt wird, ergibt sich im Jahr der Umstellung eine in aller Regel unerwünschte Steuerbelastung.

Für die Handelsbilanz gilt das unter 8.3.4 Gesagte entsprechend. Eine vollständige Auflösung setzt voraus, dass der Past Service ausfinanziert ist. Bei einer Ausfinanzierung über laufende Beiträge ergibt sich jedoch zunächst eine Unterdeckung der Verpflichtungen, die aus Sicht des Arbeitgebers gemäß Art. 28 Abs. 1 EGHGB bilanzierungspflichtig ist. Die Auflösung der Rückstellungen kann deshalb nur schrittweise erfolgen bzw. muss teuer erkauft werden.

Nach IFRS bzw. US-GAAP gelten die Aussagen in 8.3.4 entsprechend.

---

[3] Für Beiträge zur Direktversicherung erfolgte eine Gleichstellung durch das Alterseinkünftegesetz (v. 5.7.2004, BGBl. I 2004, 1427) am 1.1.2005.

> **Fazit**
>
> - Direktversicherung und Pensionskasse eignen sich zwar grundsätzlich als Gestaltungsmöglichkeit des Outsourcing im engeren Sinne. In der Praxis ergeben sich insbesondere folgende Einschränkungen:
>   - Die Umstellung bleibt wegen des steuerlichen Limits für die Beitragshöhe auf solche Fälle beschränkt, in denen die zu finanzierenden Ansprüche eher gering sind oder der Arbeitgeber bereit ist, lohnsteuerliche Nachteile zu kompensieren.
>   - Mit der Belegung der beiden Finanzierungsformen durch Arbeitgeberbeiträge wird den Arbeitnehmern ein wichtiger Weg genommen, um ihren Rechtsanspruch auf Entgeltumwandlung gemäß § 1a BetrAVG in den Grenzen der nachgelagerten Besteuerung nach § 3 Nr. 63 EStG durchführen zu können.
>   - In beiden Fällen erfolgt ein Wechsel des Durchführungsweges, der in der Regel mit einer wirtschaftlichen Entlastung des Unternehmens von den Pensionsverpflichtungen verbunden ist. In der Steuerbilanz erfolgt regelmäßig — soweit die Verpflichtungen ausfinanziert sind — eine gewinnerhöhende Auflösung der Pensionsrückstellungen, der regelmäßig eine Betriebsausgabe nur in Höhe eines Jahresbeitrages gegenübersteht.

8.5 Übertragung nach § 4 Abs. 4 BetrAVG – Liquidationsversicherung

8.5.1 Grundsätzliches

Für Unternehmen, die eine Liquidation beabsichtigen, diese aber erst dann durchführen können, wenn keinerlei Verbindlichkeiten — insbesondere keine Pensionsverpflichtungen — mehr bestehen, hat der Gesetzgeber in § 4 Abs. 4 BetrAVG in Verbindung mit § 3 Nr. 65 EStG eine steuerbegünstigte „Liquidationsversicherung" vorgesehen.

Demnach sind Aufwendungen eines Arbeitgebers zur Übernahme von Versorgungsverpflichtungen oder unverfallbaren Versorgungsanwartschaften durch eine Pensionskasse oder ein Lebensversicherungsunternehmen bei Einstellung der Betriebstätigkeit und Liquidation des Unternehmens steuerfrei.

8 Übertragung nach § 4 Abs. 4 BetrAVG – Liquidationsversicherung

Diese Neuregelung, die es in der heute gültigen Form seit dem 1.1.2000 gibt, erfüllt wichtige Zielvoraussetzungen:

- Kein Lohnzufluss beim Versorgungsberechtigten und
- Rechtlich vollständige Enthaftung des Arbeitgebers, da der Versicherer nach der Übertragung der Versorgungsverpflichtung neuer und alleiniger Versorgungsschuldner wird.

Die Steuerbefreiung gilt sowohl für die Übertragung von Anwartschaften als auch von bereits fälligen Renten.

8.5.2 Arbeitsrecht

Im Einzelnen knüpft der Gesetzgeber die Übertragung auf ein Unternehmen der Lebensversicherung oder eine Pensionskasse an die nachstehenden Voraussetzungen:

- Einstellen der Betriebstätigkeit:
  Das Einstellen der Betriebstätigkeit bedeutet die Beendigung der laufenden Geschäfte des Unternehmens im Sinne der einschlägigen rechtsformspezifischen Vorschriften des HGB bzw. Aktiengesetzes oder GmbH-Gesetzes.
- Liquidation:
  In Abhängigkeit von der Rechtsform des Unternehmens, findet sich der Begriff der Liquidation in unterschiedlichen Gesetzen, die verschiedene Anforderungen an die Liquidation stellen. Die Unternehmensliquidation und die Einstellung der Betriebstätigkeit werden häufig Hand in Hand gehen.
- Übernahme von Versorgungsverpflichtungen:
  Übernommen werden können Versorgungsverpflichtungen aufgrund von sogenannten unmittelbaren Versorgungszusagen oder solche, die von einer Unterstützungskasse oder von einem Pensionsfonds erfüllt werden oder zu erfüllen sind. Als übernehmende Rechtsträger kommen nur die Pensionskasse und ein Lebensversicherungsunternehmen (Direktversicherung) in Betracht.

- Inhalt der Übernahmevereinbarung:
  Ziel der Vereinbarung ist es regelmäßig, dass die Versorgungsleistungen in voller Höhe durch den Abschluss einer Versicherung gedeckt sind. Vor dem Hintergrund jedoch, dass Pensionskassen und Lebensversicherer standardisiertes Geschäft anbieten, würde es genügen, dass nur in etwa gleiche Leistungen gewährt werden müssen[4] und ggf. auf Abweichungen hinzuweisen ist.
- Kein Zustimmungserfordernis für die Schuldübernahme:
  Nach § 4 Abs. 4 BetrAVG kann die Schuldübernahme grundsätzlich ohne Zustimmung des Versorgungsempfängers oder Arbeitnehmers erfolgen. Es findet also ein befreiender Schuldnerwechsel ohne Zustimmung des Gläubigers statt. Erfordert die Übernahme allerdings eine Änderung oder Anpassung der ursprünglichen Zusage, kann sich die Zustimmungsfreiheit hierauf nicht beziehen.[5] Auf versicherungsvertraglicher Ebene besteht ein grundsätzliches Zustimmungserfordernis mit Ausnahmen für Vertragsabschlüsse ab 1.1.2008, soweit es sich um Kollektivversicherungen im Bereich der betrieblichen Altersversorgung handelt (§ 150 Abs. 2 VVG).
- Verwendung der Überschussanteile:
  Ab Rentenbeginn müssen die Überschussanteile leistungserhöhend verwendet werden. Die Verwendung der Überschüsse während der Anwartschaftsphase ist gesetzlich nicht geregelt, sodass dies durch entsprechende Vereinbarung zwischen Versicherer und liquidierendem Unternehmen geregelt werden kann.
- Verfügungsbeschränkungen:
  Die abgeschlossene Liquidationsversicherung kann vom Versorgungsberechtigten nicht beliehen oder abgetreten werden.

8.5.3 Steuerrecht

Um die steuerneutrale Übernahme von Versorgungsverpflichtungen zu ermöglichen, hat der Gesetzgeber zum 1.1.2000 den Steuerbefreiungstatbestand des § 3 Nr. 65 EStG erweitert.

---

[4] *Höfer*, BetrAVG Kommentar, Bd. I, Arbeitsrecht, Stand Juni 2011, Rn. 3751.
[5] *Höfer*, BetrAVG Kommentar, Bd. I, Arbeitsrecht, Stand Juni 2011, Rn. 3749f.

Übertragung nach § 4 Abs. 4 BetrAVG – Liquidationsversicherung

Im Wesentlichen kommt es dabei im Bereich der Liquidationsversicherung darauf an, dass Leistungen zur Übernahme von Versorgungsleistungen oder unverfallbaren Versorgungsanwartschaften durch eine Pensionskasse oder ein Unternehmen der Lebensversicherung in den in § 4 Abs. 4 BetrAVG bezeichneten Fällen erbracht werden.

Des Weiteren wird klargestellt, dass die Leistungen des Lebensversicherers oder der Pensionskasse vom Versorgungsberechtigten so zu versteuern sind, wie auch die ursprüngliche Versorgungsleistungen zu versteuern gewesen wären. Hat also ein Lebensversicherer eine Direktzusage oder Unterstützungskassenzusage übernommen, so sind die Leistungen nach § 19 Abs. 1 Nr. 2 EStG als Einkünfte aus nichtselbstständiger Arbeit zu versteuern und es ist dem Versicherer eine Lohnsteuerkarte vorzulegen.

8.5.4 Bilanz

Im Falle der Liquidationsversicherung findet eine echte Schuldübernahme mit rechtlicher Enthaftung des Arbeitgebers statt, sodass sowohl in Steuer- und Handelsbilanz eine gewinnerhöhende Auflösung der Pensionsrückstellungen erfolgt. Dem steht als Betriebsausgabe der (einmalige) Prämienaufwand an den Versicherer gegenüber.

Nach IFRS bzw. US-GAAP gelten die Aussagen unter 8.3.4 entsprechend. Bei einer Liquidation erledigt sich das Problem des Defined Contribution Plans für den Future Service von selbst.

Fazit

- Die Liquidationsversicherung eignet sich nur im Falle der Unternehmensliquidation als Gestaltungsmöglichkeit des Outsourcing im engeren Sinne. Gesellschafter-Geschäftsführer können so z. B. bei Aufgabe der GmbH ihre Pensionszusage steuerneutral fortführen.
- Sie führt zu einer rechtlichen Enthaftung des Arbeitgebers, und erlaubt eine weitgehend gewinnneutrale Auflösung der Pensionsrückstellungen in der Steuer- und Handelsbilanz.

8.6 CTA

8.6.1 Grundsätzliches

Unter einem CTA (Contractual Trust Arrangement) wird eine Treuhandkonstruktion verstanden, die sowohl die Insolvenzsicherung von Pensionsverpflichtungen[6] als auch die Schaffung von Planvermögen im Sinne von IAS 19/ US-GAAP bezweckt. Trotz der Schaffung von Planvermögen ist weiterhin die Pflicht zur Insolvenzsicherung unverfallbarer Anwartschaften sowie laufender Leistungen über den Pensions-Sicherungs-Verein aG nach §§ 7ff. BetrAVG gegeben.

In der Fallgestaltung der doppelseitigen Treuhand sieht die Ausgestaltung folgendermaßen aus: Das Unternehmen (Treugeber) überträgt Vermögensgegenstände auf den Treuhänder (meist ein eingetragener Verein), der verpflichtet ist, dieses für das Unternehmen zu verwalten und möglichst zu mehren (Verwaltungstreuhand). Erbringt das Unternehmen Versorgungsleistungen, erstattet der Treuhänder diese aus dem Treuhandvermögen. Des Weiteren wird eine Sicherungstreuhand zwischen Treugeber und Treuhänder dergestalt begründet, dass dieser im Sicherungsfall (z. B. Zahlungsunfähigkeit des Treugebers) den Versorgungsberechtigten Zahlungen aus dem Treugut zu leisten verpflichtet ist. Die Versorgungsberechtigten haben im Fall der Insolvenz des Arbeitgebers einen direkten Anspruch gegen den Treuhänder aufgrund eines Vertrages zugunsten Dritter, ohne dass sie zur Mitwirkung verpflichtet sind. Das Vermögen darf nur für die betriebliche Altersversorgung verwendet werden.

---

[6] Das BAG hat mit Urteil v. 18.7.2013 – 6 AZR 47/12, DB 2013, 2395 die Insolvenzfestigkeit eines CTAs mit doppelseitiger Treuhand bestätigt. Die Sicherungstreuhand begründet in der Insolvenz ein Absonderungsrecht.

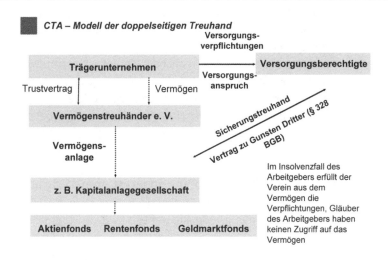

Abb. 25: CTA – Modell der doppelseitigen Treuhand

8.6.2 Arbeitsrecht

Arbeitsrechtliche Konsequenzen gibt es fast keine. Der Arbeitnehmer hat weiterhin einen direkten Anspruch gegen den Arbeitgeber und — außer in der Insolvenz — keinen Anspruch gegen den Treuhänder. Das Vermögen kann zum Insolvenzschutz insbesondere für die nicht vom PSVaG abgedeckten Pensionszusagen verwendet werden. Damit kann die Qualität der Zusagen — insbesondere beim Top Management — erhöht werden.

8.6.3 Steuerrecht

Hier gibt es bei entsprechender Ausgestaltung keine Konsequenzen. Auf der Passivseite steht weiterhin die gemäß § 6a EStG gebildete Rückstellung und auf der Aktivseite das Vermögen des Treuhänders; der Arbeitgeber bleibt wirtschaftlicher Eigentümer. Voraussetzungen für den Ausweis des Treuguts beim Treugeber ist gemäß BMF-Schreiben vom 23.5.2008 allerdings, dass

- der Treuhänder die überlassenen Barmittel oder anderen Vermögenswerte nach vom Treugeber aufgestellten Richtlinien anzulegen und zu verwalten hat,
- das eigene Vermögen des Treuhänders und das Treuhandvermögen getrennt verwaltet werden und eine Identifizierung der vom Treugeber überlassenen Vermögenswerte jederzeit gewährleistet ist,
- Geschäfte mit dem Treugut im Namen des Treuhänders, aber nur für Rechnung des Treugebers getätigt werden,
- der Treugeber die Herausgabe des endgültig nicht mehr benötigten Treuhandvermögens verlangen kann,
- den Treugeber die wirtschaftlichen Entwicklungen der Vermögensanlage einschließlich des Risikos einer Wertminderung sowie der nicht zweckgerichteten Verwendung endgültig treffen.

Mit dem Jahressteuergesetz 2007 wurde die lohn- bzw. einkommensteuerliche Begleitung von CTA-Modellen im Rahmen des neu gefassten § 3 Nr. 65 EStG umgesetzt. Zu einem steuerlichen Zufluss beim Arbeitnehmer kommt es demnach selbst bei Insolvenz des Arbeitgebers erst bei Auszahlung.

8.6.4 Bilanz

Nach § 246 Abs. 2 HGB können Schulden mit Vermögensgegenständen des Unternehmens verrechnet (saldiert) werden, wenn diese ausschließlich der Erfüllung der Schulden dienen und dem Zugriff des Unternehmens und aller übrigen Gläubiger entzogen sind. Bei dieser Verrechnung werden die Vermögensgegenstände nicht mit ihrem handelsbilanziellen Wert, sondern mit ihrem beizulegenden Zeitwert angesetzt und die Schulden mit ihrem abgezinsten wahrscheinlichen Erfüllungsbetrag, also in der Regel nicht ergebnisneutral. Dies bedeutet, dass (künftig) auch in ein CTA eingebrachte Vermögensgegenstände in der HGB-Bilanz zu einer Bilanzverkürzung führen; kurz gesagt: CTA's werden jetzt auch nach HGB anerkannt. Die Bewertung der Pensionsverpflichtungen wird sich dabei stärker an den „realistischeren" Wert nach IFRS angleichen. Steuerbilanziell wird es beim Bruttoausweis und auch beim Teilwert nach § 6a EStG sowie dem handelsbilanziellen Wert der Vermögensgegenstände bleiben.

Unter IFRS dagegen wird das Vermögen von der Pensionsverpflichtung abgesetzt (Nettoausweis), und die Erträge des Vermögens mindern künftig die Zinskosten der Rückstellung (expected return on assets). Weiter kann es zu Auswirkungen in der GuV kommen, falls Vermögensgegenstände eingebracht werden, die zuvor nicht erfolgswirksam zum fair value bewertet waren.

> **Fazit**
> - Zusammenfassend kann zu einem CTA Folgendes festgestellt werden: Ein CTA bewirkt die Verkürzung von Bilanz und Gewinn- und Verlustrechnung unter IFRS und (nach dem BilMoG) auch unter HGB und führt so zu verbesserten Bilanzkennzahlen.
> - Ein CTA bewirkt die Verbesserung des Insolvenzschutzes, insbesondere für Vorstände und leitende Angestellte.

8.7 Schuldbeitritt

8.7.1 Grundsätzliches

Insbesondere im Zusammenhang mit Käufen und Verkäufen von Unternehmen findet man in der Praxis Fälle, in denen ein anderes Unternehmen (oft der Verkäufer der arbeitgebenden Gesellschaft) den Pensionsverpflichtungen des rechtlich verpflichteten Unternehmens als weiterer Schuldner beitritt und diese im Innenverhältnis übernimmt. Weil die Begünstigten durch einen neuen Schuldner nur einen rechtlichen Vorteil erlangen und auch keinen steuerlichen Nachteil erleiden, ist deren Zustimmung nicht erforderlich. Allerdings wird der alte Schuldner auch nicht von den Verpflichtungen frei und kann sich nur gegenüber dem Schuldbeitretenden auf den Beitritt berufen. Üblicherweise übernimmt der Schuldbeitretende auch die Zahlung (Erfüllung) der Verpflichtungen. Nachdem die Pensionäre aber bei Nichtzahlung ihre Ansprüche mühelos gegenüber dem ursprünglichen Schuldner durchsetzen können, steht und fällt dieses Modell mit der langfristigen Bonität des Schuldbeitretenden.

Der PSVaG ignoriert Schuldbeitritte, die Beiträge müssen also ggf. über Jahrzehnte weiter vom alten Arbeitgeber gezahlt werden (bzw. können von dem beitretenden Unternehmen im Innenverhältnis getragen werden).

8.7.2 Arbeitsrecht

Durch einen Schuldbeitritt verbessert sich die Situation der Begünstigten, diese bekommen einen weiteren Schuldner, der bisherige Schuldner bleibt weiterhin verpflichtet.

8.7.3 Steuerrecht

Auf Seite der Arbeitnehmer bzw. der Versorgungsberechtigten bewirkt ein Schuldbeitritt steuerlich keine Änderungen.

8.7.4 Bilanz

Handelsrechtlich (HGB) ist nach Auffassung des Instituts der Wirtschaftsprüfer beim Erstverpflichteten eine Auflösung der Rückstellung zulässig, wenn die bestehende Pensionsverpflichtung vollständig vom Beitretenden erfüllt und den Versorgungsberechtigten offengelegt wird. Dies ist im Übrigen nicht der Fall, wenn der Beitritt mit dem Teilwert „bezahlt" wurde und künftige Dynamisierungen noch nachträglich zu vergüten sind. Bei solchen „unvollständigen" Freistellungen ist die Differenzverpflichtung (hier: die Dynamisierungen) weiter zu passivieren. Der Beitretende hat nur die Verpflichtung zu passivieren, die er zum Bilanzstichtag hat (hier im Beispiel: die statische Pensionsverpflichtung).

Wie der BFH entschieden hat[7], gilt das (abweichend von der bis dahin geltenden Rechtsauffassung der Finanzverwaltung) auch in der Steuerbilanz. Der Gesetzgeber hat mit neuen Regelungen in § 4f und § 5 Abs. 7 EStG reagiert.

---

[7] BFH, Urteil vom 26.4.2012 – IV R 43/09.

8 Schuldbeitritt

Danach wird zwar die Sichtweise des BFH grundsätzlich akzeptiert, so dass jedes der beiden Unternehmen den Teil der Verpflichtung passiviert, für den es nach der Vereinbarung im Innenverhältnis einstehen muss. Allerdings darf das schuldbeitretende Unternehmen eine Rückstellung nur in der Höhe bilden, in der sie auch beim arbeitgebenden Unternehmen zulässig gewesen wäre. Eine Bewertung zu Anschaffungskosten scheidet damit aus. Zusätzlich darf das arbeitgebende Unternehmen das Entgelt, soweit es die aufzulösende Rückstellung übersteigt, nur auf 15 Jahre verteilt als Betriebsausgaben abziehen. Korrespondierend dazu darf das schuldbeitretende Unternehmen den Betrag, der die zu bildende Rückstellung übersteigt, ebenfalls auf 15 Jahre verteilen.

Unter IFRS liegt beim abgebenden Unternehmen trotz der Haftung im Konkursfall wirtschaftlich ein *settlement* vor, wenn der Übernehmer **sämtliche Risiken** (hinsichtlich der übernommenen Vermögenswerte sowie Invalidität, Tod usw.) übernimmt und die ggf. noch weiter zu zahlenden Prämien des abgebenden Arbeitgebers vom weiteren Risikoverlauf beim Übernehmer unabhängig sind. Hängen hingegen die Prämien vom weiteren Risikoverlauf ab, liegt kein *settlement* vor. Überträgt der Übernehmer die übernommenen Vermögenswerte (und Prämien) in eine externe Versorgungseinrichtung oder nutzt er eine Treuhandlösung, dann liegt aus Sicht des abgebenden Unternehmens ein *funded plan* mit *plan assets* vor. Hält der Übernehmer die übernommenen Vermögenswerte (und Prämien) im operativen Bereich seines Unternehmens, dann liegen aus Sicht des abgebenden Unternehmens keine *plan assets* vor, sondern lediglich sogenannte *reimbursement rights*. Die Konsequenz ist, dass dann keine Kürzung der Bilanz möglich ist.

> **Fazit**
> - Ein Schuldbeitritt eignet sich nur im weitesten Sinne als Gestaltungsmöglichkeit des Outsourcing und dient vor allem der kurzfristigen Realisation von Unternehmenstransaktionen.
> - Handelsbilanziell bzw. unter IFRS/US-GAAP lässt sich eine Bilanzverkürzung (Outsourcing im engeren Sinne) erreichen.

8.8 Rentnergesellschaft

8.8.1 Grundsätzliches

Seit Inkrafttreten des Umwandlungsgesetzes (am 1.1.1995) können die Rentner und unverfallbar Ausgeschiedenen ohne Zustimmung auf eine andere Gesellschaft (üblicherweise eine neue GmbH) übertragen werden. Die Verpflichtungen gegenüber aktiven Arbeitnehmern können wegen § 613a BGB nicht übertragen werden (d. h. es kann nur Arbeitsverhältnis und Pensionsverpflichtung zusammen, aber nicht nur die Pensionsverpflichtung separat übertragen werden). Weiter sind die Nachhaftungsbestimmungen des Umwandlungsrechts für das Unternehmen zu beachten (§ 133 Abs. 3 UmwG: 5 Jahre, für vor der Spaltung begründete Versorgungsverpflichtungen beträgt die Nachhaftungsfrist jedoch 10 Jahre). Diese sogenannte Rentner-GmbH kann dann von einem anderen Unternehmen/Versicherung gekauft werden und die Verpflichtung ist für das Mutterunternehmen/Konzern nicht mehr vorhanden.

8.8.2 Arbeitsrecht

Wichtig ist, dass das Mutterunternehmen für einen Zeitraum von 10 Jahren nach der Übertragung der Pensionsverpflichtungen in die Rentner-GmbH in der Haftung bleibt. Diese betrifft dann die Gesamtverpflichtung und nicht nur die Zahlungen innerhalb dieser 10 Jahre. Die Berechtigten haben nach Ablauf dieser 10 Jahre lediglich einen Anspruch gegen die Rentner-GmbH.

8.8.3 Dotierung der Rentnergesellschaft

Das BAG hat 2008 die Anforderungen normiert, die an eine angemessene Dotierung von Rentnergesellschaften zu stellen sind.[8] Eine unzureichende Dotierung führt danach zwar nicht zur Unwirksamkeit der Übertragung, aber zu Schadensersatzansprüchen des Arbeitgebers.

---

[8] BAG, Urteil v. 11.3.2008 – 3 AZR 358/06, DB 2008, 2369.

Folgende Dotierungsmaßstäbe sind hiernach im Interesse einer dauernden Erfüllbarkeit der Versorgungsverpflichtungen durch die Rentnergesellschaft anzulegen:

- Die Versorgungsverpflichtungen sind mit den Sterbetabellen der Versicherungswirtschaft zu bewerten.
- Bei der Abzinsung der wahrscheinlichen künftigen Rentenzahlungen soll ein Zins von 3 % verwendet werden.
- Künftige potenzielle Rentenanpassungen gemäß § 16 Abs. 1 und 2 BetrAVG sind auf Basis des durchschnittlichen Kaufkraftschwunds der letzten 20 Kalenderjahre vor der Umwandlung zu berücksichtigen.

8.8.4 Steuerrecht

Die Gründung einer Rentner-GmbH im Konzern ist dann aus der Konzernsicht steuerneutral, falls für die Verpflichtungen der Teilwert/Barwert gemäß § 6a EStG übertragen wird. Oft wird (und muss) die Rentner-GmbH allerdings mit höherem Vermögen ausgestattet (werden). Abgesehen davon, dass das BAG dies (z. B. auch wegen künftiger Rentenanpassungen) fordert, liegt der Grund hierfür auch darin, die Chance auf einen Verkauf zu erhöhen. Die Frage ist dann, mit welchem Wert die Pensionsrückstellung in der Steuerbilanz weiterzuführen ist. Dies ist dann mit den Finanzbehörden abzustimmen.

8.8.5 Bilanz

In dem Mutterunternehmen wird die für die an die Rentner-GmbH übergehenden Verpflichtungen gebildete Rückstellung in der Handelsbilanz aufgelöst. Für diese Verpflichtungen werden die bisherigen Wertansätze in der Rentnergesellschaft fortgeführt. Ist das Umwandlungssteuergesetz anwendbar, so ist steuerlich ein Teilwert nach § 6a EStG zu bilanzieren (§ 15 Abs. 1 Satz 1 UmwStG i. V. m. § 12 Abs. 1 UmwStG und § 11 Abs. 1 Satz 2 UmwStG). Bei der Gründung einer Rentnergesellschaft gilt das häufig jedoch nicht, weil kein Betrieb oder Teilbetrieb übertragen wird. In diesem Fall ist der Übergang der Pensionsverpflichtungen als Erwerbsvorgang zu sehen, für den die beim Schuldbeitritt dargestellten Folgen genauso gelten. Für die Rückstellungsbildung bedeutet das zwar ebenfalls eine Anwendung von § 6a EStG. Zusätzlich sind aber die Verteilungsregelungen nach § 4f und § 5 Abs. 7 EStG zu beachten.

In der IFRS-Bilanz wird der übertragene Vermögenswert bei der Muttergesellschaft von der Rückstellung abgebucht. Wird dieser Wert auch als Rückstellung für die Rentner-GmbH verwendet, dann startet diese Firma eventuell in der Eröffnungsbilanz bereits mit Gewinnen/Verlusten.

Fazit

- Eine Rentner-GmbH empfiehlt sich, falls eine Gesellschaft des Konzerns verkauft werden soll und die Verpflichtungen aufgrund einer Pensionszusage gegenüber unverfallbar Ausgeschiedenen und Rentnern schuldbefreiend bei der zum Verkauf anstehenden Firma eliminiert werden sollen. Die Gestaltung ist rechtlich sicherer als ein Schuldbeitritt.
- Die Anforderungen des BAG an die Dotierung der Rentnergesellschaft führen allerdings zu einem hohen Liquiditätsabfluss und häufig wohl auch zu einer Überdotierung.
- Gesellschafter-Geschäftsführer können durch eine Rentnergesellschaft beim Verkauf der GmbH ihre Pensionszusage steuerneutral mit „ihrer" neuen Rentner-GmbH fortführen.
- Handelsbilanziell bzw. unter IFRS/US-GAAP lässt sich erst beim Verkauf der Rentner-GmbH eine Bilanzverkürzung (Outsourcing im engeren Sinne) erreichen.

8.9 Abspaltung der Verpflichtungen auf eine Rentnergesellschaft und anschließende Liquidation der Gesellschaft mit Übertragung der Verpflichtungen auf eine Liquidationsversicherung (§ 4 Abs. 4 BetrAVG)

Das hier vorgestellte Konzept ist eine Kombination aus Kapitel „Übertragung nach § 4 Abs. 4 BetrAVG — Liquidationsversicherung" und Kapitel „Rentnergesellschaft". Deshalb wird auf arbeits- und steuerrechtliche Fragen sowie auf die Bilanzierung nicht mehr eingegangen, da diese ausführlich in den beschriebenen Kapiteln erläutert sind.

8 Abspaltung der Verpflichtungen auf eine Rentnergesellschaft

Wenn ein Unternehmen sich von einem Teil der Pensionsverpflichtungen schuldbefreiend trennen will, z. B. im Rahmen eines M&A Deals oder aus anderen Gründen, können nach dem Umwandlungsgesetz die Verpflichtungen gegenüber Rentnern und mit unverfallbarer Anwartschaft ausgeschiedenen Berechtigten auf eine Gesellschaft abgespalten werden, die lediglich zu diesem Zweck gegründet wurde. Eine Übernahme der Pensionsverpflichtungen von aktiven Mitarbeitern kann in diesem Rahmen nicht erfolgen, da nach § 613a BGB neben der Pensionsverpflichtung auch das Arbeitsverhältnis auf die neu gegründete Gesellschaft übergehen würde und dann eine Liquidation der (Rentner-)Gesellschaft nicht mehr umsetzbar wäre.

Die gegenüber unverfallbar Ausgeschiedenen und Leistungsempfängern verpflichtete Gesellschaft kann anschließend liquidiert werden. Die Pensionsverpflichtungen werden dann in diesem Zusammenhang nach § 4 Abs. 4 BetrAVG auf eine Liquidationsversicherung übertragen. Beide Schritte können ohne Zustimmung der Berechtigten stattfinden, vorausgesetzt, die Verpflichtungen können eins zu eins von der Versicherung übernommen werden.

Es ist sorgfältig darauf zu achten, dass der Versicherungsumfang dem Pensionsversprechen entspricht. An die Stelle der Rentenanpassungen nach § 16 Abs. 1 BetrAVG treten die von der Versicherung jährlich erwirtschafteten Überschüsse, die zur Erhöhung der laufenden Leistungen verwendet werden. Garantierte Rentenanpassungen müssen, je nach Gestaltung, zusätzlich versichert werden.

Bei einer Spaltung nach dem Umwandlungsgesetz besteht eine gesetzliche Nachhaftung der beteiligten Rechtsträger von 10 Jahren. Wird die Rentnergesellschaft jedoch nach Übernahme der Verpflichtungen durch eine Liquidationsversicherung liquidiert, läuft die Nachhaftung faktisch ins Leere.

Die an eine Liquidationsversicherung zu entrichtende Einmalprämie übersteigt i. d. R. deutlich den in der internationalen Bilanz ausgewiesenen Verpflichtungsumfang. Dadurch sind der Rentnergesellschaft im Rahmen der Spaltung genügend liquide Mittel mitzugeben, um die Liquidationsversicherung im Anschluss bedienen zu können.

> **Fazit**
>
> - Der Vorteil dieser Kombination von Spaltung und Liquidationsversicherung ist die zeitnahe vollständige Enthaftung des Arbeitgebers von Pensionsverpflichtungen gegenüber ausgeschiedenen Anwärtern und Rentnern.
> - Zudem läuft die 10-jährige Nachhaftungspflicht durch die Übertragung der Verpflichtungen auf eine Liquidationsversicherung faktisch ins Leere. Voraussetzung ist, dass die Rentnergesellschaft aber tatsächlich anschließend liquidiert wird.

8.10 Abfindungen

8.10.1 Grundsätzliches

Bekommt ein Versorgungsberechtigter anstelle seiner zugesagten Altersversorgung eine einmalige Abfindungssumme ausbezahlt, ist die Pensionsverpflichtung erfüllt. Damit sind Abfindungen der (theoretisch) einfachste Weg, um eine Pensionsverpflichtung endgültig zu beseitigen. Allerdings muss der Versorgungsberechtigte der Abfindung i. d. R. zustimmen (sofern es sich nicht nur um eine monatliche Rente von nicht mehr als 1 % der monatlichen Bezugsgröße nach SGB IV[9] handelt); ferner darf die Abfindung nicht gegen das Abfindungsverbot gem. § 3 BetrAVG verstoßen.

Abfindungsbetrag ist gem. § 3 Abs. 5 i. V. m. § 4 Abs. 5 BetrAVG mindestens der Barwert der Anwartschaft bzw. laufenden Leistung; dabei ist man in der Vergangenheit bei Rentnern und unverfallbar Ausgeschiedenen von der Soll-Pensionsrückstellung nach HGB/EStG ausgegangen, bei Aktiven von einer ähnlichen Größenordnung. Aufgrund des Urteils vom 11.3.2008[10] zur Dotierung von Rentnergesellschaften, wo das BAG neue Gedanken zur Berechnung des Kapitalwerts künftiger Versorgungsleistungen entwickelt hat, erscheint es jedenfalls möglich, dass die bisherige Berechnungsweise in Zukunft nicht mehr als ausreichend angesehen wird.

---

[9] Siehe Anlage 1 (SV-Rechengrößen 2012).
[10] BAG, Urteil v. 11.3.2008 – 3 AZR 358/06, DB 2008, 2369.

Ferner wird aufgrund des Urteils des EuGH zur Anwendung von Unisex-Tarifen bei Versicherungsverträgen[11] ab dem 21.12.2012 bei der Ermittlung des Abfindungsbetrages die Anwendung von geschlechtsspezifischen Rechengrößen nicht mehr zulässig sein.

Um die erforderliche Zustimmung zu erlangen, ist es teilweise ohnehin erforderlich, mehr zu zahlen (z. B. mit Einrechnung zukünftiger Rentenanpassungen, Berücksichtigung eines geringeren Rechnungszinses). Andererseits werden zukünftige PSV-Beiträge und eventuelle Anpassungen nach § 16 BetrAVG eingespart. Typischerweise stimmen überproportional viele Kleinrentner zu, was natürlich administrativ günstig ist.

8.10.2 Arbeitsrecht

Gemäß § 3 BetrAVG dürfen seit 1.1.2005 praktisch nur noch Altrentner (Rentenbeginn vor 1.1.2005) und Aktive mit deren Zustimmung abgefunden werden. Neurentner (Rentenbeginn ab 1.1.2005) und gesetzlich unverfallbar Ausgeschiedene dürfen nur abgefunden werden, wenn deren Rente nicht höher ist als 1 % der monatlichen Bezugsgröße nach SGB IV[12]. Eine Zustimmung ist in diesem Fall nicht nötig. Ein Verstoß gegen das Abfindungsverbot gem. § 3 BetrAVG hätte zur Folge, dass der Versorgungsberechtigte Rente und Abfindung beanspruchen könnte.

8.10.3 Steuerrecht

Abfindungen führen zum sofortigen Anfall von Lohnsteuer. Gemäß § 34 EStG ist eine (leichte) Milderung der Steuerzahlung durch eine fiktive Verteilung der Zahlung auf 5 Jahre möglich. Das „Mitgeben" von bestehenden Rückdeckungsversicherungen ist arbeits- und steuerrechtlich i. d. R. eine Abfindung, der Arbeitnehmer muss den Betrag ebenso wie eine Barabfindung versteuern (Ausnahme nur bei Liquidation des Unternehmens).

---

[11] EuGH, Urteil v. 1.3.2011 – C-236/09, DB 2011, 907.
[12] Siehe Anlage 1 (SV-Rechengrößen 2012).

Beim Unternehmen sind gebildete Pensionsrückstellungen steuerwirksam aufzulösen. Die als Abfindung gezahlten Beträge stellen Betriebsausgaben dar, sodass handels- und steuerbilanziell Ergebnisneutralität erzielt werden kann, wenn keine Sondervereinbarungen getroffen werden (z. B. geringerer Rechnungszins).

8.10.4 Bilanz

Für die deutsche Handelsbilanz gilt das unter 8.10.3 Gesagte analog. Es sollte jedoch noch erwähnt werden, dass es zu einer negativen Selektion kommen kann, weil häufig schwerkranke Rentner die Abfindung eher annehmen und langlebige Rentner — dies sind oft solche mit höheren Renten — tendenziell öfter ihre Rente behalten. Die nach den allgemeinen Sterbetafeln kalkulierten Rückstellungen für das verbleibende Versorgungskollektiv sind damit oft unterbewertet.

Nach IAS 19 ist eine Abfindung ein *Settlement*, eine Vertragserfüllung. Die bestehenden ungetilgten versicherungsmathematischen Gewinne (Überdeckungen) und Verluste (Unterdeckungen) sind zu realisieren. Bei Teilabfindungen müssen die gesamten Gewinne/Verluste anteilig berücksichtigt werden. In der Praxis wird man jedoch ein volles „settlement accounting" nur durchführen, wenn die abgefundenen Verpflichtungen im Vergleich zu den gesamten Pensionsverpflichtungen wesentlichen Umfang haben.

Unter Umständen sind z. B. aufgrund eines abweichenden Rechnungszinses und sonstiger Annahmen zu Trends die Abfindungszahlungen niedriger als die DBO gemäß IAS 19. Es entstehen dann in diesen Fällen mit der Abfindung versicherungsmathematische Gewinne, die wie die bereits aufgelaufenen Gewinne oder Verluste im Jahr der Abfindung zu realisieren sind (aber wie gesagt nur, wenn volles „settlement accounting" angewendet wird, weil es sich um wesentliche Beträge handelt).

Das „Mitgeben" von bestehenden Rückdeckungsversicherungen wird auch bilanziell wie eine Abfindung behandelt. Statt Geld wird dem Begünstigten eben eine Versicherung übertragen, deren Aktivwert wie auch die Pensionsrückstellung auszubuchen sind. Allerdings ergeben sich hier gerade bei kongruenter Rückdeckung nach HGB/EStG regelmäßig Bewertungsdifferenzen, weil der BFH keine Bewertungseinheit zulässt. Üblicherweise sind die Aktivwerte am Anfang kleiner als die Pensionsrückstellung und nach einigen Jahren größer, sodass es beim „Mitgeben" einer alten Versicherung meist zu Buchverlusten kommt. Nach IAS 19 kann dagegen ein „Mitgeben" erfolgsneutral sein.

Fazit

- Abfindungen sind einfach und endgültig. Bei einzelnen Versorgungsberechtigten wie z. B. bei Gesellschafter-Geschäftsführern ist eine Abfindung ein gutes, aber steuerlich suboptimales Instrument.
- Die Möglichkeit der Abfindung wird bei größeren Personenbeständen durch das Abfindungsverbot des § 3 BetrAVG und die ggf. notwendige Zustimmung der Versorgungsberechtigten stark eingeschränkt.
- Sofern es für ein Unternehmen von Vorteil ist (z. B. im Hinblick auf Verwaltungsaufwand), dass zukünftig weniger Pensionsverpflichtungen bestehen, ist die Abfindung eine geeignete und u. U. kostengünstige Möglichkeit. Es wird allerdings so gut wie nie der Fall eintreten, dass alle Pensionsverpflichtungen durch Abfindung beseitigt werden können.

9 Bilanzierung von Personalverpflichtungen nach Steuer- und Handelsrecht

Matthias Lieb, Thomas Hagemann

9.1 Rückstellungen für Übergangsbezüge

9.1.1 Handelsbilanz

Übergangszahlungen sind Leistungen des Arbeitgebers, die unabhängig von ihrer in der Praxis uneinheitlichen Bezeichnung (Überbrückungsgelder, Übergangsgelder, Gnadengehälter, Sterbegelder, etc.) zeitlich befristet an den Arbeitnehmer *nach* seinem Eintritt in den Ruhestand oder nach seinem Tode an seine Hinterbliebenen gewährt werden. Bei den Verpflichtungen zur Zahlung von Überbrückungsgeldern ist die Vorschrift des § 249 Abs. 1 Satz 1 HGB und bei entsprechenden Altzusagen ist Art. 28 Abs. 1 Satz 1 EGHGB anzuwenden.[1]

9.1.2 Steuerbilanz

Die steuerrechtliche Behandlung der Übergangsbezüge entspricht der bei unmittelbaren Pensionszusagen nach § 6a EStG[2]: Es besteht eine Passivierungspflicht bei Neuzusagen (Erteilung der Zusage seit 1.1.1987) sowie ein Passivierungswahlrecht bei Altzusagen.

Laut Schreiben des Finanzministeriums Baden-Württemberg vom 22.4.1986[3] wurde die Frage der Rückstellungsfähigkeit von Überbrückungsgeldern von

---

[1] BMF-Schreiben v. 13.3.1987 – IV B 1 – S 2176 – 12/87, DB 1987, 716.
[2] BMF-Schreiben v. 13.3.1987 – IV B 1 – S 2176 – 12/87, DB 1987, 716.
[3] BetrAV 1986, 162.

den Steuerabteilungsleitern und den Einkommensteuer-Referenten der obersten Finanzbehörden des Bundes und der Länder abschließend erörtert. Nach dem Ergebnis der Erörterung stellen rechtsverbindlich zugesagte Überbrückungsgelder im Falle des Ausscheidens eines Arbeitnehmers aus dem Betrieb wegen Erreichen der Altersgrenze, Invalidität oder Tod selbstständige Pensionsverpflichtungen im Sinne des § 6a EStG dar, für die eine Rückstellung nach dieser Vorschrift gebildet werden kann. Dies gilt unabhängig davon, ob sich an das Überbrückungsgeld Pensionsleistungen nach § 6a EStG, Leistungen aus einer anderen betrieblichen Altersversorgung (§§ 4b-4d EStG) oder der gesetzlichen Rentenversicherung anschließen bzw. nicht anschließen.

Übergangsgelder, die gezahlt werden, um den Einkommensverlust des vorzeitig ausgeschiedenen Arbeitnehmers *bis* zum Eintritt in den Ruhestand auszugleichen, stellen nach Auffassung der Finanzverwaltung dagegen keine Leistungen der betrieblichen Altersversorgung dar. Für sie ist eine allgemeine Rückstellung zu bilden.[4]

9.1.3 Behandlung von Übergangsbezügen als betriebliche Altersversorgung und Rechtsfolgen

Nach der Rechtsprechung des BAG sind Übergangszahlungen Leistungen der betrieblichen Altersversorgung, wenn die Zahlung durch ein biometrisches Ereignis ausgelöst wird.[5] In der Praxis sind Übergangszahlungen (z. B. Sterbegelder oder Zahlungen nach Eintritt in den Ruhestand zur zeitweisen Ausgleichung der Differenz zwischen bisherigem Gehalt und Ruhegeld) vielfach nicht als betriebliche Altersversorgung angesehen worden. Aus der Rechtsprechung des BAG ergeben sich weitreichende Folgen in Bezug auf die Aufrechterhaltung der Anwartschaft auf Übergangszahlungen bei vorzeitigem Ausscheiden, Erstellung von Unverfallbarkeitsbescheinigungen, Beiträgen zum PSVaG und der Bildung von Pensionsrückstellungen[6].

---

[4] BMF-Schreiben v. 29.1.2006 – IV C 5 – S 2333 – 2/06, DB 2006, 641.
[5] BAG, Urteil v. 18.3.2003 – 3 AZR 315/02, DB 2004, 1624.
[6] Zur Abgrenzung bzgl. der PSVaG-Beitragspflicht s. Merkblatt 300/M 4 des PSVaG.

9.2 Rückstellungen für Altersteilzeitverpflichtungen

9.2.1 Einleitung

Seit der Neufassung des Altersteilzeitgesetzes (AltTZG)[7] im Jahr 1996 war zunächst umstritten, wie die Verpflichtungen aus Altersteilzeitarbeitsverhältnissen zu bilanzieren sind. Die Finanzverwaltung nahm mit ihrem BMF-Schreiben vom 11.11.1999[8] eine völlig andere Sichtweise ein als das Institut der Wirtschaftsprüfer (IDW) in seiner Stellungnahme vom 18.11.1998[9]. Die Beträge der entsprechend berechneten Rückstellungen für Steuer- und Handelsbilanz lagen weit auseinander.

Mit Urteil vom 30.11.2005[10] nahm der BFH eine mittlere Position zwischen den beiden „Extrem-Auffassungen" des BMF und des IDW ein und bestätigte damit die Rechtsprechung des FG Hessen.[11] Mit BMF-Schreiben vom 28.3.2007[12] und 11.3.2008[13] setzte die Finanzverwaltung die Vorgaben des BFH-Urteils um. Für die Bewertung nach US-GAAP gilt die EITF-Stellungnahme vom 15./16.6.2005.

Mit der Neuregelung von IAS 19 und der dort erfolgten Neudefinition von „termination benefits" im Jahr 2011 stellte sich erneut die Frage nach der „richtigen" Bilanzierung von Altersteilzeitverpflichtungen. Der IFRS-Fachausschuss des Deutschen Rechnungslegungs Standards Committee e.V. (DRSC) hat nach längerer Diskussion am 11.12.2012 den Anwendungshinweis DRSC AH 1 (IFRS),

---

[7] Artikel 1 des Gesetzes zur Förderung eines gleitenden Übergangs in den Ruhestand vom 23.7.1996 (BGBl. I 1996, S. 1078) i. V. m. dem Zweiten Gesetz zur Fortentwicklung der Altersteilzeit vom 27.6.2000 (BGBl. I 2000, S. 910) und der Änderung durch Art. 95 des Dritten Gesetzes für moderne Dienstleistungen am Arbeitsmarkt vom 23.12.2003 (BGBl. I 2003, S. 2848) und durch Art. 14 des Gesetzes vom 23.7.2004 (BGBl. I 2004, S. 1842).

[8] BStBl. I 1999, S. 959.

[9] WPg 1998, 1063.

[10] BFH, Urteil v. 30.11.2005 – I R 110/04, BStBl. II 2007, S. 251 (erstmals veröffentlicht am 22.2.2006).

[11] FG Hessen, Urteil v. 23.9.2004 – 4 K 1120/02, EFG 2005, 392.

[12] BMF-Schreiben v. 28.3.2007 – IV B 2 – S 2175/07/0002, BStBl. I 2007, S. 297.

[13] BMF-Schreiben v. 11.3.2008 – IV B 2 – S 2175/07/0002, BStBl. I 2008, S. 496.

„Einzelfragen zur Bilanzierung von Altersteilzeitverhältnissen nach IFRS", veröffentlicht[14]. Die entsprechende IDW-Stellungnahme wurde mit Datum vom 19.06.2013 ebenfalls überarbeitet: „Handelsrechtliche Bilanzierung von Verpflichtungen aus Altersteilzeitregelungen" (IDW HFA 3 n. F.)[15].

9.2.2 Altersteilzeitregelungen

Das AltTZG schafft den Rahmen für ältere Arbeitnehmer (die das 55. Lebensjahr vollendet haben), einen gleitenden Übergang vom Erwerbsleben in den Ruhestand zu vereinbaren, vgl. § 1 AltTZG. Der Einführung von Altersteilzeit liegt eine arbeitsrechtliche Vereinbarung zwischen Arbeitnehmer und Arbeitgeber zugrunde, § 2 Abs. 1 Nr. 2 AltTZG.

Die Arbeitszeit muss auf die Hälfte der bisherigen wöchentlichen Arbeitszeit vermindert werden, § 2 Abs. 1 Nr. 2 AltTZG. Die Altersteilzeit gibt es in zwei verschiedenen Modellen. Im kontinuierlichen Arbeitszeitmodell erfolgt über die gesamte Dauer der Altersteilzeit eine Herabsetzung der Arbeitszeit, z. B. durch Halbtagsbeschäftigung oder wöchentlichen/monatlichen oder saisonalen Wechsel zwischen Arbeit und Freizeit. Im sogenannten Blockmodell — das in der Praxis ganz überwiegend zum Einsatz kommt — werden grundsätzlich zwei gleich große Zeitblöcke gebildet (eine Arbeitsphase und eine sich hieran anschließende Freistellungsphase von entsprechender Dauer), z. B. eine 18-monatige Arbeitsphase, in welcher der Arbeitnehmer im Umfang der bisherigen Arbeitszeit (100 %) beschäftigt bleibt, gefolgt von einer 18-monatigen Freistellungsphase (0 %), in der er zwar noch Gehalt bezieht, aber von der Arbeit gänzlich freigestellt ist.

Während der Altersteilzeit erhalten die Arbeitnehmer das sogenannte „Regelarbeitsentgelt". Dieses umfasst das im jeweiligen Lohnabrechnungszeitraum für die Altersteilzeitarbeit regelmäßig zu zahlende sozialversicherungspflichtige Arbeitsentgelt, soweit es die monatliche Beitragsbemessungsgrenze nicht überschreitet, § 6 Abs. 1 S. 1 AltTZG. Es handelt sich somit grundsätzlich

---

[14] Abrufbar unter www.drsc.de
[15] Wpg Supplement 3/2013, S. 39.

Rückstellungen für Altersteilzeitverpflichtungen

um die Hälfte des ohne Altersteilzeitarbeit maßgeblichen laufenden Arbeitsentgelts (also des Vollzeitarbeitsentgelts).

Der Arbeitgeber hat das Regelarbeitsentgelt für die Altersteilzeitarbeit um mindestens 20 v. H. aufzustocken, § 3 Abs. 1 S. 1 Nr. 1 Buchst. a AltTZG. In Tarifverträgen und Betriebsvereinbarungen finden sich häufig Regelungen zur zusätzlichen Aufstockung auf gewisse Mindestprozentsätze des Vollzeit-Nettoeinkommens.[16] Neben der Entgeltaufstockung muss der Arbeitgeber für den Arbeitnehmer auch zusätzliche Beiträge zur gesetzlichen Rentenversicherung zahlen. Die Höhe der zusätzlichen Rentenversicherungsbeiträge errechnet sich aus 80 v. H. des Regelarbeitsentgelts; höchstens sind jedoch die Beiträge zu entrichten, die auf den Unterschiedsbetrag zwischen 90 v. H. der mtl. BBG und dem Regelarbeitsentgelt entfallen, höchstens jedoch bis zur BBG, § 3 Abs. 1 S. 1 Nr. 1 Buchst. b AltTZG.

BEISPIEL:

Vollzeitgehalt	6.000,00 EUR
Regelarbeitsentgelt (= 0,50 x 6.000 EUR)	3.000,00 EUR
Mindestaufstockung (= 0,20 x 3.000 EUR)	600,00 EUR
80 v. H. des Regelarbeitsentgelts (= 0,80 x 3.000 EUR)	2.400,00 EUR
90 v. H. der BBG (= 0,90 x 5.950 EUR)	5.355,00 EUR
Unterschiedsbetrag zum Regelarbeitsentgelt (= 5.355 EUR − 3.000 EUR)	2.355,00 EUR
Zusätzlicher Rentenversicherungs-Beitrag (= 0,189 x min(2.400 EUR, 2.355 EUR))	445,10 EUR

In diesem Beispiel beträgt also die gesetzliche Mindestaufstockung 600 EUR mtl. und der zusätzliche mtl. Beitrag zur gesetzlichen Rentenversicherung — den der Arbeitgeber alleine zu tragen hat — 445,10 EUR.

Die Aufstockungsbeträge zum Arbeitsentgelt für die Altersteilzeitarbeit und die zusätzlichen Beiträge zur Rentenversicherung sind steuerfrei und beitragsfrei, unterliegen jedoch dem Progressionsvorbehalt nach § 32b EStG.

---

[16] In der ursprünglichen Fassung des AltTZG war noch die Aufstockung auf einen Mindestnettobetrag vorgesehen (§ 3 Abs. 1 S. 1 Nr. 1 Buchst. a AltTZG a. F.).

Die Bundesagentur für Arbeit erstattete dem Arbeitgeber bis 2009 den o. g. gesetzlichen (Mindest-)Aufstockungsbetrag und die o. g. zusätzlichen Beiträge zur gesetzlichen Rentenversicherung, § 4 AltTZG. Voraussetzung für die Erstattungsleistungen ist, dass der Arbeitgeber den freigemachten Arbeitsplatz durch einen arbeitslos gemeldeten Arbeitnehmer oder einen Arbeitnehmer nach Abschluss der Ausbildung wiederbesetzt, § 5 AltTZG. Für Kleinunternehmen gelten Sonderregelungen. Die staatlichen Förderleistungen des Altersteilzeitgesetzes sind ab 1.1.2010 nur noch zu erbringen, wenn die Fördervoraussetzungen erstmals vor diesem Zeitpunkt vorgelegen haben.

Aufgrund des Wegfalls der Förderung durch die Bundesagentur für Arbeit für neue Altersteilzeitfälle ab 2010 waren die meisten Tarifverträge bzw. Betriebsvereinbarungen über Altersteilzeitarbeit bis Ende 2009 befristet. Für die Zeit ab 2010 wurden inzwischen in einigen Bereichen neue Tarifverträge abgeschlossen, die entweder keinen generellen Rechtsanspruch der Beschäftigten auf Altersteilzeit vorsehen[17] oder aber einen tarifvertraglichen Anspruch auf Altersteilzeit für einen bestimmten Personenkreis nur dann einräumen, wenn im Rahmen von tarifvertraglichen Gehaltsanpassungen ein gewisser Betrag für die Finanzierung der Altersteilzeit verwendet wird[18].

9.2.3 Rückstellung in der Handelsbilanz (Auffassung des IDW)

Gemäß der IDW-Stellungnahme zur Rechnungslegung: „Bilanzierung von Verpflichtungen aus Altersteilzeitregelungen nach IAS und nach handelsrechtlichen Vorschriften (IDW RS HFA 3 n. F)", die vom Hauptfachausschuss (HFA) des IDW am 19.06.2013 verabschiedet wurde, stellt sich die bilanzielle Beurteilung von Altersteilzeitregelungen — getrennt für die drei Komponenten Arbeitsentgelt, Aufstockungsbeträge und Erstattungsansprüche — folgendermaßen dar:

---

[17] Z. B. Chemie-Tarifvertrag „Lebensarbeitszeit und Demografie" v. 16.4.2008: Ab 1.1.2010 ist für jeden Mitarbeiter ein Demografie-Beitrag in Höhe von anfänglich 300 EUR p. a. vorgesehen, der je nach betriebsinterner Regelung auch zur Finanzierung von Altersteilzeit verwendet werden kann.

[18] Metall- und Elektroindustrie Baden-Württemberg, Tarifvertrag zum flexiblen Übergang in die Rente v. 3.9.2008 i. V. mit dem Tarifabschluss 2010.

Arbeitsentgelt

Bei einer Blockung der Arbeitszeit zu Beginn der Altersteilzeitphase sei für das erst in der tätigkeitslosen Zeit des Arbeitnehmers zu zahlende Arbeitsentgelt inkl. der Sozialversicherungsbeiträge des Arbeitgebers grundsätzlich eine Rückstellung für ungewisse Verbindlichkeiten (§ 249 Abs. 1 S. 1 HGB) zu bilden, die ratierlich über die Tätigkeitsphase innerhalb der Altersteilzeit angesammelt wird und mit dem finanzmathematisch ermittelten Barwert anzusetzen ist.

Aufstockungsbeträge

Für die vom Arbeitgeber zu übernehmenden Aufstockungsbeträge sei mit Entstehen der Verpflichtung eine Rückstellung für ungewisse Verbindlichkeiten (§ 249 Abs. 1 S. 1 HGB) zu bilden. Während die IDW-Stellungnahme vom 18.11.1998 die Bilanzierung mit dem Barwert forderte, hänge die Bilanzierung nach der neuen IDW-Stellungnahme von der Klassifizierung der Altersteilzeitvereinbarung entweder als Abfindung oder als Entlohnung ab.

Bei Vereinbarungen mit Abfindungscharakter sei der notwendige Erfüllungsbetrag wie bisher sofort in voller Höhe aufwandswirksam zu passivieren.

Bei Vereinbarungen mit Entlohnungscharakter sei die Rückstellung für die Aufstockungsbeträge der Arbeits- und Freistellungsphase ratierlich anzusammeln — i. d. R. vom Inkrafttreten der Altersteilzeitvereinbarung bis zum Ende der Arbeitsphase der Altersteilzeit. Soweit durch die Aufstockungsbeträge auch in der Vergangenheit geleistete Tätigkeiten entlohnt würden, müsse der auf die Vergangenheit entfallende Betrag bei der erstmaligen Rückstellungsbildung in voller Höhe passiviert werden.

Die Bewertung in der Handelsbilanz für ATZ-Vereinbarungen mit Entlohnungscharakter gemäß der IDW-Stellungnahme entspricht — abgesehen vom anzusetzenden Rechnungszins — der Bewertung nach IFRS und wird dort näher beschrieben.

Für ungeregelte Fälle (potenzielle Anwärter) ist der Wert mit der Inanspruchnahmewahrscheinlichkeit zu gewichten. Gemäß § 253 Abs. 2 HGB sind die Verpflichtungen mit dem ihrer Restlaufzeit entsprechenden durchschnittlichen Marktzinssatz der vergangenen sieben Geschäftsjahre abzuzinsen. Zwar dürfen Rückstellungen für Altersversorgungsverpflichtungen oder vergleichbare langfristig fällige Verpflichtungen — darunter fallen die Altersteilzeit-Verpflichtungen — pauschal mit dem durchschnittlichen Marktzinssatz abgezinst werden, der sich bei einer angenommenen Restlaufzeit von 15 Jahren ergibt.

Da die Restlaufzeit von Altersteilzeitverpflichtungen jedoch normalerweise deutlich kürzer als 15 Jahre ist, empfiehlt das IDW eine fristadäquate Zinsfestlegung.

Für den Erfüllungsrückstand sowie die Aufstockungsbeträge ist entsprechend den vertraglichen Regelungen ein Gehaltstrend zu berücksichtigen.

Erstattungsansprüche

Voraussetzung für die Leistung von Erstattungsbeträgen durch die Bundesagentur für Arbeit (für bis 2009 begonnene Altersteilzeitarbeitsverhältnisse) ist nicht nur die Zahlung der Aufstockungsbeträge durch den Arbeitgeber, sondern auch die Wiederbesetzung des frei gewordenen Arbeitsplatzes entsprechend den Bedingungen des § 5 AltTZG. Erstattungsansprüche könnten daher erst nach Vorliegen beider Voraussetzungen aktiviert werden. Das künftige Entstehen eines Anspruchs auf die Leistung von Erstattungsbeträgen kann vorher i. d. R. nicht mit hinreichender Sicherheit erwartet werden. Die Erstattungsbeträge könnten somit vor Erfüllung der Leistungsvoraussetzungen auch nicht rückstellungsmindernd berücksichtigt werden.

▶ **BEISPIEL:**

Arbeitgeber und Arbeitnehmer vereinbaren am 1.1.2013 ein Altersteilzeitarbeitsverhältnis mit Abfindungscharakter nach Maßgabe des Blockmodells über eine Gesamtlaufzeit von 6 Jahren, beginnend am 1.1.2015; die vertragliche Arbeitszeit betrage 50 % der eines Vollzeitbeschäftigten p. a. Dabei soll der Arbeitnehmer in den ersten 3 Jahren (Beschäftigungsphase) die gesamte Arbeitszeit ableisten; für die anschließenden 3 Jahre (Freistellungsphase) ist der Arbeitnehmer von der Arbeit freigestellt.

9 Rückstellungen für Altersteilzeitverpflichtungen

Das Altersteilzeitentgelt betrage für jedes der sechs Jahre 50 % des Vollzeitentgelts und der Aufstockungsbetrag 20 % des Vollzeitentgelts (also das Doppelte der gesetzlichen Mindestaufstockung).
Der Arbeitgeberanteil zu den Sozialversicherungsbeiträgen für das Altersteilzeitentgelt liege bei gerundet 9,5% (des Vollzeitgehaltes); die Aufstockung des Rentenversicherungsbeitrags ergibt sich zu gerundet 7,6 % (des Vollzeitentgelts), falls der Arbeitgeber zusätzliche Beiträge zu Rentenversicherung auf Basis von 80 % des Altersteilzeitentgelts entrichtet.

Unter Verzicht auf Zins und Biometrie ergibt sich folgender Rückstellungsverlauf für die Handelsbilanz in Prozent des jährlichen Brutto-Vollzeitgehaltes:

Stichtag			Beschäftigungsphase				Freistellungsphase		
	12.13	12.14	12.15	12.16	12.17	12.18	12.19	12.20	
	%	%	%	%	%	%	%	%	
Arbeitsleistung p. a.			100	100	100	0	0	0	
AtZ-Entgelt p. a.			50	50	50	50	50	50	
SV-Beitrag für AtZ-Entgelt			9,5	9,5	9,5	9,5	9,5	9,5	
Aufstockung Entgelt p. a.			20,0	20,0	20,0	20,0	20,0	20,0	
Aufstockung RV-Beitrag			7,6	7,6	7,6	7,6	7,6	7,6	
Rückstellung für ungewisse Verbindlichk.	165,6	165,6	138,0	110,4	82,8	55,2	27,6	0,0	
Rückstellung für Erfüllungsrückstand			59,5	119	178,5	119	59,5	0,0	
Rückstellung am Bilanzstichtag	165,6	165,6	197,5	229,4	261,3	174,2	87,1	0,0	

Abb. 26: Schematische Darstellung der IDW-Auffassung; Modell mit Abfindungscharakter

9.2.4 Rückstellung in der Steuerbilanz (Auffassung der Finanzverwaltung)

Gemäß BMF-Schreiben vom 28.3.2007[19] gilt für die steuerliche Anerkennung von Rückstellungen bei Vereinbarungen zur Gewährung von Altersteilzeit das Folgende:

Im kontinuierlichen Altersteilzeitmodell scheidet eine Rückstellungsbildung vor und während der Altersteilzeit aus.

Beim Blockmodell sind nach dem BMF-Schreiben ab Beginn der Arbeitsphase Rückstellungen für ungewisse Verbindlichkeiten für die in der Freistellungsphase zu erbringenden Leistungen zu bilden, dabei sind die Rückstellungen gleichmäßig über die Arbeitsphase aufzubauen — entsprechend der ratierlichen wirtschaftlichen Verursachung. Bemessungsgrundlage sind die gesamten in der Freistellungsphase zu gewährenden Vergütungen einschließlich der zu erbringenden Aufstockungsbeiträge sowie sonstiger Nebenleistungen (z. B. Urlaubs- und Weihnachtsgeld, Arbeitgeberanteile zur gesetzlichen Sozialversicherung). Die Rückstellungen sind gemäß § 6 Abs. 1 Nr. 3 EStG mit einem Zinssatz von 5,5 % abzuzinsen. Ausgenommen sind Rückstellungen, deren Laufzeiten am Bilanzstichtag weniger als 12 Monate betragen, die verzinslich sind oder auf einer Anzahlung oder Vorausleistung beruhen. Klargestellt wird, dass allgemeine Wertfortschreibungen, wie z. B. mögliche oder konkret vereinbarte Tariferhöhungen, keine Verzinslichkeit darstellen. Somit wird in den meisten Fällen eine Abzinsung mit 5,5 % vorzunehmen sein. Die Regelung im BMF-Schreiben stellt zumindest hinsichtlich der vom Arbeitnehmer durch seine Vollzeitarbeit in der Arbeitsphase erbrachten Vorleistung (Erfüllungsrückstand) eine Abkehr von der bisherigen Auffassung des BMF dar — bisher war für den Erfüllungsrückstand eine Verzinslichkeit unterstellt worden, sodass auf eine Abzinsung verzichtet werden konnte, vgl. Riemer[20].

---

[19] BMF-Schreiben v. 28.3.2007 – IV B 2 – S 2175/07/0002, BStBl. I 2007, S. 297. Zur zeitlichen Anwendung des Schreibens siehe BMF-Schreiben v. 11.3.2008 – IV B 2 – S 2175/07/0002, BStBl. I 2008, S. 496.

[20] BetrAV 2000, 429; demnach erfolgte bislang beim Erfüllungsrückstand in der Steuerbilanz keine Abzinsung, wenn eine Wertfortschreibung entsprechend der Gehaltsentwicklung vereinbart war.

Überhaupt vermeidet das BMF-Schreiben — ebenso wie das BFH-Urteil — den Begriff „Erfüllungsrückstand" und stellt nur auf die zukünftigen Leistungen der Freistellungsphase ab.[21] Das BMF-Schreiben regelt auch, dass die Rückstellungen grundsätzlich versicherungsmathematisch zu bewerten sind. Indem hier nicht zwischen Erfüllungsrückstand und weiteren Leistungen (zukünftigen Aufstockungsleistungen) differenziert wird, sind nach der Logik des BMF-Schreibens biometrische Wahrscheinlichkeiten, d. h. die Berücksichtigung des Wegfalls der Verpflichtungen bei Tode (oder Invalidität[22]), für alle zukünftigen Leistungen zu berücksichtigen. Dabei wird übersehen, dass der Mitarbeiter durch seine Vollzeitarbeit in der Arbeitsphase den Teil der Vergütung, der noch nicht ausgezahlt worden ist, schon erdient hat und ihm (bzw. seinen Erben) dieser Teil auch im Todesfall zusteht. Dies wird durch die Insolvenzversicherung des Erfüllungsrückstandes im AltTZG auch unterstrichen. Umso verwunderlicher ist es nun, dass das Bundesfinanzministerium bei der Rückstellungsbildung dies ignoriert, um geringfügig niedrigere Rückstellungen zu erhalten. Denkbar wäre auch eine Aufteilung der zukünftigen Leistungen in einen Teil, der biometrischen Wahrscheinlichkeiten unterliegt (die zukünftigen Aufstockungszahlungen) und einen Teil, der auf jeden Fall zur Zahlung ansteht und somit durch keine biometrischen Wahrscheinlichkeiten gekürzt werden kann (Erfüllungsrückstand aus der Arbeitsphase).

Schon 1999 wurde in § 6 Abs. 1 Nr. 3a EStG die wertmindernde Berücksichtigung von zukünftigen Vorteilen bei der Rückstellungsermittlung vorgegeben.[23] Entsprechend war im BMF-Schreiben vom 11.11.1999 die Gegenrechnung von Erstattungsleistungen der Bundesagentur für Arbeit geregelt. Seit einer Neuregelung der Einkommensteuerrichtlinie 2005[24] will die Finanzverwaltung die Gegenrechnung schärfer angewandt wissen. Eine Gegenrechnung setzt nach R 6.11 Abs. 1 EStR 2005 (= R 6.11 Abs. 1 EStR 2005 i. d. F. der EStÄR 2008) nunmehr voraus, dass am Bilanzstichtag nach den Umständen des Einzelfalles mehr Gründe für, als gegen den Vorteilseintritt sprechen. Der Erstattungsanspruch besteht bei Wiederbesetzung des durch die Altersteilzeitvereinbarung

---

[21] Vgl. *Wellisch/Quast*, BB 2006, 763.
[22] I. d. R. wird hier der sog. „Gesamtbestand" verwendet, d. h. nur die Ausscheideursache „Tod" berücksichtigt.
[23] Steuerentlastungsgesetz 1999/2000/2002 vom 24.2.1999 (BGBl. I 1999, S. 402).
[24] EStR 2005 i. d. F. vom 16.12.2005 (BStBl. I 2005, Sondernummer 1/2005).

freigewordenen Arbeitsplatzes. Eine Gegenrechnung hat zu erfolgen, wenn nach den betriebsinternen Unterlagen die Wiederbesetzung des Arbeitsplatzes anzunehmen ist und sich keine Anhaltspunkte für die Nichterfüllung der Voraussetzungen für Leistungen gemäß dem AltTZG ergeben. Für die Praxis bedeutet dies, dass die Firmen für ATZ-Mitarbeiter in der Arbeitsphase Wiederbesetzungsprozentsätze zu ermitteln haben.

Folgt man dieser Bilanzierungsanweisung des BMF, so ergibt sich — wieder unter Verzicht auf Zins und Biometrie — für das Beispiel im Beitrag „Rückstellung in der Handelsbilanz" folgender Rückstellungsverlauf für die Steuerbilanz in Prozent des jährlichen Brutto-Vollzeitgehaltes:

Stichtag	Beschäftigungsphase				Freistellungsphase		
	12.13/14	12.15	12.16	12.17	12.18	12.19	12.20
	%	%	%	%	%	%	%
Arbeitsleistung p. a.		100,0	100,0	100,0	0,0	0,0	0,0
AtZ-Entgelt p. a.		50,0	50,0	50,0	50,0	50,0	50,0
SV-Beitrag für AtZ-Entgelt		9,5	9,5	9,5	9,5	9,5	9,5
Aufstockung Entgelt p. a.		20,0	20,0	20,0	20,0	20,0	20,0
Aufstockung RV-Beitrag		7,6	7,6	7,6	7,6	7,6	7,6
Rückstellung am Bilanzstichtag	0,0	87,1	174,2	261,3	174,2	87,1	0,0

Abb. 27: Schematische Darstellung der Auffassung der Finanzverwaltung

Erst ab Beginn der Freistellungsphase stimmt daher in unserem Beispiel der Verlauf der Rückstellung in der Steuerbilanz (nach BMF) mit demjenigen der Handelsbilanz[25] (nach IDW) überein (ohne Gegenrechnung).

---

[25] im Falle einer ATZ-Vereinbarung mit Abfindungscharakter

Neben der oben beschriebenen versicherungsmathematischen Bewertung der Altersteilzeitverpflichtungen besteht zur Vereinfachung die Möglichkeit, mittels eines Pauschalwertverfahrens gemäß der dem BMF-Schreiben beigefügten Barwert-Tabelle die Rückstellungen zu ermitteln. Die Altersteilzeitverpflichtungen können nur einheitlich entweder versicherungsmathematisch oder nach dem Pauschalwertverfahren ermittelt werden. Die für ein Wirtschaftsjahr getroffene Wahl bindet das Unternehmen für die folgenden vier Wirtschaftsjahre. Die Anwendung des Pauschalwertverfahrens führt bei gemischten Beständen im Vergleich zur versicherungsmathematischen Bewertung zu rund 4 % niedrigeren Rückstellungsbeträgen.

Häufig sehen Altersteilzeitvereinbarungen die Zahlung einer Abfindung am Ende der Altersteilzeit vor. Diese Zahlung soll meist pauschal die Rentenabschläge in der gesetzlichen Rentenversicherung bei Bezug einer vorgezogenen Altersrente ausgleichen. Entsprechend finden sich in den Berechnungsvorschriften für die Höhe der Abfindung häufig Bezüge auf die Höhe der Abschläge in der gesetzlichen Rentenversicherung bzw. auf die Anzahl der Monate des vorzeitigen Rentenbezugs vor Erreichen einer Altersgrenze, die den ungekürzten Bezug der Altersrente ermöglicht hätte.

Die Behandlung von Abfindungszahlungen war im bisherigen BMF-Schreiben nicht geregelt. In der Praxis wurde die Leistung – da die Zahlung zum Ausgleich von Kürzungen der gesetzlichen Rentenversicherung gedacht war – als betriebliche Altersversorgung qualifiziert und somit wurde eine versicherungsmathematische Bewertung mit dem Teilwert gemäß § 6a EStG vorgenommen. In diesem Fall sind auch Beiträge zum PSVaG zu entrichten, sofern die Fristen für eine gesetzlich unverfallbare Anwartschaft erfüllt sind. Durch die Verkürzung der Unverfallbarkeitsfristen für Zusagen ab dem 1.1.2005 kann bei ATZ-Verträgen von mehr als fünf Jahren Laufzeit oder bei Vertragsabschlüssen deutlich vor Beginn der Altersteilzeit[26] die Beitragspflicht zum PSVaG in vielen Fällen gegeben sein. Da diese Zusage nicht unter die Einheitstheorie der Zusagen auf betriebliche Altersversorgung fällt, sondern als separate Zusage zu betrachten ist, würden die Unverfallbarkeitsfristen ab Vertragsabschluss beginnen. Bislang liegt jedoch noch keine Rechtsprechung darüber vor, ob

---

[26] Z. B. im Zusammenhang mit der Vertrauensschutz-Regelung Ende 2006 für den Bezug von vorgezogener Altersrente nach Altersteilzeitarbeit.

diese Abfindungszahlungen tatsächlich als betriebliche Altersversorgung zu qualifizieren sind.

Das BMF-Schreiben erlaubt nun eine Bewertung mit dem zeitanteilig über die Arbeitsphase erdienten versicherungsmathematischen Barwert, abgezinst mit 5,5 % Rechnungszins. Aufgrund der Formulierung sind aber auch andere Verfahren zulässig. Betrachtet man den Teilwert gemäß § 6a EStG, so hängt die Höhe des Teilwertes grundsätzlich von der Dauer der Betriebszugehörigkeit ab. Vergleicht man den zeitanteilig erdienten Barwert mit dem Teilwert gemäß § 6a EStG, so führt zumindest ab Beginn der Freistellungsphase der Barwert gemäß dem BMF-Schreiben aufgrund des niedrigeren Rechnungszinssatzes (5,5 % zu 6,0 %) zu höheren Rückstellungen als das Teilwertverfahren. Auch hier besteht die Möglichkeit der Anwendung des Pauschalwertverfahrens, welches ebenfalls zu rund 4 % niedrigeren Leistungen führt.

▶ BEISPIEL:

Am 30.11.2002 wird ein Altersteilzeitvertrag mit einem 55-jährigen Arbeitnehmer abgeschlossen. Die Laufzeit beträgt sechs Jahre, beginnend am 1.1.2003, Beginn Freistellungsphase 1.1.2006, Ende Altersteilzeit 31.12.2008. Zum Ausgleich von Abschlägen in der gesetzlichen Rentenversicherung wird die Zahlung eines Abfindungsbetrages in Höhe von 10.000 EUR, zahlbar am 1.1.2009, vereinbart.

Während der (ratierliche) Barwert gemäß dem BMF-Schreiben unabhängig von der Dienstzeit des Arbeitnehmers ist, variiert der Teilwert gemäß § 6 a EStG in Abhängigkeit vom Diensteintritt stark. Bei einem Diensteintritt im Alter 30 liegt die Rückstellung anfänglich um 70 % höher als bei einem Diensteintritt erst im Alter 50. Da die Zusage noch vor dem Bilanzstichtag 31.12.2002 erteilt worden war, wäre schon zum 31.12.2002 eine Pensionsrückstellung zu bilden, während die Rückstellung nach dem BMF-Schreiben noch 0 wäre (die Altersteilzeit hat noch nicht begonnen). Ob insgesamt das Teilwertverfahren oder das ratierliche Barwertverfahren zu höheren steuerlichen Rückstellungen führt, hängt von der Zusammensetzung des Personenbestandes ab.

9 Rückstellungen für Altersteilzeitverpflichtungen

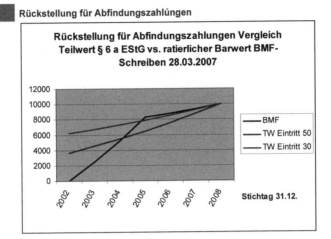

Abb. 28: Rückstellung für Abfindungszahlungen

Das BMF-Schreiben vom 28.3.2007[27] kann gem. BMF-Schreiben vom 11.3.2008[28] erstmals in nach dem 30.11.2005 aufgestellten Bilanzen berücksichtigt werden. Dabei handelt es sich nicht um Bilanzstichtage nach dem 30.11.2005, sondern um erstmals aufgestellte Steuerbilanzen. Da das BFH-Urteil die Praxis des alten BMF-Schreibens in wesentlichen Punkten revidierte, ist es unbefriedigend, dass die Anwendung des neuen BMF-Schreibens nicht auch für frühere Stichtage zugelassen wird, außer der Steuerpflichtige hatte deutlich gemacht, einen entgegenstehenden Ansatz zu begehren.

9.2.5 Bewertung nach IAS 19 (revised 2011)

Gemäß IAS 19 (revised 2011) vom 16.6.2011 sind die Aufstockungszahlungen bei Altersteilzeit nicht mehr als „termination benefits" einzustufen, da diese Zahlungen vor dem Hintergrund gewährt werden, dass nach Vereinbarung

---

[27] BMF-Schreiben v. 28.3.2007 – IV B 2 – S 2175/07/0002, BStBl. I 2007, S. 297.
[28] BMF-Schreiben v. 11.3.2008 – IV B 2 – S 2175/07/0002, BStBl. I 2008, S. 496.

des ATZ-Verhältnisses noch Arbeitsleistungen vom Arbeitnehmer zu erbringen sind. Nach dem Anwendungshinweis DRSC AH 1 (IFRS) „Einzelfragen zur Bilanzierung von Altersteilzeitverhältnissen nach IFRS" vom 11.12.2012 seien die ATZ-Leistungen „andere langfristig fällige Leistungen an Arbeitnehmer" im Sinne des IAS 19.5(c) und die Aufstockungszahlungen seien ratierlich anzusammeln.

Für die Höhe der Rückstellung aus der ratierlichen Ansammlung spielen Beginn und Ende des Ansammlungszeitraums eine große Rolle.

Bei Individualvereinbarungen, die selbst einen Rechtsanspruch gewähren, also nicht lediglich den Anspruch einer Kollektivvereinbarung konkretisieren, beginnt der Ansammlungszeitraum mit Entstehung der Verpflichtung, also mit Unterzeichnung der Vereinbarung bzw. mit Abgabe des Angebotes durch den Arbeitgeber[29].

Dieser Grundsatz gilt auch für Kollektivvereinbarungen: In der Regel beginnt der Erdienenszeitraum auch in diesen Fällen zu dem Zeitpunkt, zu dem die Verpflichtung für das Unternehmen entsteht, das Unternehmen also faktisch oder rechtlich unentziehbar verpflichtet ist, Aufstockungsleistungen an Arbeitnehmer zu gewähren, die Altersteilzeit beantragen. Etwas anderes gilt, wenn sich aus einer evtl. bestehenden Planformel oder den tatsächlichen Umständen der Vereinbarung ein anderer Zeitpunkt ergibt. Insbesondere aus den tatsächlichen Umständen der Vereinbarung könnte u. U. sogar der Schluss gezogen werden, dass die Ansammlung erst mit Abschluss einer ergänzenden Individualvereinbarung beginnt. Werden in der Kollektivvereinbarung Mindestdienstzeiten gefordert, sind diese bei der Ansammlung zu berücksichtigen. Sieht ein Tarifvertrag beispielsweise eine Dienstzeit von mindestens 10 Jahren vor Beginn der Altersteilzeit vor, so beginnt die Ansammlung ab Beginn dieser Mindestdienstzeit – dieses Datum kann dann im Einzelfall sogar vor der Unterzeichnung der Kollektivvereinbarung liegen[30].

---

[29] DRSC AH 1 (IFRS), Tz. 25.

[30] Hinsichtlich der Festsetzung des Erdienensbeginns bei Kollektivvereinbarungen gibt es unterschiedliche Auffassungen, vgl. *Thaut*, DB 2013, S. 243, *Geilenkothen/Krönung/Lucius*, BB 2012, S. 2104ff; *Beyhs/Böckem/Johannleweling/Jungblut*, KPMG Accounting Insights 01/2013, S 65

9 Rückstellungen für Altersteilzeitverpflichtungen

Bei Kollektivverträgen sind für alle Mitarbeiter, die einen Rechtsanspruch auf einen ATZ-Vertrag haben, Rückstellungen für Aufstockungszahlungen bereits vor Abschluss der einzelnen individuellen Vereinbarungen zu bilden. Unter Berücksichtigung der Mindestdienstzeiten wird der Erdienensbeginn festgelegt und die Verpflichtung bewertet. Der sich so ergebende Verpflichtungswert wird (ggf. unter Berücksichtigung von Überforderungsklauseln) mit der erwarteten Wahrscheinlichkeit der Inanspruchnahme multipliziert. Sobald Mitarbeiter dann tatsächlich individuelle Altersteilzeitvereinbarungen abschließen, werden die Rückstellungen hierfür in Höhe der vollen Verpflichtungswerte angesetzt. Der ursprüngliche Erdienensbeginn bleibt dabei erhalten. Unter Umständen ist die Wahrscheinlichkeit der Inanspruchnahme für die übrigen Verpflichtungen entsprechend anzupassen. Zur Vereinfachung ist für diese sogenannten potenziellen Fälle auch eine Bewertung über Musterpersonen denkbar.

Für das Ende des Erdienens sieht das DRSC zwei Möglichkeiten:

- Methode 1: Jede Zahlung wird bis zu ihrer jeweiligen Fälligkeit erdient. Diese Vorgehensweise setzt nach Auffassung des DRSC voraus, dass Aufstockungszahlungen im Falle eines Störfalls nicht zurückgefordert (bzw. mit dem Wertguthaben verrechnet) werden.
- Methode 2: Alle Zahlungen werden grundsätzlich bis zum Ende der Arbeitsphase erdient. Diese Vorgehensweise ist in allen anderen Fällen anzuwenden und stellt somit den Regelfall dar.

Durch die ratierliche Ansammlung auch der Leistungen während der Arbeitsphase sind bei Methode 2 die Aufstockungsleistungen zu dem Zeitpunkt, zu dem sie ausgezahlt werden, nicht in allen Fällen bzw. je nach Betrachtungsweise nicht vollständig erdient. Das DRSC sieht wiederum zwei Möglichkeiten vor, wie man unter Methode 2 zu einer zu IAS 19 konformen Bewertung kommt:

- Methode 2a (FiFo-Methode): Bei der sogenannten Fifo-Methode (first in first out) werden alle Aufstockungsleistungen als Gesamtheit bis zum Ende der Arbeitsphase erdient, wobei unterstellt wird, dass zuerst die frühen Zahlungen erdient werden.

- Methode 2b (Prepaid-expense-Methode): Hier wird jede einzelne Zahlung bis zum Ende der Arbeitsphase erdient. Für Aufstockungsleistungen, die bereits ausgezahlt wurden, aber noch nicht vollständig erdient sind, wird ein entsprechender aktiver Rechnungsabgrenzungsposten gebildet, der unverzinslich fortzuführen ist.

Methode 2b führt zu einer Bilanzverlängerung und ist komplexer als Methode 2a. In der Praxis hat sich deshalb die Methode 2a wegen ihrer einfachen Anwendung durchgesetzt.

Vergleich der Methoden

Die ratierliche Ansammlung erfolgt je nach Methode unterschiedlich: Bei Methode 1 wird jede Zahlung gleichmäßig bis zu ihrer jeweiligen Fälligkeit angesammelt. Bei Methode 2 werden dagegen alle Zahlungen einheitlich bis zum Ende der Arbeitsphase angesammelt. Durch diese unterschiedlichen Laufzeiten ergibt sich bei Methode 1 in den ersten Jahren ein höherer jährlicher Aufwand als bei Methode 2, die einen gleichmäßigen Aufwand über die Ansammlungsperiode erzeugt.

9.2.6 Bewertung nach US-GAAP

Für die Bilanzierung von Altersteilzeitverpflichtungen nach US-GAAP ist seit Juni 2005 die EITF Issue No. 05-5[31] maßgeblich, die die bisher mehrheitlich in Deutschland geübte Praxis bestätigt. Demnach ist für Altersteilzeitverpflichtungen die Richtlinie FAS 112 für *postemployment benefits* anzuwenden. Im Falle des Blockmodells ergibt sich somit eine ratierliche Ansammlung aller in der Freistellungsphase zu leistenden Zahlungen aus den zugesagten Aufstockungen über den Zeitraum vom individuellen Vertragsabschluss bis zum Ende der Arbeitsphase. Entsprechend ergibt sich beim kontinuierlichen Modell kein Rückstellungsausweis, da über die gesamte Dauer der Altersteilzeit eine Arbeitsleistung von Seiten des Arbeitnehmers erbracht wird.

---

[31] EITF = Emerging Issues Task Force des Financial Accounting Standards Board.

Vor der Verabschiedung der Richtlinie wurden innerhalb des EITF verschiedene Ansätze diskutiert. Neben der verabschiedeten Bilanzierungslösung wurde zunächst auch in Erwägung gezogen[32], die Rückstellung ab Abschluss des Tarifvertrages/der Betriebsvereinbarung bis zum Beginn der Altersteilzeit gleichmäßig aufzubauen (analog FAS 87) sowie eine Rückstellung in voller Höhe ab Vertragsabschluss (analog FAS 88) auszuweisen. Letztendlich wurde entschieden, dass die Anwendung der Richtlinie FAS 112 am besten die Rückstellungsbildung für Altersteilzeitverpflichtungen abbildet.

Unterschiede zwischen IFRS und US-GAAP

Die Rückstellung für Erfüllungsrückstand im Blockmodell wird jeweils identisch gleichmäßig auf- und abgebaut. Der wesentliche Unterschied zwischen IFRS und US-GAAP besteht bei der Bilanzierung der ungewissen Verbindlichkeiten für die Aufstockungsbeträge.

Während nach US-GAAP im Blockmodell erst ab Vertragsabschluss eine sich dann gleichmäßig aufbauende Rückstellung für die Aufstockungsbeträge der Freistellungsphase auszuweisen ist, wird nach IFRS auch für die Aufstockungsbeträge der Arbeitsphase eine Rückstellung gebildet und zeitratierlich bereits ab dem Vertragsabschluss (ggf. ab dem Beginn einer Mindestbetriebszugehörigkeit) bis zum Ende der Arbeitsphase aufgebaut.

Für potenzielle Anwärter, die aufgrund eines Tarifvertrages oder einer Betriebsvereinbarung in der Zukunft einen ATZ-Vertrag abschließen können, ist eine entsprechende Rückstellung mit der Wahrscheinlichkeit der Inanspruchnahme zu gewichten.

---

[32] View B bzw. View C der EITF Issue No. 05-5.

Berücksichtigung von Erstattungsleistungen der Bundesagentur für Arbeit

Sofern ein Arbeitgeber den Arbeitsplatz eines Mitarbeiters in Altersteilzeitarbeit wiederbesetzt durch eine zuvor arbeitslos gemeldete Person oder einen Auszubildenden, erhält der Arbeitgeber von der Bundesagentur für Arbeit — sofern alle im AltTZG geregelten Voraussetzungen erfüllt sind — die gesetzlich vorgeschriebenen Mindest-Aufstockungszahlungen (und Aufstockungen zur gesetzlichen Rentenversicherung) erstattet. Die Bilanzierung für diese Erstattungsleistungen ist nach IFRS und US-GAAP einheitlich geregelt. Eine Aktivierung kann erst nach Vorliegen aller Voraussetzungen erfolgen. Im Blockmodell kann somit frühestens ab dem Beginn der Freistellungsphase eine Aktivierung erfolgen. Im kontinuierlichen Modell, bei dem eine Rückstellungsbildung nur unter IFRS, nicht aber nach US-GAAP erfolgt, wäre unter IFRS ebenfalls eine Aktivierung der Leistungen der Bundesagentur für Arbeit vorzunehmen, sofern alle Voraussetzungen erfüllt sind. Unter US-GAAP wird im kontinuierlichen Modell keine Aktivierung vorgenommen, da ja auch der Aufwand erst im jeweiligen Monat berücksichtigt wird.

Vergleich der Bewertungsansätze

Unterschiedlich ist im Wesentlichen nur der Aufbau der Rückstellung für die Aufstockungszahlungen. Während beim kontinuierlichen Modell die Verfahren nach US-GAAP und für die Steuerbilanz jeweils keine Rückstellungsbildung vorsehen, ergibt sich nach IFRS bzw. HGB eine Rückstellung, sofern der Erdienensbeginn vor dem ATZ-Beginn liegt.

Die größten Unterschiede gibt es beim Blockmodell beim Aufbau der Rückstellung bis zum Beginn der Freistellungsphase — ab diesem Zeitpunkt sind die Rückstellungsbeträge (bis auf Unterschiede aufgrund abweichender Annahmen für Zins, Gehaltstrend, Biometrie) gleich: Für die Steuerbilanz beginnt die Rückstellungsbildung erst mit dem Beginn der Arbeitsphase — die anderen Verfahren sehen eine Rückstellungsbildung ab Vertragsbeginn bzw. Erdienensbeginn vor. Während US-GAAP und Steuerbilanz nur eine Rückstellungsbildung für die Leistungen der Freistellungsphase vorsehen, wird für HGB und

IFRS die Rückstellung auch für Leistungen der Arbeitsphase aufgebaut. Entsprechend wird bei diesen der Aufwand zu einem früheren Zeitpunkt als nach US-GAAP bzw. für die Steuerbilanz berücksichtigt.

9.3 Rückstellungen für Jubiläumsverpflichtungen

9.3.1 Handelsbilanz

Der BFH hat mit Urteil vom 5.2.1987[33] die Passivierungspflicht für rechtsverbindlich zugesagte Jubiläumszuwendungen gemäß § 249 Abs. 1 HGB festgestellt.

Als Jubiläumszuwendung gilt jede Einmalzuwendung in Geld- oder Geldeswert an den Arbeitnehmer anlässlich eines Dienstjubiläums, die dieser neben laufendem Arbeitslohn und anderen sonstigen Bezügen erhält. Dazu gehören auch zusätzliche Urlaubstage im Jubiläumsjahr.

Bei der Ermittlung der Rückstellungen für Jubiläumsleistungen ist gemäß BilMoG der jeweilige Erfüllungsbetrag anzusetzen — d. h. zukünftige Erhöhungen der Jubiläumsleistungen durch Gehaltserhöhungen sind zu berücksichtigen, aber auch erwartete Austritte (Fluktuation). Vor der Anwendung des BilMoG wurde für die Bewertung in der Handelsbilanz zumeist das Teilwertverfahren angewandt. Nach BilMoG ist kein spezielles Bewertungsverfahren vorgeschrieben — neben dem Teilwertverfahren kommt nun auch die Projected Unit Credit Methode gemäß IFRS zur Anwendung.

Da es sich bei den Rückstellungen für Jubiläumszahlungen nicht um Versorgungszahlungen handelt, sind sie unter „sonstige Rückstellungen" Passiva B. 3 auszuweisen. Die Jubiläumszahlungen sowie die Zuführungen und Auflösungen zu den Jubiläumsrückstellungen sind bei Anwendung des Gesamtkostenverfahrens in der Gewinn- und Verlustrechnung nach § 275 Abs. 2 Ziffer 6a HGB unter „Personalaufwand: Löhne und Gehälter" auszuweisen.

---

[33] BFH, Urteil v. 5.2.1987 – IV R 81/84, BB 1987, 731.

Der Zinsanteil an der Veränderung der Jubiläumsrückstellung (i. A. in Höhe des Rechnungszinssatzes auf die Jubiläumsrückstellung des Vorjahres) muss nach § 275 Abs. 2 Nr. 13 HGB unter „Zinsen und ähnliche Aufwendungen" ausgewiesen werden. Das gilt nicht für Versicherungsgesellschaften (§ 48 Satz 2 Ziffer 3 RechVersV) und Kreditinstitute (§ 31 Abs. 1 RechKredV).

9.3.2 Steuerbilanz

Die Berücksichtigung von Jubiläumsverpflichtungen in der Steuerbilanz war lange Jahre strittig. 1960 war der BFH[34] der Ansicht, dass eine Jubiläumsleistung eine einmalige Gehaltserhöhung sei und damit eine Rückstellungsbildung ausscheide. 1987 änderte der BFH seine Ansicht und anerkannte eine Rückstellung für ungewisse Verbindlichkeiten aufgrund eines Erfüllungsrückstandes. Daraufhin untersagte der Gesetzgeber die Bildung von Jubiläumsrückstellungen — gebildete Rückstellungen waren innerhalb von drei Jahren aufzulösen.

Mit einer Neuregelung des § 5 Abs. 4 EStG im Rahmen des Steuerreformgesetzes 1990[35] wurde für Dienstzeiten ab dem 1.1.1993 die Bildung von Jubiläumsrückstellungen wieder zugelassen. Wegen Einzelheiten der Bewertung wird auf das BdF-Schreiben vom 28.12.1987[36] sowie auf das BMF-Schreiben vom 29.10.1993[37] betr. „Rückstellungen für Zuwendungen anlässlich eines Dienstjubiläums" hingewiesen.

Gemäß § 5 Abs. 4 EStG dürfen Rückstellungen für die Verpflichtung zu einer Zuwendung anlässlich eines Dienstjubiläums nur gebildet werden, wenn das Dienstverhältnis mindestens zehn Jahre bestanden hat, das Dienstjubiläum das Bestehen eines Dienstverhältnisses von mindestens 15 Jahren voraussetzt, die Zusage schriftlich erteilt ist und soweit der Zuwendungsberechtigte seine Anwartschaft nach dem 31.12.1992 erwirbt.

---

[34] BFH, Urteil v. 19.7.1960 – I 160/59 U, BStBl. III 1960, S. 347.
[35] Steuerreformgesetz 1990 v. 25.7.1988, BGBl. I S. 1093.
[36] BFH, Urteil v. 18.1.2007 – IV R 42/04, BStBl. II 2008, S. 956.
[37] BMF-Schreiben v. 29.10.1993 – IV B 2 – S 2175-47/93, BStBl. I 1993, S. 898 = DB 1993, 2208.

Soweit diese Voraussetzungen erfüllt sind, haben Unternehmen laut o. g. BdF-Schreiben grundsätzlich Rückstellungen zu bilden, wenn die Zusage nicht von anderen Bedingungen als der Betriebszugehörigkeit des Arbeitnehmers zum Jubiläumsstichtag, beispielsweise nicht von der späteren Ertrags- und Liquiditätslage des Unternehmens abhängig gemacht wird.

Diese über die Regelungen von § 5 Abs. 4 EStG hinausgehenden, von der Finanzverwaltung aufgestellten Anforderungen zur Bildung von Rückstellungen für Jubiläumsverpflichtungen wurden vom BFH[38] verworfen. Dieses BFH-Urteil war knapp zwei Jahre später Anlass für ein klarstellendes BMF-Schreiben[39]. Demnach ist es nicht erforderlich, dass die Zusage rechtsverbindlich, unwiderruflich und vorbehaltlos erteilt wird. Bei Verpflichtungen mit Widerrufsvorbehalten ist aber in besonderem Maße zu prüfen, ob die Entstehung der Verbindlichkeit nach der bisherigen betrieblichen Übung oder nach den objektiv erkennbaren Tatsachen am zu beurteilenden Bilanzstichtag wahrscheinlich ist. Die bisherige Einschränkung, dass die Jubiläumsarbeitszeit durch fünf ohne Rest teilbar sein muss, ist ebenfalls entfallen. Auf das Schriftformerfordernis des § 5 Abs. 4 EStG sind die Grundsätze von R 6a Abs. 7 EStR entsprechend anzuwenden.

Für die Bewertung der zugesagten Leistungen sind die Wertverhältnisse am Bilanzstichtag maßgebend. Die Grundsätze von R 6a Abs. 17 EStR sind entsprechend anzuwenden.

Trägt der Arbeitgeber die Lohnsteuerbelastung des Arbeitnehmers, ist der am Bilanzstichtag geltende Steuertarif maßgebend.

In den Fällen, in denen das Dienstverhältnis vor dem 1.1.1993 begonnen hat, ist die handelsrechtliche Sollrückstellung um denjenigen Teilbetrag der Rückstellung zu kürzen, der sich bezogen auf die Verhältnisse zum Bilanzstichtag als Rückstellungsbetrag nach dem gleichen Berechnungsverfahren zum 31.12.1992 ergeben hätte. Der Kürzungsbetrag ist jeweils bei Veränderung der Jubiläumsleistung neu zu ermitteln. Eine Kürzung kommt auch in Betracht,

---

[38] BFH, Urteil v. 18.1.2007 – IV R 42/04, BStBl. II 2008, S. 956.
[39] BMF-Schreiben v. 8.12.2008, IV C 6 – S 2137/07/10002, DB 2009, 26.

wenn die Zusage nach dem 31.12.1992 erstmals erteilt wird oder sich eine bereits erteilte Zusage der Höhe nach verändert.

Für die Bestimmung des Zeitpunkts, zu dem der Begünstigte wegen des Eintritts in den Ruhestand aus dem Unternehmen ausscheidet, ist das dienstvertragliche Pensionsalter, spätestens die jeweilige Regelaltersgrenze in der gesetzlichen Rentenversicherung zugrunde zu legen. Sofern für den Begünstigten auch eine Pensionszusage besteht, ist dasselbe Alter zu berücksichtigen, das nach R 6a Abs. 11 EStR bei der Bewertung der Pensionsrückstellung angesetzt wird.

Anstelle einer versicherungsmathematischen Bewertung ist auch ein Pauschalwertverfahren zulässig. Beim Pauschalwertverfahren sind die Faktoren gemäß der Anlage zum BMF-Schreiben vom 8.12.2008 zu verwenden. Das gewählte Verfahren bindet den Steuerpflichtigen für fünf Wirtschaftsjahre.

9.3.3 Überprüfung des bisherigen Vorgehens zur Bildung von Jubiläumsrückstellungen durch das Bundesverfassungsgericht (BVerfG)

Für die Veranlagungszeiträume 1988 bis 1992 war aufgrund des Steuerreformgesetzes 1990 vom 25.7.1988 die Bildung von Rückstellungen in der Bilanz für die Verpflichtung zu einer Zuwendung anlässlich eines Dienstjubiläums (Jubiläumsrückstellungen) untersagt. Schon gebildete Rückstellungen dieser Art waren gewinnerhöhend aufzulösen (§ 52 Abs. 6 Sätze 1 und 2 EStG in der bis einschließlich 1998 geltenden Fassung).

Der BFH[40] sah in dem zeitweilig geltenden Verbot, Jubiläumsrückstellungen zu bilden, und dem Gebot, solche Rückstellungen gewinnerhöhend aufzulösen, eine mit dem System des geltenden Einkommensteuerrechts unvereinbare Ungleichbehandlung der von dieser Regelung betroffenen Steuerpflichtigen gegenüber solchen Steuerschuldnern, die derartige Rückstellungen für Jahre vor oder nach 1988 bis 1992 steuerwirksam gebildet haben. Eine Ungleich-

---

[40] Aus Pressemitteilung des BFH Nr. 4 vom 3.2.2000.

behandlung lag nach Auffassung des BFH auch gegenüber solchen Steuerschuldnern vor, die innerhalb dieses Zeitraums gleichartige Rückstellungen (z. B. für Verpflichtungen aus Treueprämien, die nicht an ein Dienstjubiläum gebunden sind) in ihrer Bilanz als Passivposten ausgewiesen hatten. Einen einleuchtenden Grund für die unterschiedliche Behandlung gebe es nicht. Die zur Begründung angeführten haushaltsrechtlichen Erwägungen für sich allein seien nicht geeignet, die gleichheitswidrigen Differenzierungen zu rechtfertigen.[41] Mit Urteil vom 12.5.2009 — 2 BvL 1/00 — erkannte das Bundesverfassungsgericht jedoch keinen Verstoß gegen das Grundgesetz.

---

[41] BFH, Urteil v. 10.11.1999 – X R 60/95, BStBl. II 2000, S. 131.

10 Betriebliche Altersversorgung und Lebensarbeitszeitkonten

Gordon Teckentrup, Rolf Misterek

Lebensarbeitszeitkonten dienen der Ansparung von Wertguthaben zum Zwecke einer längeren Freistellung von der Arbeitsleistung, insbesondere unmittelbar vor Eintritt in den Ruhestand. Arbeitnehmern kann damit ein früherer Eintritt in den Ruhestand ermöglicht werden. Ein Bedürfnis hierfür besteht angesichts der Erhöhung der Regelaltersgrenze in der gesetzlichen Rentenversicherung auf 67 Jahre und dem Auslaufen der Förderung der Altersteilzeit.

10.1 Grundkonzept

Grundlage für ein Lebensarbeitszeitmodell ist eine schriftliche Vereinbarung zwischen Arbeitnehmer und Arbeitgeber, die in Form eines Einzelvertrages, einer Betriebsvereinbarung oder eines Tarifvertrages geschlossen werden kann. Kern der Vereinbarung ist, dass der Arbeitnehmer in einer bestimmten Zeit keine oder nur eine reduzierte Arbeitsleistung zu erbringen hat, jedoch ein Arbeitsentgelt erhält, das mit einer vor oder nach dieser Freistellung erbrachten Arbeitsleistung erdient wird.

Das Wertguthaben kann aus Teilen des laufenden Entgelts, Mehrarbeitsvergütung, Einmalzahlungen, freiwilligen Leistungen des Arbeitgebers, Überstunden- oder Urlaubsabgeltungen gespeist werden.[1]

---

[1] Rundschreiben der Sozialversicherungsträger v. 31.3.2009 zur sozialrechtlichen Absicherung flexibler Arbeitszeitregelungen.

Sozialversicherungsbeiträge[2] und Lohnsteuer fallen in der Ansparphase nur auf das um die Einbringungen in das Wertguthaben reduzierte Arbeitsentgelt an.

Das so aufgebaute Wertguthaben kann für die Zahlung des Arbeitsentgelts in der Freistellungsphase verwendet werden. Dabei darf die Höhe des in der Freistellungsphase gezahlten Arbeitsentgelts nicht unangemessen von dem monatlich fälligen Arbeitsentgelt der der Freistellungsphase unmittelbar vorausgehenden zwölf Kalendermonate abweichen.

Bei der Anlage der Wertguthaben muss sichergestellt sein, dass bei der Inanspruchnahme mindestens der eingezahlte Betrag zur Verfügung steht (§ 7d Abs. 3 SGB IV).

Der Arbeitgeber ist verpflichtet, das Wertguthaben gegen Insolvenz zu sichern, wobei gemäß § 7e Abs. 2 und 3 SGB IV hierfür vor allem ein Treuhandverhältnis sowie Verpfändungs- und Bürgschaftsmodelle mit ausreichender Sicherung gegen Kündigung in Betracht kommen. Zwischen Konzernunternehmen begründete Einstandspflichten sind keine geeigneten Insolvenzsicherungsmaßnahmen.

Besonders zu beachten ist dabei, dass nach Ansicht der Sozialversicherungsträger auch die Arbeitgeberanteile zur Sozialversicherung ohne Beachtung von Beitragsbemessungsgrenzen Teil des sicherungspflichtigen Wertguthabens sind.[3] Das hat zur Folge, dass auch bei einer Umwandlung oberhalb der Beitragsbemessungsgrenzen der Sozialversicherung der Arbeitgeber die vollen Sozialversicherungsbeiträge ins Wertguthaben einstellen muss.

---

[2] Anders Unfallversicherungsbeiträge, diese fallen bei Arbeitsentgelt, das ab dem 1.1.2010 in ein Wertguthaben eingebracht wird, unmittelbar an. Für Einbringungen bis 31.12.2009 gilt aber eine Bestandschutzregelung. Die späteren Zahlungen in der Freistellungsphase sind beitragsfrei.

[3] Rundschreiben der Sozialversicherungsträger v. 31.3.2009 zur sozialrechtlichen Absicherung flexibler Arbeitszeitregelungen, S. 24.

10.2 Verwendung des Wertguthabens für die betriebliche Altersversorgung

Für den Fall, dass das Wertguthaben wegen

- des Eintritts einer Erwerbsminderung,
- des Erreichens einer Altersgrenze, zu der eine Rente wegen Alters beansprucht werden kann, oder
- des Todes des Beschäftigten

nicht mehr für eine Freistellung verwendet werden kann, darf auch eine andere Verwendung des Wertguthabens vereinbart werden, § 7 Abs. 1a S. 4 SGB IV. Zulässig ist auch die Verwendung des Wertguthabens für die betriebliche Altersversorgung.

Die Umwandlung des Wertguthabens in betriebliche Altersversorgung löst eine Beitragspflicht zur Sozialversicherung aus, wobei ein besonderes Verfahren für die Berechnung und Zuordnung der Sozialversicherungsbeiträge gilt (auf Grundlage der festgestellten sog. SV-Luft). Dies gilt unabhängig davon, ob für den Beschäftigungsbetrieb eine tarifliche Regelung oder Betriebsvereinbarung eine entsprechende Übertragungsmöglichkeit vorsieht.[4]

Bei Wertguthabenvereinbarungen, die bis zum 13.11.2008 abgeschlossen worden sind und die die Voraussetzungen des § 23b Abs. 3a SGB IV erfüllen, kann das Wertguthaben beitragsfrei in eine betriebliche Altersversorgung umgewandelt werden. Hierzu muss die Wertguthabenvereinbarung bereits bei ihrem Abschluss die Verwendung für betriebliche Altersversorgung vorsehen, die Vereinbarung über die betriebliche Altersversorgung darf keine Abfindung vorsehen oder zulassen. Leistungen im Falle des Todes, der Invalidität und des Erreichens einer Altersgrenze, zu der eine Rente wegen Alters beansprucht werden kann, müssen gewährleistet sein. Außerdem darf nicht bereits im

---

[4] Rundschreiben der Sozialversicherungsträger v. 31.3.2009 zur sozialrechtlichen Absicherung flexibler Arbeitszeitregelungen, S. 45.

Zeitpunkt der Ansammlung des Wertguthabens vorhersehbar sein, dass es nicht für Zwecke der Freistellung von der Arbeitsleistung verwendet werden kann.[5]

10.3 Steuerliche Einschränkungen

Die Finanzverwaltung fasst Lebensarbeitszeitkonten unter den Begriff „Zeitwertkonten". Sie hält den Abschluss von Wertguthabenvereinbarungen mit Personen, die zugleich Organmitglied ihres Arbeitgebers sind (z. B. Geschäftsführer oder Vorstand), für unzulässig[6] und erkennt die Gutschrift von Arbeitslohn zugunsten eines Zeitwertkontos steuerlich nicht an.

In ein Wertguthaben sollen außerdem keine weiteren Gutschriften mehr unversteuert eingestellt werden können, sobald feststeht, dass die zugeführten Beträge nicht mehr durch Freistellung vor dem spätesten Altersrentenbezug (Regelaltersgrenze) vollständig aufgebraucht werden können. Hierzu ist unter bestimmten Voraussetzungen eine jährliche Prognoseberechnung vorzunehmen.

---

[5] Zu Einzelheiten siehe *Hanau/Arteaga/Rieble/Veit*, Entgeltumwandlung, 2. Aufl. 2006, Rz. 1310 ff.

[6] BMF-Schreiben v. 17.6.2009, IV C 5 – S 2332/07/0004, DB 2009,1430. Dagegen: FG Düsseldorf (Urteil vom 31.3.2012; Az.: 4 K 2834/11 AO) im Falle eines nicht gesellschaftlich beteiligten Geschäftsführers und FG Hessen (Urteil vom 19.1.2012, Az.: 1 K 250/11) bei einer Geschäftsführerin, die zugleich beherrschende Gesellschafterin war.

11 Beamtenversorgung

Matthias Weingärtner, Thomas Hagemann

11.1 Rechtsgrundlage

Die Versorgung der Beamten des Bundes und der Länder war bis zur Föderalismusreform (Gesetz zur Änderung des Grundgesetzes vom 28. August 2006, in Kraft getreten am 1. September 2006) einheitlich im Beamtenversorgungsgesetz (BeamtVG) geregelt.

Mit der Föderalismusreform ist auch die Zuständigkeit für die Versorgung der Beamten der Länder und Kommunen auf die Länder übergegangen. Der Bund besitzt insoweit nur noch die Gesetzgebungskompetenz für die Versorgung der Beamten des Bundes. Für die Länder gelten gemäß § 108 BeamtVG allerdings weiterhin die Regelungen des BeamtVG in der am 31.8.2006 gültigen Fassung, soweit sie nicht durch landesrechtliche Vorschriften ersetzt wurden, was bereits in weiten Teilen erfolgt ist.

Die Vorschriften für die Beamten gelten entsprechend auch für die Richter. Die Versorgung für die Berufssoldaten richtet sich ebenfalls nach denselben im Soldatenversorgungsgesetz (SVG) niedergelegten Grundsätzen.

11.2 Voraussetzungen für den Bezug einer Pension

11.2.1 Altersgrenze

Der Beamte erhält eine Pension, wenn er in den Ruhestand versetzt worden ist. Das geschieht:

- wegen Erreichens der allgemeinen Regelaltersgrenze oder einer für bestimmte Berufsgruppen maßgeblichen Sonderaltersgrenze,
- auf Antrag ab dem 63. Lebensjahr (oder früher bei Bestehen einer entsprechenden Landesregelung bzw. bei Vorliegen einer Schwerbehinderung) oder
- wegen festgestellter dauernder Dienstunfähigkeit.

Die Regelaltersgrenze in der gesetzlichen Rentenversicherung wird durch das RV-Altersgrenzenanpassungsgesetz in Abhängigkeit vom Jahrgang des Versicherten sukzessive von 65 (bis Jahrgang 1946) auf 67 Jahre (ab Jahrgang 1964) angehoben. Dem ist mittlerweile auch das Beamtenrecht durch die Einführung entsprechender Vorschriften weitgehend gefolgt.

Für die Bundesbeamten ergibt sich dies aus den §§ 50 bis 59 des Bundesbeamtengesetzes, für die Landesbeamten, soweit bereits umgesetzt, aus den entsprechenden Landesgesetzen (z. B. aus den §§ 27 bis 41 des Beamtengesetzes für das Land Nordrhein-Westfalen).

11.2.2 Leistungsvoraussetzungen

Gemäß § 4 BeamtVG (bzw. der entsprechenden Landesregelung) ist Voraussetzung für einen Pensionsanspruch die Ableistung einer Wartezeit von mindestens 5 Dienstjahren oder die Dienstunfähigkeit infolge einer Dienstbeschädigung. Der Anspruch setzt generell voraus, dass das Beamtenverhältnis bis zum Eintritt des Versorgungsfalls fortbesteht. Bei Ausscheiden vor Eintritt eines Versorgungsfalls erhält der Beamte keine Pension, sondern wird in der gesetzlichen Rentenversicherung nachversichert.

In mehreren Bundesländern besteht mittlerweile im Falle der vorzeitigen Beendigung des Beamtenverhältnisses alternativ zur Nachversicherung in der gesetzlichen Rentenversicherung die Möglichkeit, ein „Altersgeld" in Höhe des bei Ausscheiden erdienten Anspruchs in Anspruch zu nehmen.

11.3 Höhe der Versorgungsbezüge

Grundlage für die Berechnung des Ruhegehalts sind die ruhegehaltfähigen Dienstbezüge gem. § 5 BeamtVG (bzw. der entsprechenden Landesregelung). Diese setzen sich zusammen aus dem Grundgehalt, dem Familienzuschlag und sonstigen Bezügebestandteilen, sofern diese im Besoldungsrecht als ruhegehaltfähig bezeichnet werden. Bei Besoldungserhöhungen wird das Ruhegehalt ebenfalls entsprechend angepasst.

Das Ruhegehalt gem. § 14 BeamtVG beträgt für jedes Jahr der ruhegehaltfähigen Dienstzeit 1,79375 % der ruhegehaltfähigen Dienstbezüge, insgesamt jedoch höchstens 71,75 %.

Bei Tod eines Versorgungsberechtigten erhalten die Witwe oder der Witwer ein Witwengeld in Höhe von i. d. R. 55 % des Ruhegehalts, das der Versorgungsberechtigte erhalten hat oder hätte erhalten können, wenn er am Todestag in den Ruhestand getreten wäre.

Die Besoldungserhöhung für Bundesbeamte zum 01.08.2013 betrug 1,2 %. Diese Erhöhung ist um 0,2 Prozentpunkte gemindert. Die durch die Minderung eingesparten Beträge fließen in die Versorgungsrücklage gemäß § 14a des Beamtenbesoldungsgesetzes (siehe hierzu auch weiter unten unter „Finanzierung").

11.4 Sonderzahlung

Bis Juli 2003 war die Gewährung einer Sonderzuwendung für Beamte und Empfänger von Versorgungsbezügen bundeseinheitlich geregelt. Mit dem Gesetz über die Anpassung der Dienst- und Versorgungsbezüge 2003/2004 sowie zur Änderung dienstrechtlicher Vorschriften vom 10.9.2003 wurde die Vorschrift für länderspezifische Regelungen geöffnet. Von diesem Recht haben Bund und Länder zwischenzeitlich Gebrauch gemacht und unterschiedliche Regelungen getroffen.

Für die Bundesbeamten gilt:

Die Sonderzahlung wurde mit dem Dienstrechtsneuordnungsgesetz vom 5.2.2009 abgeschafft und in die monatlichen Bezüge integriert, indem diese um 2,5 % erhöht wurden. Zum 01.01.2012 wurde eine weitere Erhöhung der monatlichen Bezüge um 2,44 % vorgenommen, um insgesamt das frühere Niveau der Sonderzahlung von 60 % = (12 x 5 %) der monatlichen Zahlung wieder zu erreichen. Da der Prozentsatz für die Sonderzahlung der Versorgungsempfänger niedriger war als für die aktiven Beamten, wurde für die Versorgungsempfänger ein zusätzlicher Faktor, der sogenannte „Einbaufaktor" eingeführt, mit dem die ruhegehaltfähigen Bezüge zu kürzen sind. Dieser beträgt zurzeit 0,9901 (§ 5 Abs. 1 BeamtVG).

Des Weiteren werden die monatlichen Versorgungsbezüge zur Gleichstellung mit den sozialversicherungspflichtigen Arbeitnehmern um einen (fiktiven) Beitrag zur Pflegeversicherung gekürzt.

Die Handhabung in den einzelnen Ländern ist unterschiedlich. Teilweise wird eine gegenüber früher reduzierte Sonderzuwendung gezahlt, teilweise ist die Sonderzuwendung für die Versorgungsempfänger wie im Bereich des Bundes ganz weggefallen (z. B. in Niedersachsen und Baden-Württemberg).

11.5 Besteuerung der Versorgungsbezüge

Die Versorgungsbezüge eines Beamten sind, wie Betriebsrenten aus einer unmittelbaren Versorgungszusage oder einer Unterstützungskasse, Einkünfte aus nicht selbständiger Arbeit und unterliegen damit der Versteuerung gemäß § 19 EStG.

11.6 Finanzierung

Die Beamtenpensionen sind ein Teil der Personalkosten und werden in vielen Fällen vom öffentlichen Arbeitgeber unmittelbar aus seinem laufenden Haushalt gezahlt. Die Kommunen sind häufig Mitglied sogenannter Versorgungskassen, an die sie Umlagen entrichten und die die Pensionsleistungen auszahlen. Das System der Versorgungskassen ist regional aufgebaut. Eine Kasse ist jeweils für ein Bundesland bzw. den Teil eines Bundeslandes zuständig. Da die Versorgungskassen kein nennenswertes Vermögen ansammeln, findet letztendlich eine Vorfinanzierung der zukünftigen Versorgungsleistungen auch dann nicht statt, wenn der Dienstherr an eine Versorgungskasse angeschlossen ist.

Eine Vorfinanzierung der Leistungen ergibt sich allerdings dann, wenn der Dienstherr oder ein Betrieb des Dienstherrn (z. B. ein öffentliches Krankenhaus) Pensionsrückstellungen bildet. Mit dem Übergang von der Kameralistik zur Doppik (in Nordrhein-Westfalen beispielsweise bekannt unter dem Namen „Neues Kommunales Finanzmanagement", NKF, das für alle Kommunen nach einer Übergangsfrist verbindlich ist), müssen auch die Kommunen selbst zukünftig Pensionsrückstellungen für ihre Beamten bilden.

Zum allmählichen Übergang in die Kapitaldeckung wurde bereits im Jahr 1999 die sogenannte Versorgungsrücklage eingeführt. Die gesetzliche Regelung in § 14a des Bundesbesoldungsgesetzes sieht vor, dass die Besoldungsanpassungen der Jahre 1999 bis 2017 um jeweils 0,2 Prozentpunkte gemindert werden und der dadurch frei werdende Betrag einer Versorgungsrücklage zugeführt wird.

Beamtenversorgung

Darüber hinaus haben der Bund und die Länder Sonderfonds zur Finanzierung der zukünftigen Versorgungsansprüche eingerichtet. Im Bereich des Bundes werden für ab dem 1.1.2007 neu eingestellte Beamte nach versicherungsmathematischen Grundsätzen ermittelte Zuweisungen an den Versorgungsfonds des Bundes getätigt. Die Höhe der Zuweisungen wird durch Rechtsverordnung festgelegt und alle drei Jahre überprüft.

12 Versorgungsausgleich nach neuem Recht

Martina Hardt, Thomas Hagemann, Petra Lerner

12.1 Wesentliche Auswirkungen

Das aktuelle Versorgungsausgleichsrecht hat rechtliche, organisatorische, technische und aktuarielle Auswirkungen für die Versorgungsträger betrieblicher Altersversorgung. Das Gesetz zur Strukturreform des Versorgungsausgleichs (VAStrRefG), das unter Art. 1 das Versorgungsausgleichsgesetz (VersAusglG)[1] enthält, trat planmäßig zum 01.09.2009 in Kraft.

Das aktuelle Versorgungsausgleichsrecht bindet die Träger von Versorgungssystemen deutlich stärker in den Versorgungsausgleich eines ausgleichsverpflichteten Mitarbeiters ein, als dies zuvor der Fall war. Dies gilt auch für Arbeitgeber, die ihren Mitarbeitern Direktzusagen erteilt haben und daher selbst Versorgungsträger sind.

Dies bedeutet für die Versorgungsträger, dass sie selbst Verfahrensbeteiligte mit den damit verbundenen Rechten und Pflichten werden. Als materiell Beteiligte müssen sie die Entscheidungen des Familiengerichts auf Fehler und sie als Versorgungsträger betreffende Benachteiligungen überprüfen, können zu Verhandlungen geladen werden (was in der Praxis aber selten vorkommen dürfte) und haben das Recht und die Pflicht, im Verfahren Stellung zu nehmen und Entscheidungen (mit der Beschwerde) anzugreifen.

Des Weiteren werden den Versorgungsträgern umfangreiche Auskunftspflichten gegenüber dem Familiengericht auferlegt. So müssen sie zunächst ermitteln, in welchem Umfang der ausgleichsverpflichtete Mitarbeiter während der Ehezeit Versorgungsrechte erworben hat (Ehezeitanteil der Versorgungsan-

---

[1] Gesetz v. 3.4.2009, BGBl. I 2009, S. 700.

wartschaft). Der im jeweiligen Versorgungssystem erworbene Ehezeitanteil der Versorgungsanwartschaft ist danach in einen Barwert umzurechnen, bevor dieser dann hälftig zu teilen und dem Gericht als Ausgleichswert vorzuschlagen ist. Dabei handelt es sich um den Wert, der, wenn und soweit er nicht beanstandet wird, durch Beschluss des Familiengerichts auf die ausgleichsberechtigte Person zu Lasten des ausgleichsverpflichteten Mitarbeiters übertragen wird.

Darüber hinaus haben die Versorgungsträger eine Entscheidung darüber zu treffen, ob sie für die ausgleichsberechtigte Person aus dem um die ggf. anfallenden (hälftigen) Teilungskosten gekürzten Ausgleichswert ein Anrecht innerhalb des jeweiligen Versorgungssystems begründen (interne Teilung) oder aber diesen an einen von der ausgleichsberechtigten Person ausgewählten externen Versorgungsträger (externe Teilung) abführen möchten. Nach dem VersAusglG bildet die interne Teilung dabei den Regelfall. Sie kann einseitig von Arbeitgebern (bei Direktzusagen und Unterstützungskassenzusagen)[2] nur dann vermieden werden, wenn der Ausgleichswert (ggf. der korrespondierende Kapitalwert) im Jahr des Ehezeitendes die jeweils geltende jährliche Beitragsbemessungsgrenze (BBG) in der gesetzlichen Rentenversicherung (= 71.400 EUR in 2014, BBG West) nicht übersteigt. Im Nachfolgenden werden überwiegend Arbeitgeber als Versorgungsträger dargestellt.

Ungeachtet dessen, ob die interne oder externe Teilung Anwendung findet, muss der Versorgungsträger ferner eine Kürzung des Anrechts des ausgleichsverpflichteten Mitarbeiters um den Ausgleichswert zuzüglich der bei einer internen Teilung ggf. anfallenden (hälftigen) Teilungskosten im Rahmen des jeweiligen Versorgungssystems vornehmen.

Das aktuelle Versorgungsausgleichsrecht ermöglicht im Regelfall bereits bei der Scheidung den endgültigen Ausgleich betrieblicher Versorgungsanrechte im Wege der Halbteilung. Etwas anderes ergibt sich im Hinblick auf zum Zeitpunkt der Scheidung noch verfallbare Anwartschaften und Wertsteigerungen des Ehezeitanteils etwa aufgrund einer nachehezeitlichen Gehaltsdynamik (endgehaltsabhängige Zusagen). Insoweit erfolgt eine Korrektur erst nach

---

[2] Für Direktversicherungen, Pensionskassen und Pensionsfonds gelten andere Wertgrenzen. Siehe hierzu unter 12.13.

Eintritt des Versorgungsfalles beim ausgleichsverpflichteten Mitarbeiter durch eine Teilung nach der Scheidung (schuldrechtlicher Versorgungsausgleich).

Ein Versorgungsausgleich findet nach dem aktuellen Versorgungsausgleichsrecht grundsätzlich nur dann statt, wenn die Ehe bei Scheidung drei oder mehr Jahre bestanden hat. Bei einer Ehezeit von bis zu drei Jahren findet ein Versorgungsausgleich nur statt, wenn ein Ehegatte dies beantragt.

Bestehen auf Seiten beider Ehegatten betriebliche Versorgungsanrechte gleicher Art und sind diese nach Saldierung ihrer Ausgleichswerte geringfügig, so soll das Familiengericht von einem Versorgungsausgleich absehen. Die Obergrenze liegt für Rentenbeträge bei 1 % und bei Kapitalwerten bei 120 % der monatlichen Bezugsgröße nach § 18 SGB IV (= 27,65 EUR bzw. 3.318 EUR in 2014, Bezugsgröße West).

Schließlich kann der Versorgungsausgleich durch (notarielle) Vereinbarungen zwischen den Ehegatten teilweise oder ganz ausgeschlossen werden, wenn die Vereinbarung einer gerichtlichen Inhalts- und Ausübungskontrolle standhält.

Das aktuelle Versorgungsausgleichsrecht findet auf alle ab dem 01.09.2009 neu eingeleiteten Ausgleichsverfahren Anwendung. Zu diesem Zeitpunkt bereits anhängige Verfahren richten sich dagegen grundsätzlich weiter nach dem alten Recht. Neues Recht gilt jedoch dann, wenn bereits nach altem Recht anhängige Verfahren nicht bis zum 31.08.2010 erstinstanzlich entschieden sind. Ebenfalls nach neuem Recht richten sich ruhende und ausgesetzte Verfahren, die ab dem 01.09.2009 wieder aufgenommen bzw. weiterbetrieben werden.

12.2 Gestaltungsbedarf und -spielräume

Vor dem Hintergrund der oben dargestellten Auswirkungen des aktuellen Versorgungsausgleichsrechts ist im Hinblick auf die bestehenden Versorgungssysteme zweckmäßigerweise bereits frühzeitig und außerhalb der Versorgungssysteme eine generelle Regelung zu treffen, wie die vorgeschriebenen

Berechnungen vorgenommen werden und die Teilung im Übrigen erfolgen soll (Teilungsregeln).[3] Zwar steht das VersAusglG einer Gestaltung (erst) im Einzelfall nicht entgegen. Die Teilungsregeln helfen jedoch, interne Missverständnisse und Unklarheiten sowie Nachfragen des Familiengerichts und eine ggf. unbeabsichtigte Bindung durch betriebliche Übung bzw. aufgrund des arbeitsrechtlichen Gleichbehandlungsgrundsatzes zu vermeiden.

12.3 Berechnung des Ehezeitanteils

Grundsätzlich sind nur Anrechte auszugleichen, die in der Ehezeit erworben oder aufrechterhalten worden sind. Gemäß § 3 Abs. 1 VersAusglG beginnt die Ehezeit mit dem ersten Tag des Monats, in dem die Ehe geschlossen wurde, und endet am letzten Tag des Monats, der der Zustellung des Scheidungsantrags vorausgeht.

Nach § 5 Abs. 1 und 2 VersAusglG sind die Versorgungsträger im Falle eines Versorgungsausgleichs zur Berechnung des Ehezeitanteils des von dem ausgleichsverpflichteten Mitarbeiter im jeweiligen Versorgungssystem erworbenen und unverfallbaren[4] Anrechts verpflichtet. Die Ermittlung des Wertes des jeweiligen Anrechts richtet sich nach den §§ 39ff. i. V. m. § 5 Abs. 5 VersAusglG.

In einem ersten Schritt ist das bis zum Ehezeitende erworbene Anrecht des Mitarbeiters zu ermitteln (§ 45 VersAusglG). In Anlehnung an die Berechnung der Höhe einer unverfallbaren Anwartschaft gemäß § 2 BetrAVG erfolgt dies

---

[3] Bislang liegt weder Rechtsprechung zur betrieblichen Mitbestimmung bei der Umsetzung des neuen Versorgungsausgleichsrechts vor noch hat sich dazu bereits eine gefestigte Meinung in der Fachliteratur herausgebildet. Die diesbezüglich in diesem Kapitel von uns vertretenen Ansichten stehen daher unter Vorbehalt. Zur Vermeidung etwaiger Risiken bietet es sich an, die Zustimmung des (Gesamt)Betriebsrats, wenn und soweit möglich, zu den Teilungsregeln vorsorglich einzuholen.

[4] Liegt bei Ehezeitende keine Unverfallbarkeit vor – weder gesetzlich noch vertraglich –, findet keine interne oder externe Teilung statt und mithin entfallen die Pflichten der Versorgungsträger bei der Scheidung (§ 19 Abs. 1, Abs. 2 Nr. 1 VersAusglG). Durch diese Regelung wird verhindert, dass in den Wertausgleich bei der Scheidung Anrechte einbezogen werden, die sich gegebenenfalls später gar nicht oder zumindest nicht in dieser Höhe realisieren.

bei Leistungszusagen zeitratierlich (§ 2 Abs. 1 BetrAVG) und bei beitragsorientierten Leistungszusagen anhand der bis dahin aus den aufgewendeten (fiktiven) Beiträgen zugeteilten Leistungen (§ 2 Abs. 5a BetrAVG).

In einem zweiten Schritt ist dann der Ehezeitanteil des Anrechts zu bestimmen. Ist eine eindeutige Zuordnung der während der Ehezeit erdienten Leistungsanteile nicht möglich, ist hierbei wiederum der zeitratierliche Ansatz (§ 40 VersAusglG) zu wählen (Verhältnis Ehezeit zur gesamten Dienstzeit bis zum Ehezeitende); ansonsten kommt die nach dem Gesetz vorrangig zu wählende unmittelbare Methode (§ 39 VersAusglG) zum Tragen, wenn die Zuteilung von Versorgungsanrechten unmittelbar bestimmten Zeitabschnitten zugeordnet werden kann (z. B. bei Bausteinsystemen).

Im Einzelfall kann die Bestimmung des Ehezeitanteils problematisch sein und sich nicht eindeutig aus dem Gesetz ergeben. Leistungsorientierte Zusagen wurden in der Vergangenheit oft geändert, indem für die vergangenen Dienstjahre ein Besitzstand garantiert wurde und für die zukünftigen Dienstjahre entweder keine oder nur noch geringere Anwartschaften erdient werden können.

Beispielsweise kann es vorkommen, dass eine Versorgungsordnung vor dem Beginn der Ehezeit gekündigt und der bis dahin erdiente Besitzstand für die Zukunft (und damit auch während der Ehezeit) aufrecht erhalten wird. Während der Ehezeit werden dann keine weiteren Anwartschaften erdient. In diesem Zusammenhang stellt sich die Frage, ob der Ehezeitanteil der Teil des Besitzstandes ist, der dem Verhältnis der Ehezeit zur gesamten Dienstzeit bis zum Ehezeitende entspricht, oder ob der Ehezeitanteil sich vielmehr „auf Null" beläuft, da während der Ehezeit keine Anwartschaft erdient wurde. Wir halten grundsätzlich die letztgenannte Variante für die sachgerechteste Lösung, da hierbei exakt berücksichtigt wird, welcher Teil des Anrechts tatsächlich in der Ehezeit erdient wurde.[5]

---

[5] Sonderfall Liquidationsversicherung: Wird diese während der Ehezeit geschlossen, ist sie in voller Höhe zu teilen, auch wenn die darin berücksichtigte Erdienenszeit größtenteils vor Ehebeginn lag (so zumindest OLG München, Beschluss v. 12.4.2011 – 33 UF 189/11).

Auch die Vorgehensweise im Falle von sogenannten reinen rückgedeckten Direktzusagen ist nicht eindeutig. Dies sind Zusagen, bei denen die Leistung ausschließlich aus der Entwicklung des Deckungskapitals einer Rückdeckungsversicherung (gebildet bei der Versicherungsgesellschaft) abgeleitet wird. Im Falle eines Versorgungsausgleiches muss dann der auf die Ehezeit entfallende Anteil des Deckungskapitals zur Bestimmung des Ehezeitanteils der Zusage errechnet werden. Eine Näherung für diesen Anteil wäre die entsprechende Differenz des Deckungskapitals zum Anfang und zum Ende der Ehezeit. Allerdings würden dann die Zinsen für den vor der Ehezeit angesammelten Anteil des Deckungskapitals der Ehezeit zugeordnet werden, was u. E. nicht sachgerecht ist. Dieser Anteil der Zinsen lässt sich aber zumeist nur näherungsweise und nur mit großem Aufwand herausrechnen.

12.4 Vorschlag eines Ausgleichswertes

Gemäß § 5 Abs. 3 VersAusglG ist der Arbeitgeber als Versorgungsträger verpflichtet, dem Familiengericht einen Vorschlag für die Bestimmung des Ausgleichswertes zu unterbreiten. Unter dem Ausgleichswert ist der hälftige Anteil des ehezeitanteiligen Anrechts des ausgleichsverpflichteten Ehegatten zu verstehen. Einige Arbeitgeber schlagen dem Gericht darüber hinaus auch den dazu passenden Textbaustein für die Tenorierung der Versorgungsausgleichsentscheidung vor. Entscheidet sich der Arbeitgeber dazu und für eine interne Teilung, so sollte der genaue Wortlaut der Versorgungszusage und ihre aktuelle Fassung im Textbaustein für den Tenor[6] wiedergegeben werden (BGH, Beschl. v. 26.01.2011 – XII ZB 504/10). Wird ein Anrecht der betrieblichen Altersversorgung hingegen gemäß § 14 Abs. 2 Nr. 2 VersAusglG extern geteilt, ist eine Benennung der maßgeblichen Versorgungsordnung in der Beschlussformel nicht erforderlich (BGH, Beschluss vom 29.05.2013 – XII ZB 663/11).

Für die Berechnung des Ausgleichswerts gibt es verschiedene Methoden.

---

[6] Anrechte, die aus verschiedenen Bausteinen bestehen, sind einzeln zu betrachten und auszugleichen (BGH, Beschl. v. 30.11.2011 – XII ZB 79/11).

Nach dem VersAusglG grundsätzlich möglich sind u. E. eine Rententeilung, eine Barwerthalbierung sowie eine Barwertteilung zur Erzeugung gleich hoher Renten. Dass der Versorgungsausgleich für die Versorgungsträger bilanztechnisch weitestgehend kostenneutral verläuft, lässt sich bei der Rententeilung im Normalfall nicht gewährleisten. Außerdem führen sowohl die Rententeilung als auch die Barwertteilung dazu, dass beide Ehepartner nach dem Versorgungsausgleich gleich hohe Renten beziehen, auch wenn sie ein unterschiedliches Alter haben. Das könnte im Hinblick auf den übergeordneten Halbteilungsgrundsatz problematisch sein. Die Barwerthalbierung ist zudem einfacher umsetzbar, weshalb einzig diese nachfolgend behandelt werden soll.

12.5 Korrespondierender Kapitalwert

Wird der Ausgleichswert nicht als Barwert, sondern z. B. in Form einer Rente angegeben, muss zusätzlich ein sog. korrespondierender Kapitalwert ermittelt werden (§ 5 Abs. 3 i. V. m. § 47 VersAusglG). Dies ist der Betrag, der aufzubringen wäre, um beim Versorgungsträger der ausgleichspflichtigen Person für diese ein Anrecht in Höhe des Ausgleichswertes zu begründen. Vereinfacht ausgedrückt ist der korrespondierende Kapitalwert der Barwert des halben Ehezeitanteils.

Als Berechnungsparameter können beispielsweise die in der Handelsbilanz des Arbeitgebers zum letzten Bilanzstichtag vor dem jeweiligen Ehezeitende für die Bemessung der Pensionsrückstellung verwendeten Annahmen und Prämissen (z. B. Sterbetafeln[7]) herangezogen werden. Es ist dabei aufgrund der Gesetzesmaterialien zum VAStrRefG davon auszugehen, dass der nach dem Gesetz zur Modernisierung des Bilanzrechts[8] vorgesehene Rechnungszins sowie die darin ebenfalls vorgesehene Berücksichtigung künftiger Dynamik (Rententrendannahmen) anzusetzen sind.

---

[7] Im Hinblick auf das Unisex-Urteil des EuGH v. 1.3.2011 (Az. C 236/09) halten wir beim Versorgungsausgleich (anders als beim Jahresabschluss) eine Berechnung basierend auf Unisex-Tafeln, also unter Berücksichtigung gleicher Lebenserwartung von Männern und Frauen, für geboten.

[8] BilMoG, BGBl. I 2009 S. 1102.

Die Bewertung der Hinterbliebenenrentenanwartschaft kann unter Verwendung des Geburtsdatums der ausgleichsberechtigten Person (sog. individuelle Methode) oder aber pauschal nach der sog. kollektiven Methode erfolgen. Die Einrechnung einer Hinterbliebenenrentenanwartschaft sollte jedoch unterbleiben, wenn eine spätere (erneute) Eheschließung des Ausgleichspflichtigen aufgrund einer Späteheklausel in der Zusage keine entsprechende Versorgung mehr auslösen würde.

Hinsichtlich der Prämissen für den korrespondierenden Kapitalwert besteht allenfalls ein sehr begrenzter Gestaltungsspielraum der Arbeitgeber und mithin an dieser Stelle bereits deshalb u. E. auch kein Mitbestimmungsrecht des Betriebsrats. Gleichwohl sind diesbezügliche Entscheidungen vom Arbeitgeber gerade im Hinblick darauf zu treffen, dass diese im VersAusglG zumindest derzeit nicht klar und abschließend geregelt sind.

Der Ausgleichswert, den der Versorgungträger für den Ausgleichsverpflichteten dem Familiengericht gemäß § 5 Abs. 3 VersAusglG vorzuschlagen hat, entspricht bei der hier vorgeschlagenen Teilungsvariante (Barwerthalbierung) genau dem korrespondierenden Kapitalwert.

12.6 Interne oder externe Teilung

Nach den Regelungen der §§ 9 Abs. 2, 10-13 VersAusglG erfolgt der Wertausgleich vorwiegend durch eine sog. interne Teilung. Nur in gesetzlich ausdrücklich geregelten Ausnahmefällen (§§ 14 Abs. 2, 17 VersAusglG) ist auch eine externe Teilung zulässig. Externe Teilung bedeutet, dass der Ausgleich außerhalb des Versorgungssystems des auszugleichenden Anrechts vorgenommen wird. Zugunsten der ausgleichsberechtigten Person wird in Höhe der Hälfte des auszugleichenden Anrechts ein eigenständiges Anrecht bei einem anderen Versorgungträger (sog. „Zielversorgungsträger") begründet.

Gemäß § 14 Abs. 2 Nr. 1 VersAusglG ist eine externe Teilung immer dann zulässig, wenn die ausgleichsberechtigte Person und der Versorgungträger der ausgleichspflichtigen Person eine externe Teilung vereinbaren. Außerdem kann der Versorgungträger eine externe Teilung verlangen, wenn der Ausgleichswert die in § 14 Abs. 2 Nr. 2 VersAusglG definierte Wertgrenze nicht überschreitet. In diesem Fall ist weder eine Zustimmung der ausgleichspflichtigen noch der ausgleichsberechtigten Person erforderlich. Für eine externe Teilung gemäß § 14 Abs. 2 Nr. 2 VersAusglG darf der Ausgleichswert am Ende der Ehezeit bei einem Rentenbetrag als maßgebliche Bezugsgröße höchstens 2 Prozent, in allen anderen Fällen als Kapitalwert höchstens 240 Prozent der monatlichen Bezugsgröße nach § 18 Abs. 1 des Vierten Buches Sozialgesetzbuch (SGB IV) betragen. Im Jahr 2014 beträgt die monatliche Bezugsgröße gemäß § 18 Abs. 1 SGB IV 2.765 EUR. Daher beträgt die Wertgrenze im Jahr 2014 bei einem Rentenbetrag 55,30 EUR (= 2 Prozent von 2.765 EUR) und bei einem Kapitalbetrag 6.636,00 EUR (= 240 Prozent von 2.765 EUR). Diese Wertgrenze gilt für betriebliche Anrechte der Durchführungswege der Direktversicherung, der Pensionskasse und des Pensionsfonds.

Für betriebliche Anrechte aus den internen Durchführungswegen einer Direktzusage oder einer Unterstützungskasse ist die Wertgrenze gemäß § 17 VersAusglG deutlich höher. Nach dieser Vorschrift darf der Ausgleichswert als Kapitalwert am Ende der Ehezeit höchstens die Beitragsbemessungsgrenze in der gesetzlichen Rentenversicherung nach den §§ 159, 160 SGB VI erreichen. Im Jahr 2014 sind dies 71.400,00 EUR. § 17 VersAusglG erweitert also in Abweichung von § 14 Abs. 2 Nr. 2 VersAusglG für Direktzusagen und Unterstützungskassen die Möglichkeit, eine externe Teilung einseitig zu verlangen.

Der Arbeitgeber hat eine grundsätzliche Entscheidung darüber zu treffen, ob er der internen oder externen Teilung — soweit dies rechtlich möglich ist — den Vorzug geben möchte. Für die externe Teilung spricht sicherlich der geringere Administrationsaufwand, dagegen jedoch ein möglicherweise unerwünschter Liquiditätsabfluss.

Der im Hinblick auf die Teilungsart bestehende Gestaltungsspielraum des Arbeitgebers sollte bereits frühzeitig intern diskutiert und dann in den Teilungsregeln eine entsprechende Festlegung getroffen werden. Nach unserer Auffassung besteht diesbezüglich kein Mitbestimmungsrecht des Betriebsrates.

Sind beide Ehegatten beim gleichen Arbeitgeber beschäftigt und durch Anrechte gleicher Art begünstigt, kann nach der rechtskräftigen Entscheidung des Gerichts eine Verrechnung der Anrechte nach § 10 Abs. 2 VersAusglG stattfinden. Wird die Verrechnung auch vom Arbeitgeber gewünscht, sollte sie auch Aufnahme in die Teilungsregeln finden.

12.7 Teilungskosten bei interner Teilung

Die interne Teilung führt dazu, dass der Versorgungsträger einen neuen Versorgungsberechtigten in sein Versorgungssystem aufnehmen muss, der — zumindest in der Regel — bislang noch keine Verbindung zum Unternehmen hatte. Diese Rechtsfolgen der internen Teilung treffen den Versorgungsträger als einen hinsichtlich der Ehescheidung an sich unbeteiligten Dritten.

Mit der internen Teilung soll daher nach dem Willen des Gesetzgebers für den Versorgungsträger keine unverhältnismäßige wirtschaftliche Belastung einhergehen. Gemäß § 13 VersAusglG ist er berechtigt, die angemessenen Kosten jeweils hälftig von den Anrechten beider Ehegatten abzuziehen.

Zu der Frage, in welchem Umfang die Teilungskosten noch als angemessen gelten, trifft das Gesetz selbst keine Aussage.

Nicht berücksichtigt werden dürfen die Kosten des Auskunftsverfahrens, d. h. der Verfahrensbeteiligung sowie der in diesem Zusammenhang bestehenden Auskunftspflichten (z. B. Vorschlag des Ausgleichswertes).

Einigkeit besteht in Rechtsprechung und Literatur darin, dass auch eine Pauschalierung der Teilungskosten möglich ist. Die konkreten Bedingungen für eine solche Pauschalierung sind allerdings umstritten.

Mit Beschluss vom 01.02.2012 hat der Bundesgerichtshof (BGH — XII ZB 172/11) die erste höchstrichterliche Entscheidung zur Angemessenheit von Teilungskosten getroffen. Der BGH hat entschieden, dass eine Pauschalierung der Teilungskosten in Höhe von zwei bis drei Prozent des Kapitalwertes grundsätzlich angemessen ist, äußert allerdings Bedenken gegen eine „grenzenlose prozentuale Berechnung". Der BGH vertritt den Standpunkt, dass Tei-

12 Teilungskosten bei interner Teilung

lungskosten von bis zu 500 EUR ohne weitere Nachweise akzeptiert werden können. Macht der Versorgungsträger hingegen Teilungskosten von mehr als 500 EUR geltend, müsse er diese konkret darlegen.

Viele Unternehmen haben in ihren Teilungsregeln Teilungskosten festgesetzt, die deutlich über 500 EUR liegen. Häufig werden Teilungskosten mit zwei bis drei Prozent des Kapitalwertes, mindestens aber 10 Prozent (276,50 EUR in 2014) und höchstens 100 Prozent (2.765 EUR in 2014) der monatlichen Bezugsgröße (West) nach § 18 Abs. 1 SGB IV festgelegt.

Liegen die Teilungskosten nach den Teilungsregeln oberhalb von 500 EUR, kann der Versorgungsträger sie aufgrund der aktuellen höchstrichterlichen Rechtsprechung nur dann erfolgreich geltend machen, wenn er die tatsächlich entstehenden Kosten betriebswirtschaftlich konkret darlegt.

Unklar ist allerdings auch nach dem Beschluss des BGH, auf welche Art und Weise diese höheren Teilungskosten zu konkretisieren sind. Derzeit empfehlen wir folgendes Vorgehen: Anhand von Geburtsjahr und Geschlecht wird errechnet, wie lange die ausgleichsberechtigte Person voraussichtlich Anwärter bzw. Rentner sein wird; anschließend wird pro Anwartschafts- bzw. Rentenjahr ein betriebswirtschaftlich vertretbarer, fester Betrag angesetzt. In der Summe bilden diese Beträge dann die Teilungskosten. Diese Methode bedeutet zwar einen höheren Aufwand im Zeitpunkt der Auskunft, ermöglicht jedoch nach unserer Auffassung den nachvollziehbaren Nachweis der Kosten.

Der hinsichtlich der Kostenfestsetzung bestehende Gestaltungsspielraum der Arbeitgeber sollte durch eine in die Teilungsregeln aufzunehmende Kostenregelung genutzt werden. Die Aufnahme der Kostenregelung in die Teilungsregeln kann helfen, Missverständnissen, Unklarheiten und Rechtsunsicherheiten vorzubeugen.

12.8 Verzinsung des Ausgleichswertes bei externer Teilung

Da zwischen dem Ehezeitende und der Zahlung des Ausgleichswertes an den Zielversorgungsträger nach externer Teilung naturgemäß mehrere Monate — wenn nicht sogar Jahre — liegen, stellt sich die Frage der Verzinsung des Ausgleichswertes. Der Bundesgerichtshof hat erstmals am 07.09.2011 entschieden, dass für die Zeit zwischen dem Ehezeitende und der Rechtskraft der Versorgungsausgleichsentscheidung grundsätzlich eine Verzinsung in Höhe des Rechnungszinses vorzunehmen ist, der auch bei der Berechnung des Ausgleichswertes Anwendung gefunden hat (Az. XII ZB 546/10). Eine Verzinsung wird nach unserer Auffassung aber nur dann geschuldet, wenn der Tenor eine solche Pflicht enthält. Die Pflicht zur Verzinsung des Ausgleichswertes besteht allerdings nicht bei einer fondsgebundenen betrieblichen Altersversorgung. Dies hat der Bundesgerichtshof mit Beschluss vom 07.08.2013 ausdrücklich entschieden (XII ZB 552/12). Bei Fondsanteilen handelt es sich nicht um kapitalgedeckte Anrechte, bei deren Barwertermittlung ein Rechnungszins angewendet wird. Eine Pflicht zur Verzinsung des Ausgleichswertes kann nach Auffassung des Gerichts nur dann bestehen, wenn dem zu zahlenden Ausgleichswert eine von vornherein zugesagte Wertsteigerung tatsächlich innewohnt. Dies ist bei fondsbasierten Anlageformen, deren Wertentwicklung durch Kursschwankungen gekennzeichnet ist, jedoch nicht der Fall.

Im Übrigen besteht eine Pflicht zur Verzinsung des Ausgleichswertes nur vom Ehezeitende bis zur Rechtskraft der Entscheidung zum Versorgungsausgleich, aber nicht darüber hinaus bis zum tatsächlichen Eingang der Zahlung beim Zielversorgungsträger. Leistet der zahlungspflichtige Versorgungsträger auf eine Zahlungsaufforderung nicht, kann der Zielversorgungsträger einen etwaigen Verzögerungsschaden nach den Regeln über den Zahlungsverzug (§§ 288ff. BGB) geltend machen. Dieser Schaden kann sich allerdings auch auf die kapitalisierten Zinsen beziehen und den im Versorgungssystem des zahlungspflichtigen Versorgungsträgers verwendeten Rechnungszins überschreiten (BGH, Beschluss vom 06.02.2013 — XII ZB 204/11; BGH, Beschluss vom 13.02.2013 — XII ZB 631/12).

12.9 Anrecht des ausgleichsverpflichteten Mitarbeiters

Auf Grundlage des vom Familiengericht akzeptierten Ausgleichswertes hat eine Kürzung des Anrechts des ausgleichsverpflichteten Mitarbeiters innerhalb des jeweiligen Versorgungssystems zu erfolgen (§§ 10 Abs. 1, 14 Abs. 1 VersAusglG: „zu Lasten"). Dies gilt unabhängig davon, ob im jeweiligen Fall die interne oder externe Teilung zum Tragen kommt.

Weil das Gesetz keinen bestimmten Kürzungsmechanismus vorschreibt, stellt sich die Frage, wie die Kürzung in den jeweiligen Versorgungssystemen der Arbeitgeber am besten umgesetzt werden kann. Denkbar ist eine „natürliche" Kürzung aller im jeweiligen Versorgungssystem vorgesehenen Leistungsarten um einen bestimmten Rentenbetrag. Ist der Ehezeitanteil in Form einer Rente berechnet, so wird jede Leistungsart um den halben Ehezeitanteil (ggf. erhöht durch die Teilungskosten) gekürzt. Alternativ wäre im Einvernehmen mit dem ausgleichsverpflichteten Mitarbeiter auch eine wertgleiche selektive Kürzung z. B. nur bei der Alters- oder der Hinterbliebenen- und Invalidenrente möglich. Für die „natürliche" Kürzung spricht u. E. vorliegend, dass diese von den Arbeitgebern verwaltungstechnisch leichter umsetzbar sein dürfte. Die Entscheidung für die eine oder andere Kürzungsweise sollte letztlich in enger Abstimmung mit dem Aktuar und unter Berücksichtigung der besonderen Verhältnisse in den unterschiedlichen Versorgungssystemen getroffen und die bevorzugte Gestaltung dann in den Teilungsregeln festgelegt werden. In jedem Fall ist die Kürzung bei der versicherungsmathematischen Bewertung für den Jahresabschluss zu beachten.

12.10 Anrecht der ausgleichsberechtigten Person

Im Falle einer internen Teilung muss der Versorgungsträger für die ausgleichsberechtigte Person korrespondierend zur Höhe des um die anfallenden, hälftigen Teilungskosten geminderten Ausgleichswertes grundsätzlich innerhalb des jeweiligen Versorgungssystems ein Anrecht begründen; mit anderen Worten, der Ausgleichswert ist versicherungsmathematisch in eine Versorgungsleistung umzurechnen.

Der ausgleichsberechtigten Person muss nicht der gleiche Risikoschutz bzw. dasselbe Leistungsspektrum wie dem ausgleichsverpflichteten Mitarbeiter zugesagt werden. Zulässig ist nach § 11 Abs. 1 S. 2 Nr. 3 VersAusglG ausdrücklich eine Beschränkung auf eine reine Altersversorgung, wenn dort die Rentenhöhe im Hinblick auf die Einsparungen bei den nicht abgesicherten Risiken vergleichsweise höher ausfällt und so dennoch ein wertgleicher Ausgleich sichergestellt ist. Insoweit besteht ein einseitiges Gestaltungsrecht des Arbeitgebers als Versorgungsträger, das er auch schriftlich in Teilungsregeln fixieren sollte, da § 11 Abs. 2 VersAusglG ansonsten keine Abweichungen gegenüber den für die ausgleichspflichtige Person geltenden Bestimmungen zulässt.

Für eine Beschränkung des Risikoschutzes auf die Altersversorgung spricht, dass sich einerseits bei Ausschluss von Hinterbliebenenleistungen der Kreis der begünstigten „Betriebsfremden" begrenzen lässt und andererseits die Nachprüfung der Erfüllung der Leistungsvoraussetzungen bei Invalidität und Tod entfällt. Dadurch sollte langfristig vergleichsweise weniger Administrationsaufwand als bei der Zulassung aller Leistungsarten anfallen.

Mit der Anrechtsbegründung erhält die ausgleichsberechtigte Person gegenüber dem jeweiligen Arbeitgeber die Stellung eines unverfallbar ausgeschiedenen Arbeitnehmers. Im Versorgungsfall hat dabei eine Anpassung der Rente grundsätzlich entsprechend der für den ausgleichsverpflichteten Mitarbeiter geltenden gesetzlichen bzw. vertraglichen Regelungen zu erfolgen. Ob eine Beschränkung der ausgleichsberechtigten Person auf eine 1%ige Anpassungsgarantie möglich ist, wenn die Zusage für den Ausgleichspflichtigen eine Anpassung nach § 16 Abs. 1 BetrAVG vorsieht, erscheint fraglich, da eine Versorgung mit den gleichen Chancen und Risiken geschuldet wird. Gemäß § 30c Abs. 1 BetrAVG kann die allgemeine gesetzliche Anpassungsprüfungs- und Anpassungsentscheidungsverpflichtung[9] für Neuzusagen ab dem 01.01.1999 auf eine Erhöhung von 1 % jährlich begrenzt werden, sofern eine solche Rentendynamik vertraglich zugesagt wird. Bei Zusagen, die vor diesem Stichtag erteilt worden sind (Altzusagen), scheidet diese Möglichkeit dagegen aus. Handelt es sich bei der auszugleichenden Zusage um eine Altzusage, so teilt die Zusage an die ausgleichsberechtigte Person u. E. deren rechtliches

---

[9] Anpassung bei befriedigender wirtschaftlicher Lage entsprechend dem Lebenshaltungskosten- bzw. Nettolohnanstieg.

Schicksal (Einheitstheorie), d. h. es kann insoweit nicht von einer Neuzusage ausgegangen werden. Letztlich bleibt die Klärung dieser Frage der Rechtsprechung bzw. dem Gesetzgeber vorbehalten.

Die Entscheidung über die Ausgestaltung des Anrechts der ausgleichsberechtigten Person und die Umrechnung des Ausgleichswertes (abzüglich der hälftigen Teilungskosten) in eine Versorgungsleistung sollte wiederum in enger Abstimmung mit dem Aktuar und unter besonderer Berücksichtigung der praktischen Handhabbarkeit im jeweiligen Versorgungssystem getroffen werden, bevor die bevorzugte Gestaltungsvariante anschließend in den Teilungsregeln niedergelegt wird. Ein Mitbestimmungsrecht des Betriebsrates besteht diesbezüglich u. E. bereits deshalb nicht, weil diesem für die ausgleichsberechtigte Person regelmäßig, d. h. soweit es sich bei dieser nicht um einen Mitarbeiter des konkreten Arbeitgebers handelt, keine Vertretungsbefugnis zukommt.

12.11 Versorgungssysteme als Zielversorgung

Die Arbeitgeber als Versorgungsträger haben ferner eine Entscheidung darüber zu treffen, ob sie ihre Versorgungssysteme als Zielversorgung im Falle einer externen Teilung und mithin für die Begründung zusätzlicher Anwartschaften zu Gunsten eines ausgleichsberechtigten Mitarbeiters zulassen möchten (§ 8 Abs. 2 VersAusglG).

Im Hinblick auf den zusätzlichen Verwaltungsaufwand empfehlen wir, mögliche derartige Anfragen zur externen Teilung durch ausgleichsberechtigte Mitarbeiter generell abzulehnen. Dies sollte wiederum bereits im Vorfeld in den Teilungsregeln festgelegt werden. Ein Mitbestimmungsrecht des Betriebsrats besteht an dieser Stelle u. E. nicht.

12.12 Bilanzielle Auswirkungen

Die Versorgungsverpflichtungen für den ausgleichsverpflichteten Mitarbeiter sind unter Berücksichtigung der Kürzung wegen des Versorgungsausgleichs beim Arbeitgeber als Versorgungsträger weiter zu passivieren. Für die ausgleichsberechtigte Person ist im Falle der internen Teilung darüber hinaus der Barwert des im jeweiligen Versorgungssystem begründeten Anrechts zu bilanzieren. Handelsrechtlich ergeben sich in der Regel nur geringe Auswirkungen auf den Bilanzansatz, weil die Rückstellung für die ausgleichsberechtigte Person in etwa der Rückstellungsminderung bei der ausgleichspflichtigen Person entspricht. Steuerlich wird die Rückstellung durch die Besonderheiten des Teilwertverfahrens im Vergleich zur Situation ohne Versorgungsausgleich zumindest bei aktiven Mitarbeitern regelmäßig ansteigen.

12.13 Besonderheiten mittelbarer Durchführungswege und CTA

Für die Versorgungsträger mittelbarer Durchführungswege gilt das für den Arbeitgeber Ausgeführte mit insbesondere folgenden Unterschieden entsprechend.

Für Unterstützungskassenzusagen gelten die Wertgrenzen des § 17 VersAusglG für die einseitige Bestimmbarkeit einer externen Teilung.

Für die Versorgungsträger Direktversicherung, Pensionskasse und Pensionsfonds liegen die Wertgrenzen für die einseitige Bestimmbarkeit einer externen Teilung erheblich niedriger; hier liegt die Grenze bei 2 % bzw. bei 240 % der monatlichen Bezugsgröße nach § 18 Abs. 1 SGB IV (§ 14 Abs. 2 Nr. 2 VersAusglG; 55,30 EUR bzw. 6.636,00 EUR: 2014). Diese geringere Wertgrenze wird dadurch gerechtfertigt, dass die Verwaltung von Versorgungsanrechten das Hauptgeschäft dieser Versorgungsträger darstellt.

Für die bei den Direktversicherungen, Pensionskassen und Pensionsfonds häufiger durchzuführenden internen Teilungen kann es gegebenenfalls sinnvoll sein, einen eigenen Tarif nur für Ausgleichsberechtigte vorzusehen, der ausschließlich Altersleistungen gewährt.

Bei Pensionskassen ist eine entsprechende Änderung der Satzung und des Technischen Geschäftsplanes erforderlich, was der Zustimmung der BaFin bedarf. Auch hier kann der Verantwortliche Aktuar wertvolle Unterstützung leisten.

Im Fall einer Direktzusage mit einem CTA[10] sind die folgenden Punkte aufgrund des aktuellen Rechts zu beachten:

Im Falle einer externen Teilung ist zu prüfen, ob für den Ausgleichsberechtigten der an den (neuen) Versorgungsträger zu übertragende Betrag aus dem CTA entnommen werden darf. Ob dies möglich ist, ergibt sich aus der Satzung. Gegebenenfalls sollte diese entsprechend der aktuellen Gesetzeslage ergänzt werden.

Ferner kann der Umfang der Entnahme des Ausgleichswertes aus dem Treuhandvermögen der Höhe nach aufgrund des Dotierungsgrades des CTA begrenzt sein. Im Falle der internen Teilung ist zu prüfen, ob die Satzung ausgleichsberechtigte Ehegatten bereits als Begünstigte nennt und gegebenenfalls wiederum eine Klarstellung vorzunehmen ist.

12.14 Mitbestimmung

Nach unserer Ansicht besteht im Rahmen des Versorgungsausgleichs überwiegend kein Mitbestimmungsrecht des Betriebsrats, da der Arbeitgeber lediglich die Vorgaben des Gesetzes umsetzt und nur eher geringe eigene Gestaltungsspielräume hat. Gleichwohl spricht auch nichts gegen die Mitwirkung des Betriebsrates bei der Erstellung der Teilungsregeln.

---

[10] Ein CTA ist eine Treuhandkonstruktion zur Insolvenzsicherung von Pensionsverpflichtungen, siehe Kapitel 8.6.

Lediglich die Frage der Auferlegung von Teilungskosten, die die Leistungshöhe tangiert, könnte u. U. wegen § 87 Abs. 1 Nr. 10 BetrVG der zwingenden Mitbestimmung unterfallen. Aus dem gleichen Grund könnte auch eine „nichtnatürliche Kürzung" mitbestimmungspflichtig sein, da sie die Verteilungsgrundsätze bzw. Versorgungsstruktur im jeweiligen Versorgungssystem berührt.

12.15 Fazit

Durch das Gesetz zur Strukturreform des Versorgungsausgleiches werden Versorgungsträger, und hier insbesondere Arbeitgeber mit einem Pensionsplan in Form einer Direktzusage, viel stärker mit dem Thema konfrontiert, als während des bis zum 31.08.2009 geltenden Rechts.

Im Verfahren ist der Arbeitgeber verpflichtet, einen Teilungsvorschlag an das Familiengericht zu übersenden und — nach Rechtskraft der gerichtlichen Entscheidung — die Teilung der Ansprüche selbst durchzuführen.

Das Gesetz bietet für die Teilung gewisse Gestaltungsspielräume an und dies bedeutet für den Arbeitgeber einen hohen und komplexen Entscheidungsbedarf.

Es wird den Arbeitgebern empfohlen, die Vorgehensweise in einer Teilungsregelung festzuhalten. Dadurch können Unklarheiten und Missverständnisse sowie Probleme mit dem arbeitsrechtlichen Gleichbehandlungsgrundsatz vermieden werden. Außerdem kann auf diese Art eine für den Arbeitgeber angemessene Lösung gefunden werden.

Insgesamt ergibt sich durch das Versorgungsausgleichsgesetz für den Arbeitgeber ein wesentlich erhöhter Verwaltungsaufwand. Diesen gilt es, durch entsprechende Maßnahmen und Planungen möglichst gering zu halten.

13 Zusatzversorgung des Öffentlichen Dienstes

Udo Niermann, Klaus Badenschier, Dieter Ververs

13.1 Entwicklung und Bedeutung der Zusatzversorgung des Öffentlichen Dienstes

Die Zusatzversorgung des Öffentlichen Dienstes gewährt den „Nicht-Beamten" (also den Angestellten des Öffentlichen Dienstes) eine zusätzliche betriebliche Altersversorgung. Diese Zusatzversorgung wird schon seit Anfang des letzten Jahrhunderts allen Angestellten und Arbeitern des Öffentlichen Dienstes als Ausgleich dafür gewährt, dass die Angestellten und Arbeiter des Öffentlichen Dienstes keine Pensionsansprüche erwerben.

Ursprünglich wurde im Rahmen einer „Gesamtversorgung" unter Anrechnung der gesetzlichen Rentenversicherung ein beamtenähnliches Versorgungsniveau erreicht. Ab 2001 hat man sich durch das „Punktesystem" von der Gesamtversorgung abgewandt und gewährt nun eine beitragsorientierte Altersversorgung. Deren Niveau liegt unterhalb der ursprünglichen Gesamtversorgungszusage.

Die sozialpolitische und wirtschaftliche Bedeutung der öffentlichen Zusatzversorgung ist erheblich. Die öffentliche Zusatzversorgung umfasst die Versorgungsanstalt des Bundes und der Länder (VBL), 22 Kommunale sowie 2 Kirchliche Zusatzversorgungskassen (ZVK). Allein die VBL versorgt ca. 4,7 Mio. Versicherte und erbrachte 2012 Versorgungsleistungen in Höhe von ca. 4,9 Mrd. EUR.

Die Rechtsgrundlage für das Leistungsrecht und auch überwiegend für die Finanzierung der ZVK ist in den einschlägigen Versorgungstarifverträgen des Öffentlichen Dienstes geregelt. Hier seien exemplarisch der „Altersversorgungstarifvertrag vom 1. März 2002 für die Arbeiter und Angestellten des Bundes und der Länder" und der „Altersversorgungstarifvertrag Kommunal (ATVK) vom 1. März 2002" für die Versicherten der Kommunen erwähnt. Dazu gibt es eine Reihe zusätzlicher Tarifverträge z. B. für Berufsgenossenschaften, gesetzliche Krankenversicherungen und sonstige Arbeitgeber des Öffentlichen Dienstes. Auch die großen Kirchen gewähren ihren Mitarbeitern zum Teil über eigene ZVK eine Altersversorgung nach dem Punktsystem.

13.2 Leistungsplan der Zusatzversorgung

13.2.1 Von der Gesamtversorgung zur Beitragsorientierung

Am 13.11.2001 einigten sich die Tarifvertragsparteien des öffentlichen Dienstes im Rahmen ihrer Tarifverhandlungen zur Lohnrunde 2000 auf den Abschluss des „Altersvorsorgeplanes 2001". Dieser sollte die Zusatzversorgung in der bis dahin bestehenden Form radikal verändern, indem er die bis dahin bestehende Gesamtversorgung ablöst.

Die Abschaffung der Gesamtversorgung hatte sowohl finanzielle, rechtliche, als auch sozialpolitische Gründe. Der Hauptgrund war die Tatsache, dass bei Fortdauer des bestehenden Gesamtversorgungssystems eine immer größer werdende Finanzierungslücke zu einem unabsehbaren Anstieg der Umlagen geführt hätte. Bei der Gesamtversorgung sagt der Arbeitgeber Versorgungsleistungen zu, die die Differenz zwischen der gesetzlichen Rentenversicherung und dem Gesamtversorgungsanspruch ausfüllen. Als maximaler Gesamtversorgungsanspruch konnten 91,75 Prozent des Nettoeinkommens als Versorgungsrente erreicht werden. Angesichts ständig sinkender Renten der gesetzlichen Rentenversicherung hätte die von den Arbeitgebern durch Umlagen zu finanzierende Differenz zu den Gesamtversorgungsansprüchen zusammen mit den deutlich steigenden Nettoeinkommen nach den Lohnsteuersenkungen verheerende Auswirkungen auf die Finanzierungsverpflichtungen der Arbeitgeber gehabt.

13.2.2 Das Punktesystem

Das Punktesystem gewährt Rentenleistungen, wenn ein Versicherungsfall im Sinne der Satzung der ZVK eingetreten ist und die Wartezeit bei Eintritt des Versicherungsfalles erfüllt ist.

Die Versicherungsfälle der Satzungen entsprechen denen der gesetzlichen Rentenversicherung. Somit kann das Punktesystem auf eine eigene Definition des Leistungsfalls verzichten[1]. Der Versicherungsfall ist unmittelbar an das Abrufen der gesetzlichen Rentenleistung durch den pflichtversicherten Arbeitnehmer gekoppelt. Die Wartezeit ist mit Ablauf von 60 Umlagemonaten erfüllt. Bei Arbeitsunfällen gilt die Wartezeit auch vor Erreichen von 60 Umlagemonaten als erfüllt.

Die Berechnung der Versorgungshöhe folgt dem Prinzip, wie es die Präambel des Versorgungstarifvertrages definiert:

„Das Versorgungspunktemodell nach dem Altersvorsorgeplan 2001 sagt eine Leistung zu, die sich ergeben würde, wenn eine Gesamtbeitragsleistung von 4 Prozent des zusatzversorgungspflichtigen Einkommens vollständig in ein kapitalgedecktes System eingezahlt würde."

Damit versucht das Punktesystem, die Rechnungsgrundlagen einer Pensionskasse nachzuvollziehen. Dieses kapitalgedeckte System besteht bei den ZVK, die noch im Umlageverfahren arbeiten, real nicht. Es wird nur fiktiv angenommen. Tatsächlich werden die Beiträge für die VBL und die anderen Umlagekassen weiterhin durch deren Mitglieder im Umlageverfahren entrichtet. Darum spricht die Präambel von **„eingezahlt würde"**. Da bei Umlagekassen tatsächlich noch nichts — im Sinne einer Vorausfinanzierung — eingezahlt wird, handelt es sich um eine „virtuelle Kapitaldeckung". Der Unterschied zum alten Gesamtversorgungssystem liegt demnach allein in der Änderung des Leistungsplanes.

---

[1] Lediglich die Teilrente aus der gesetzlichen Rentenversicherung ist kein Leistungsfall der Zusatzversorgung. Da die Teilrente eine geringe Bedeutung hat, spielt dieser Unterschied in der Praxis keine Rolle.

13.2.3 Ansprüche aus dem Punktemodell

Hatte der Versorgungsempfänger nach dem Gesamtversorgungssystem vorher einen Anspruch auf die Differenz zwischen Leistungen der gesetzlichen Rentenversicherung und einem Prozentsatz des gesamtversorgungspflichtigen Entgelts, so hat er jetzt durch das Versorgungspunktemodell nur einen Anspruch auf die oben zugesagte Leistung, die sich aus einer Gesamtbeitragszahlung von 4 Prozent des zusatzversorgungspflichtigen Einkommens in ein kapitalgedecktes System ergeben würde.

Die Berechnung der individuellen Versorgungsansprüche eines Arbeitnehmers vollzieht sich nach dem Punktesystem in mehreren Schritten und ist versicherungstechnisch mit Einmalbeiträgen in eine Pensionskasse zu vergleichen: Im ersten Schritt wird das Verhältnis von einem Zwölftel des jährlich zusatzversorgungspflichtigen Entgeltes zu dem Referenzentgelt von 1.000 EUR bestimmt. Das zusatzversorgungspflichtige Entgelt ist der steuerpflichtige Arbeitslohn, soweit er nicht z. B. im Tarifvertrag von der Zusatzversorgungspflicht ausdrücklich ausgenommen ist. Zu den nicht versorgungsfähigen Ausnahmen gehören das Urlaubsgeld oder die vermögenswirksamen Leistungen.

Das **Referenzentgelt** stellt eine von den Tarifparteien festgelegte Berechnungsgröße dar, welche nicht fortgeschrieben wird. Bei einem Arbeitnehmerentgelt von 1.000 EUR im Monat ergibt sich so in Bezug auf das Referenzentgelt ein Verhältniswert von 1, bei einem Entgelt von 2.000 EUR ein Wert von 2. Liegt das Einkommen des Arbeitnehmers unter 1.000 EUR, sinkt der Verhältniswert entsprechend unter 1 ab.

Das Ergebnis dieses Rechenschrittes wird mit dem sogenannten **Altersfaktor** multipliziert, der für das Lebensalter in dem Jahr gilt, in dem das Entgelt erzielt worden ist. Alter ist dabei die Differenz zwischen dem jeweiligen Kalenderjahr und dem Geburtsjahr des Beschäftigten. Der versicherungsmathematisch ermittelte Altersfaktor soll hauptsächlich dem Zinseffekt vom Zeitpunkt der Beitragszahlung bis zum Leistungsbeginn im Alter 65 entsprechen.

Leistungsplan der Zusatzversorgung **13**

Die Höhe des Altersfaktors für das jeweilige Alter ergibt sich aus folgender im Tarifvertrag vereinbarter Altersfaktorentabelle.[2]

Alter	Altersfaktor	Alter	Altersfaktor	Alter	Altersfaktor	Alter	Altersfaktor
17	3,1	29	2,1	41	1,5	53	1,0
18	3,0	30	2,0	42	1,4	54	1,0
19	2,9	31	2,0	43	1,4	55	1,0
20	2,8	32	1,9	44	1,3	56	1,0
21	2,7	33	1,9	45	1,3	57	0,9
22	2,6	34	1,8	46	1,3	58	0,9
23	2,5	35	1,7	47	1,2	59	0,9
24	2,4	36	1,7	48	1,2	60	0,9
25	2,4	37	1,6	49	1,2	61	0,9
26	2,3	38	1,6	50	1,1	62	0,8
27	2,2	39	1,6	51	1,1	63	0,8
28	2,2	40	1,5	52	1,1	64 u. älter	0,8

So werden aus dem Verhältnis des individuellen zusatzversorgungspflichtigen Jahresentgelts und des Referenzentgeltes unter Berücksichtigung eines Altersfaktors für jedes Beschäftigungsjahr nach folgender Formel Versorgungspunkte ermittelt:

$$\frac{1/12 \text{ d. zusatzversorgungspflichtigen Jahresentgeltes}}{\text{Referenzentgelt}} \times \text{Altersfaktor} = \text{Versorgungspunkte}$$

---

[2] Die Altersfaktorentabelle berücksichtigt dabei den Rechnungszins von 3,25 % in der Anwartschaftsphase und 5,25 % in der Rentenbezugsphase sowie die Richttafeln nach Heubeck 1998.

Tritt der Versorgungsfall ein, werden alle erdienten Versorgungspunkte addiert. In einem zweiten Schritt wird die Summe mit einem Messbetrag von 0,4 % des monatlichen Referenzentgelts multipliziert. Dieser entspricht 4 EUR.

Die Berechnung der Zusatzrente ergibt sich somit aus folgender Formel:

Mon. Rente (im Alter 65) = Summe aller Versorgungspunkte × Messbetrag

▶ BEISPIEL:

Ein Angestellter A bezieht ein Jahreseinkommen im Jahre X von 36.000 EUR im Alter 30. Im ersten Schritt werden die Versorgungspunkte aus diesem Jahr festgestellt:

$$\frac{1/12 \text{ v. } 36.000 \text{ EUR}}{1.000 \text{ EUR}} \times 2 \,(= \text{Altersfaktor}) = 6 \,(\text{Versorgungspunkte})$$
(= Referenzeinkommen)

In einem zweiten Schritt wird die monatliche Rente für das erdiente Jahr ermittelt: 6 (Versorgungspunkte) × 4 EUR (Messbetrag) = 24 EUR. Der Angestellte A hat sich damit für das Jahr X einen monatlichen Rentenbaustein in Höhe von 24 EUR erdient. Die so für jedes Jahr individuell ermittelten Rentenbausteine werden bis zum Eintritt des Rentenfalles aufaddiert. Die Summe der addierten Rentenbausteine ergibt im Leistungsfall die erdiente Zusatzrente nach dem Punktesystem.

Die Zusatzrente verringert sich bei Inanspruchnahme vor Erreichen der Regelaltersgrenze um 0,3 Prozent pro Monat, jedoch nicht um mehr als 10,8 Prozent des Gesamtzusatzrentenanspruchs. Die Erwerbsminderungsrente wird bei einer teilweisen Erwerbsminderung um die Hälfte des Betrages gekürzt, die einem Leistungsberechtigten bei voller Erwerbsminderung zustünde.

Die Hinterbliebenenrente entspricht dem in der gesetzlichen Rentenversicherung festgelegten Verhältnis zur Altersrente.

13.2.4 Bonuspunkte und Gutschriften im Punktesystem

Wie bei einer privaten Pensionskasse auch, sollen die Versicherten einen Bonus erhalten, wenn die für den Altersfaktor kalkulierten Annahmen (Rechnungszins 3,25 Prozent (Anwärter) bzw. 5,25 Prozent (Rentner), Sterblichkeit, Invalidisierungswahrscheinlichkeit, Verwaltungskosten) sich besser entwickeln als einkalkuliert. Von diesen Überschüssen werden die Kosten der Verwaltung, der sozialen Komponenten und der Rentendynamik von 1 Prozent abgezogen.

Da in dem Umlagesystem die Umlagen für die laufenden Renten benötigt werden, können keine Erträge erzielt werden. Das Punktesystem gewährt Leistungen, die sich ergeben würden, wenn eine Gesamt-Beitragsleistung in Höhe von 4 Prozent vollständig in ein kapitalgedecktes System eingezahlt würde. So werden virtuelle Kapitalerträge auf ein virtuelles Kapital bestimmt, das der durchschnittlichen Rendite der zehn größten Pensionskassen in Deutschland entspricht. Die Dynamik richtet sich damit entweder — solange eine Kapitaldeckung nicht erreicht ist — nach einer fiktiven Berechnung oder nach dem Zinsertrag der ZVK.

13.2.5 Soziale Komponenten

Das Punktesystem bietet wie die gesetzliche Rentenversicherung Leistungen nach beitragsfreien Zeiten durch Einbeziehung sozialer Komponenten in Form von Versorgungspunkten, welche aus einem Teil der erwirtschafteten Überschüsse finanziert werden sollen.

Kindererziehungszeiten

Für Zeiten der Kindererziehung, in denen das Arbeitsverhältnis gem. § 15 BErzGG ruht und für das ein Anspruch auf Elternzeit bis zu drei Jahren pro Kind besteht, werden für jedes Kind für jeden vollen Kalendermonat ohne Arbeitsentgelt Versorgungspunkte zugeteilt, die sich bei einem zusatzversorgungspflichtigen Entgelt von 500 EUR im Monat ergäben. Teilmonate werden nicht berücksichtigt. Diese Regelung schafft als familienpolitisches Instrument die Möglichkeit, Versorgungspunkte in der Zusatzversorgung zu erwirtschaften, obwohl durch die ruhende Tätigkeit kein Arbeitsentgelt erzielt wird. Die Art der Berechnung ist mit dem Verfahren der gesetzlichen Rentenversicherungspraxis vergleichbar, bei der jeder Monat mit 0,0833 Entgeltpunkten bewertet wird. Durch die sogenannte „Mütterrente" gemäß RV-Leistungsverbesserungsgesetz können ggf. mehr Entgeltpunkte zugeteilt werden.

Zurechnungszeiten

Tritt der Versicherungsfall volle oder teilweise Erwerbsminderung vor der Vollendung des 60. Lebensjahres ein, werden dem betroffenen Arbeitnehmer für die Zeiten, die bis zum 60. Lebensjahr fehlen, zusätzliche Versorgungspunkte gewährt. Gleiches gilt für die Hinterbliebenenrenten. Grundlage der Berechnung der zusätzlichen Versorgungspunkte bildet das durchschnittliche zusatzversorgungspflichtige Entgelt der letzten drei Jahre vor dem Versicherungsfall. Die Alterstabelle findet bei der Berechnung der vollen oder teilweisen Erwerbsminderung merkwürdigerweise keine Berücksichtigung. Stattdessen ergibt sich die Zahl der Versorgungspunkte lediglich aus dem Verhältnis des berechneten Durchschnittseinkommens des betroffenen Arbeitnehmers zum Referenzentgelt für jedes volle Jahr bis zum 60. Lebensjahr. Auch hier folgt die Zusatzversorgung vergleichbaren Regelungen in der gesetzlichen Rentenversicherung.

13.3 Überleitung vom Gesamtvorsorgesystem ins Punktesystem

Um den bis zum 31.12.2001 (Neuordnungsstichtag) erdienten Besitzstand zu gewährleisten, haben die Tarifvertragsparteien umfangreiche Übergangsregelungen vereinbart. Dabei unterschieden sie bei der Überleitung in das neue Recht in Versorgungsanwärter, rentennahe Versorgungsanwärter und Rentner.

Überleitung vom Gesamtvorsorgesystem ins Punktesystem 13

- Versorgungsanwärter sind alle am 31.12.2001 schon und am 01.01.2002 noch Pflichtversicherten, die nicht am 01.01.2002 das 55. Lebensjahr vollendet hatten.
- Rentennahe Versorgungsanwärter sind alle am 31.12.2001 schon und am 01.01.2002 noch Pflichtversicherten, die am 01.01.2002 das 55. Lebensjahr vollendet hatten und dem Abrechnungsverband West angehörten. Pflichtversicherte, die am 14.11.2001 eine Altersteilzeit- oder eine Vorruhestandsvereinbarung getroffen haben, sind ebenfalls rentennahe Anwärter.
- Rentner sind alle Bezieher einer Versorgungs- oder Versicherungsrente zum 31.12.2002.

13.3.1 Versorgungsanwärter

Um den erdienten Besitzstand der Versorgungsanwärter zu bestimmen, bedient sich der Tarifvertrag der schon bekannten Regelung des § 18 Abs. 2 BetrAVG. Dieser regelt zwar das Ausscheiden des Versicherten, bietet jedoch auch bei analoger Anwendung für den Besitzstand eine interessengerechte Lösung.

Es wurde in einem ersten Schritt festgestellt, welche Gesamtversorgungsrente sich ergeben hätte, wenn der Pflichtversicherte den Höchstsatz von 91,75 Prozent seines Nettoeinkommens als Versorgungsrente erhalten hätte (Vollleistung). Zur Berechnung der Gesamtversorgung wird das Nettoarbeitsentgelt nach den herkömmlichen Regeln zum Umstellungsstichtag ermittelt. Spätere Veränderungen wie z. B. Änderung der Lohnsteuerklasse bei Heirat bleiben unberücksichtigt. Auch tatsächliche rentenrechtliche Zeiten spielen keine Rolle, da immer die Vollleistung – also 91,75 Prozent – unterstellt wird.

In einem zweiten Schritt wird von den so bestimmten 91,75 Prozent des versorgungsfähigen Nettoeinkommens (Durchschnitt der letzten drei Jahre vor 31.12.2001 = 1999, 2000, 2001) die zu erwartende Rente aus der gesetzlichen Rentenversicherung abgezogen. Sie wird nach dem sog. Näherungsverfahren bestimmt. Dieses pauschale Verfahren wurde zum Zweck der steuerlichen Bestimmung von Verpflichtungen aus Gesamtversorgungszusagen entwickelt. Es liefert im Kollektiv gute Ergebnisse. Es berücksichtigt jedoch lediglich das Alter und das aktuelle Einkommen des Begünstigten. Weder individuelle Rentenverläufe noch weitere Besonderheiten, die die Höhe der gesetzlichen Rente beeinflussen können, fließen in die Berechnung ein. Darum können große Abweichungen zu den tatsächlichen gesetzlichen Rentenansprüchen bestehen.

In einem dritten Schritt wird pro Umlagejahr 2,25[3] Prozent der so berechneten Vollleistung als Besitzstand gewährt und als „Startgutschrift" in das Punktesystem überführt.

13.3.2 Rentennahe Pflichtversicherte

Für Arbeitnehmer des öffentlichen Dienstes im Abrechnungsverband West, die am 01.01.2002 das 55. Lebensjahr vollendet hatten, und solche, die vor dem 14.11.2001 eine Vorruhestandsregelung oder Altersteilzeit vereinbart hatten, lehnt sich die Bemessung ihrer Zusatzversorgungsrente aus Gründen des Vertrauensschutzes an das alte Zusatzversorgungssystem an.

Der Tarifvertrag sieht für diese Personengruppe vor, dass in einem ersten Schritt die individuell bestimmte Versorgungsrente (also mit individueller Bestimmung der gesamtversorgungsfähigen Zeiten inkl. rentenrechtlicher Zeiten) im Alter 63 auf Grundlage der alten Gesamtversorgungsregelungen bestimmt wird. Dabei wird die individuelle Rentenauskunft des Rentenversicherungsträgers zur Bestimmung der gesetzlichen Rente zugrunde gelegt. Für Schwerbehinderte, „Altersteilzeitler" und Vorruheständler gelten weitere Sonderregelungen.

In einem zweiten Schritt wird von der so berechneten Rente im Alter 63 die Rente nach dem Punktesystem abgezogen, die der Versicherte noch bis zum Alter 63 unter Berücksichtigung von Abschlägen erreichen kann. Die Differenz bildet dann die Besitzstandrente als Startgutschrift.

---

[3] Für Versicherte, die besonders spät eingetreten sind, gelten Sonderregelungen nach der Entscheidung des BGH vom 14.11.2007.

13.3.3 Rentner

Die laufenden Renten wurden zum 31.12.2001 festgestellt und werden seit dem 01.01.2002 als Besitzstandsrenten mit 1 Prozent jährlich zum 01.07. weiterbezahlt. Die Tarifparteien sahen so von einem Einfrieren der Renten auf den Stand von 2000 ab.

13.4 Zusatzversorgungskassen und deren Finanzierung

13.4.1 Zusatzversorgungskassen

Das Punktesystem wird über die Versorgungsanstalt des Bundes und der Länder (VBL) und 22 Kommunale sowie 2 Kirchliche ZVK durchgeführt.

Die VBL ist die mit Abstand größte ZVK und bundesweit für alle Versicherten des Bundes, der Länder und der „sonstigen Beteiligten" zuständig. Die sonstigen Beteiligten sind alle Arbeitgeber, außer dem Bund und der Länder. In den Ländern Schleswig-Holstein, Niedersachsen, Bremen und Berlin gibt es keine kommunalen ZVK. Insofern sind hier alle Arbeitgeber auf die VBL angewiesen.

Die Kommunen der anderen Länder erfüllen ihre Pflicht zur Zusatzversorgung über die jeweils zuständige kommunale ZVK, während die Kirchen ganz überwiegend über die „Kirchliche ZVK der Katholischen Bistümer in Deutschland" in Köln über die „Evangelische ZVK" in Darmstadt oder Dortmund versichern.

13.4.2 Finanzierung

Die Finanzierung der Zusatzversorgung ist sehr heterogen. Sie ist in den jeweiligen Satzungen der ZVK geregelt. Während die VBL ihre Pflichtversicherten in den alten Ländern ausschließlich durch Umlagen bzw. Sanierungsgelder nicht kapitalgedeckt finanziert, sind die ZVK in den neuen Ländern und die der Kirchen sowie die VBL-Abrechnungsverbände für die neuen Bundesländer ganz oder überwiegend kapitalgedeckt.

Während die kapitaldeckenden Beiträge überwiegend bei 4,8 % der versorgungsfähigen Beiträge liegen, sind die Umlagen bzw. Sanierungsgelder in der Umlagefinanzierung naturgemäß sehr unterschiedlich. Denn in der Umlagefinanzierung hängt die Höhe des Beitrages nicht — wie bei der Kapitaldeckung — ausschließlich von der zugesagten Versorgung und der Rendite des angesammelten Kapitals ab, sondern im Wesentlichen von dem Verhältnis der Rentenzahlungen zur Umlagegemeinschaft. Anders ausgedrückt: Die Summe der zu zahlenden Renten wird entsprechend der Summe der umlagepflichtigen Bezüge der aktiven Versicherten umgelegt. So sind die Umlagen bei der VBL mit 7,86 % zzgl. eines durchschnittlichen Sanierungsgeldes von 2 % der versorgungsfähigen Bezüge relativ hoch. Die Belastung des Arbeitgebers wird allerdings durch eine tarifvertraglich geregelte Eigenbeteiligung der Mitarbeiter von 1,41 % der versorgungsfähigen Bezüge gemindert. Das Sanierungsgeld von durchschnittlich 2 % wird jedoch entsprechend der 7. bis 9. Satzungsänderung verursachungsgerecht festgelegt. Während die Nettozahler mit relativ wenigen Rentnern und relativ vielen aktiven Versicherten häufig kein Sanierungsgeld zahlen, werden Arbeitgeber mit sehr vielen Rentnern und wenig aktiven Versicherten mit zweistelligen Prozentsätzen beim Sanierungsgeld belastet.

Auch die kommunalen ZVK (mit Ausnahme der Ost-ZVK) nehmen zusätzlich zu den Umlagen ein Sanierungsgeld. Dies ist häufig einheitlich in den jeweiligen Satzungen festgelegt. Im Großen und Ganzen ist die Gesamtbelastung von Arbeitgeber und Arbeitnehmer bei kommunalen ZVK geringer, als bei der VBL.

13.5 Lohn – Besteuerung

Die Umlagen sind der Lohnsteuer unterworfen. Die Arbeitgeber zahlen jedoch üblicherweise eine pauschale Lohnsteuer bis zu den tariflich bzw. gesetzlich festgeschriebenen Grenzen. Bis zum Jahre 2025 sind die Umlagen gem. § 3 Nr. 56 EStG bis maximal 4 % der BBG lohnsteuerfrei. Das Sanierungsgeld ist lohnsteuerfrei. Die kapitaldeckenden Versorgungsbeiträge sind — wie alle anderen kapitaldeckenden Beiträge an eine Pensionskasse — gem. § 3 Nr. 63 EStG lohnsteuerfrei.

13.6 Verlassen der VBL bzw. einer Zusatzversorgungskasse

Verlässt ein Arbeitgeber die VBL/ZVK, so bleiben die bis zu dem Zeitpunkt erworbenen Versorgungsanwartschaften bzw. Renten bei der VBL/ZVK. Soweit diese durch Umlagefinanzierung keine Kapitaldeckung erreicht haben, bleiben somit Versorgungslasten, die der bei der VBL/ZVK verbleibenden Umlagegemeinschaft nicht aufgebürdet werden können. Daher verlangen die VBL/ZVK beim Ausscheiden des Arbeitgebers einen sogenannten Gegenwert[4], der versicherungsmathematisch einem Einmalbeitrag für die verbliebenen Versorgungsanwartschaften und Ansprüche entspricht, der mit einem Rechnungszins von 1,75 % und speziell kalkulierten biometrischen Grundlagen berechnet wurde. Durch diesen relativ hohen Einmalbeitrag (durchschnittlich die 1,5- bis 3fache Jahresverdienstsumme) ist es für viele Arbeitgeber wirtschaftlich unmöglich, die VBL bzw. eine ZVK zu verlassen.

Aus diesem Grunde hat der BGH am 10.10.2012 entschieden, dass die VBL bzw. die ZVK durch das sogenannte Erstattungs- bzw. Amortisationsmodell einen allmählichen Übergang in die Kapitaldeckung anbieten müssen.

---

[4] Bei den ZVK: „Ausgleichsbetrag"

Anlagen

Anlage 1: Sozialversicherungs-Rechengrößen und Beitragssätze

2014[1] in EUR	alte Bundesländer		neue Bundesländer	
	Jahr	Monat	Jahr	Monat
Krankenversicherungssatz	15,5%[2] (AG-Anteil 7,30%)		15,5%[2] (AG-Anteil 7,30%)	
Beitragssatz PV Eltern (AN+AG)	2,05 %[3]		2,05 %	
Beitragssatz PV Kinderlose AN+AG)	2,3 %		2,3 %	
Beitragssatz PV (nur AG)	1,025 %		1,025 % (Sachsen 0,525 %)	
Beitragssatz RV	18,9[4]%		18,9 %	
Beitragssatz Knappschaft	25,1 % (AG: 15,65 %)		25,1 % (AG: 15,65 %)	
Beitragssatz AlV	3,0 %		3,0 %	
Bezugsgröße nach § 18 SGB IV	33.180,00	2.765,00	28.140,00	2.345,00
Beitragsbemessungsgrenze RV/AlV	71.400,00	5.950,00	60.000,00	5.000,00
Beitragsbemessungsgrenze KV/PV und Jahresarbeitsentgeltgrenze (Bestandsfälle PKV)	48.600,00	4.050,00	48.600,00	4.050,00
Beitragsbemessungsgrenze knappschaftliche RV	87.600,00	7.300,00	73.800,00	6.150,00
Jahresarbeitsentgeltgrenze (allgemein)	53.550,00	4.462,50	53.550,00	4.462,50
Geringfügigkeitsgrenze		450,00[5]		450,00
bAV-relevante Größen				
Bagatellgrenze Rente	331,80	27,65	281,40	23,45
Bagatellgrenze Kapital	3.318		2.814	
PSV-Grenze Rente	99.540	8.295	84.420	7.035
PSV-Grenze Kapital	995.400		844.200	

[1] Verordnung über maßgebende Rechengrößen der Sozialversicherung für 2014 (Sozialversicherungs-Rechengrößenverordnung 2014), BGBl. I 2013, S. 4038.
[2] Davon paritätisch finanziert: 14,6 %.
[3] Gesetz zur Neuausrichtung der Pflegeversicherung (Pflege-Neuausrichtungs-Gesetz - PNG) vom 23.10.2012, BGBl. I 2012, S. 2246.
[4] Gesetz zur Festsetzung der Beitragssätze in der gesetzlichen Rentenversicherung für das Jahr 2014 (Beitragsgesetz 2014) vom 26.03.2014, BGBl. I 2014, S. 260.
[5] Gesetz zu Änderungen im Bereich der geringfügigen Beschäftigung vom 05.12.2012, BGBl. I 2012, S. 2474.

Anlagen

2015[6] in EUR	alte Bundesländer		neue Bundesländer	
	Jahr	Monat	Jahr	Monat
Krankenversicherungssatz	14,6 %[7]		14,6 %[7]	
Beitragssatz PV Eltern (AN+AG)	2,35 %[8]		2,35 %	
Beitragssatz PV Kinderlose AN+AG)	2,6 %		2,6 %	
Beitragssatz PV (nur AG)	1,175 %		1,175 % (Sachsen 0,675 %)	
Beitragssatz RV	18,9 %[9]		18,9 %	
Beitragssatz Knappschaft	25,1 % (AG: 15,65 %)		25,1 % (AG: 15,65 %)	
Beitragssatz AlV	3,0 %		3,0 %	
Bezugsgröße nach § 18 SGB IV	34.020,00	2.835,00	28.980,00	2.415,00
Beitragsbemessungsgrenze RV/AlV	72.600,00	6.050,00	62.400,00	5.200,00
Beitragsbemessungsgrenze KV/PV und Jahresarbeitsentgeltgrenze (Bestandsfälle PKV)	49.500,00	4.125,00	49.500,00	4.125,00
Beitragsbemessungsgrenze knappschaftliche RV	89.400,00	7.450,00	76.200,00	6.350,00
Jahresarbeitsentgeltgrenze (allgemein)	54.900,00	4.575,00	54.9000,00	4.575,00
Geringfügigkeitsgrenze		450,00[10]		450,00
bAV-relevante Größen				
Bagatellgrenze Rente	340,20	28,35	289,80	24,15
Bagatellgrenze Kapital	3.402		2.898	
PSV-Grenze Rente	102.060	8.505	86.940	7.245
PSV-Grenze Kapital	1.020.600		869.400	

---

[6] Referentenentwurf der Verordnung über maßgebende Rechengrößen der Sozialversicherung für 2015, Stand September 2014.

[7] Hinzu kommt ggf. ein von der jeweiligen Krankenkasse festzulegender Zusatzbeitrag, der alleine vom Arbeitnehmer zu tragen ist; „Gesetz zur Weiterentwicklung der Finanzstruktur und der Qualität in der gesetzlichen Krankenversicherung (GKV-Finanzstruktur- und Qualitäts-Weiterentwicklungsgesetz – GKV-FQWG)" vom 21.07.2014, BGBl. I 2014, S. 1133.

[8] Gesetzentwurf „Fünftes Gesetz zur Änderung des Elften Buches Sozialgesetzbuch - Leistungsausweitung für Pflegebedürftige, Pflegevorsorgefonds (Fünftes SGB XI-Änderungsgesetz – 5. SGB XI-ÄndG)", BT-Drs. 18/1798.

[9] Gesetz zur Festsetzung der Beitragssätze in der gesetzlichen Rentenversicherung für das Jahr 2014 (Beitragssatzgesetz 2014) vom 26.03.2014, BGBl. I 2014, S. 260. Ob der Beitragssatz zum 01.01.2015 beibehalten wird, stand bei Redaktionsschluss noch nicht fest.

[10] Gesetz zu Änderungen im Bereich der geringfügigen Beschäftigung vom 05.12.2012, BGBl. I 2012, S. 2474.

Anlage 2: Anhebung der Altersgrenzen in der gesetzlichen Rentenversicherung

Anhebung der Altersgrenze ab Jahrgang 1947

Besonderer Vertrauensschutz und damit keine Änderung der Altersgrenzen gegenüber geltendem Recht besteht bei bestimmten Vereinbarungen über Altersteilzeitarbeit, die vor dem Stichtag (1. Januar 2007) abgeschlossen wurden und weiter bestehendem Vertrauensschutz aus früheren Anhebungen.

Geburtsjahrgang		Regelaltersrente		Altersrente (AR) für besonders langjährig Versicherte		AR für langjährig Versicherte				AR für schwerbehinderte Menschen					AR wegen Arbeitslosigkeit /Altersteilzeitarbeit (unverändert)					AR für Frauen (unverändert)			
		abschlagsfrei		abschlagsfrei		abschlagsfrei		vorzeitiger Bezug ab		abschlagsfrei		vorzeitiger Bezug ab			abschlagsfrei		vorzeitiger Bezug ab			abschlagsfrei		vorzeitiger Bezug ab	
Jahr	Monat	Alter Jahr	Monat	Alter Jahr	Monat	Alter Jahr	Monat	Alter Jahr	Abschlag in %	Alter Jahr	Monat	Alter Jahr	Monat	Abschlag in %	Alter Jahr	Monat	Alter Jahr	Abschlag in %		Alter Jahr	Alter Jahr	Abschlag in %	
1945		65				65		63	7,2	63		60		10,8	65		60	18		65	60	18	
1946		65				65		63	7,2	63		60		10,8	65		60-61	17,7-14,4		65	60	18	
1947	1	65	1			65	1	63	7,2	63		60		10,8	65		61-62	14,1-10,8		65	60	18	
1948	2	65	2	63		65	2	63	7,2	63		60		10,8	65		62-63	10,5-7,2		65	60	18	
1949 1	3	65	3	63		65	3	63	7,5	63		60		10,8	65		63	7,2		65	60	18	
1949 2	3	65	3	63		65	2	63	7,8	63		60		10,8	65		63	7,2		65	60	18	
1949 3-12	3	65	3	63		65	3	63	8,1	63		60		10,8	65		63	7,2		65	60	18	
1950	4	65	4	63		65	4	63	8,4	63		60		10,8	65		63	7,2		65	60	18	
1951	5	65	5	63		65	5	63	8,7	63		60		10,8	65		63	7,2		65	60	18	
1952 1	6	65	6	63		65	6	63	9	63	1	60	1	10,8									
1952 2	6	65	6	63		65	6	63	9	63	2	60	2	10,8									
1952 3	6	65	6	63		65	6	63	9	63	3	60	3	10,8									
1952 4	6	65	6	63		65	6	63	9	63	4	60	4	10,8									
1952 5	6	65	6	63		65	6	63	9	63	5	60	5	10,8									
1952 6-12	6	65	6	63		65	6	63	9	63	6	60	6	10,8									
1953	7	65	7	63	2	65	7	63	9,3	63	7	60	7	10,8		Beide Altersrenten entfallen nach geltendem Recht ab Jahrgang 1952.								
1954	8	65	8	63	4	65	8	63	9,6	63	8	60	8	10,8									
1955	9	65	9	63	6	65	9	63	9,9	63	9	60	9	10,8									
1956	10	65	10	63	8	65	10	63	10,2	63	10	60	10	10,8									
1957	11	65	11	63	10	65	11	63	10,5	63	11	60	11	10,8									
1958		66		64		66		63	10,8	64		61		10,8										
1959	2	66	2	64	2	66	2	63	11,4	64	2	61	2	10,8									
1960	4	66	4	64	4	66	4	63	12	64	4	61	4	10,8									
1961	6	66	6	64	6	66	6	63	12,6	64	6	61	6	10,8									
1962	8	66	8	64	8	66	8	63	13,2	64	8	61	8	10,8									
1963	10	66	10	64	10	66	10	63	13,8	64	10	61	10	10,8									
1964		67		65		67		63	14,4	65		62		10,8										

Quelle: BMAS

Anlage 3: Gesetz zur Verbesserung der betrieblichen Altersversorgung (Betriebsrentengesetz – BetrAVG)

Betriebsrentengesetz vom 19. Dezember 1974
(BGBl. I S. 3610),
zuletzt geändert durch Artikel 3 des Gesetzes
vom 23. Juni 2014 (BGBl. I S. 787)

Erster Teil
Arbeitsrechtliche Vorschriften

Erster Abschnitt
Durchführung der betrieblichen Altersversorgung

§ 1 Zusage des Arbeitgebers auf betriebliche Altersvorsorge

(1) Werden einem Arbeitnehmer Leistungen der Alters-, Invaliditäts- oder Hinterbliebenenversorgung aus Anlass seines Arbeitsverhältnisses vom Arbeitgeber zugesagt (betriebliche Altersversorgung), gelten die Vorschriften dieses Gesetzes. Die Durchführung der betrieblichen Altersversorgung kann unmittelbar über den Arbeitgeber oder über einen der in § 1b Abs. 2 bis 4 genannten Versorgungsträger erfolgen. Der Arbeitgeber steht für die Erfüllung der von ihm zugesagten Leistungen auch dann ein, wenn die Durchführung nicht unmittelbar über ihn erfolgt.

(2) Betriebliche Altersversorgung liegt auch vor, wenn
1. der Arbeitgeber sich verpflichtet, bestimmte Beiträge in einer Anwartschaft auf Alters-, Invaliditäts- oder Hinterbliebenenversorgung umzuwandeln (beitragsorientierte Leistungszusage),
2. der Arbeitgeber sich verpflichtet, Beiträge zur Finanzierung von Leistungen der betrieblichen Altersversorgung an einen Pensionsfonds, eine Pensionskasse oder eine Direktversicherung zu zahlen und für Leistungen zur Altersversorgung das planmäßig zuzurechnende Versorgungskapital auf der Grundlage der gezahlten Beiträge (Beiträge und die daraus erzielten Erträge),

mindestens die Summe der zugesagten Beiträge, soweit sie nicht rechnungsmäßig für einen biometrischen Risikoausgleich verbraucht wurden, hierfür zur Verfügung zu stellen (Beitragszusage mit Mindestleistung),
3. künftige Entgeltansprüche in eine wertgleiche Anwartschaft auf Versorgungsleistungen umgewandelt werden (Entgeltumwandlung) oder
4. der Arbeitnehmer Beiträge aus seinem Arbeitsentgelt zur Finanzierung von Leistungen der betrieblichen Altersversorgung an einen Pensionsfonds, eine Pensionskasse oder eine Direktversicherung leistet und die Zusage des Arbeitgebers auch die Leistungen aus diesen Beiträgen umfasst; die Regelungen für Entgeltumwandlung sind hierbei entsprechend anzuwenden, soweit die zugesagten Leistungen aus diesen Beiträgen im Wege der Kapitaldeckung finanziert werden.

§ 1a Anspruch auf betriebliche Altersversorgung durch Entgeltumwandlung

(1) Der Arbeitnehmer kann vom Arbeitgeber verlangen, dass von seinen künftigen Entgeltansprüchen bis zu 4 vom Hundert der jeweiligen Beitragsbemessungsgrenze in der allgemeinen Rentenversicherung durch Entgeltumwandlung für seine betriebliche Altersversorgung verwendet werden. Die Durchführung des Anspruchs des Arbeitnehmers wird durch Vereinbarung geregelt. Ist der Arbeitgeber zu einer Durchführung über einen Pensionsfonds oder eine Pensionskasse (§ 1b Abs. 3) bereit, ist die betriebliche Altersversorgung dort durchzuführen; andernfalls kann der Arbeitnehmer verlangen, dass der Arbeitgeber für ihn eine Direktversicherung (§ 1b Abs. 2) abschließt. Soweit der Anspruch geltend gemacht wird, muss der Arbeitnehmer jährlich einen Betrag in Höhe von mindestens einem Hundertsechzigstel der Bezugsgröße nach § 18 Abs. 1 des Vierten Buches Sozialgesetzbuch für seine betriebliche Altersversorgung verwenden. Soweit der Arbeitnehmer Teile seines regelmäßigen Entgelts für betriebliche Altersversorgung verwendet, kann der Arbeitgeber verlangen, dass während eines laufenden Kalenderjahres gleich bleibende monatliche Beträge verwendet werden.

(2) Soweit eine durch Entgeltumwandlung finanzierte betriebliche Altersversorgung besteht, ist der Anspruch des Arbeitnehmers auf Entgeltumwandlung ausgeschlossen.

(3) Soweit der Arbeitnehmer einen Anspruch auf Entgeltumwandlung für betriebliche Altersversorgung nach Abs. 1 hat, kann er verlangen, dass die Voraussetzungen für eine Förderung nach den §§ 10a, 82 Abs. 2 des Einkommensteuergesetzes erfüllt werden, wenn die betriebliche Altersversorgung über einen Pensionsfonds, eine Pensionskasse oder eine Direktversicherung durchgeführt wird.

(4) Falls der Arbeitnehmer bei fortbestehendem Arbeitsverhältnis kein Entgelt erhält, hat er das Recht, die Versicherung oder Versorgung mit eigenen Beiträgen fortzusetzen. Der Arbeitgeber steht auch für die Leistungen aus diesen Beiträgen ein. Die Regelungen über Entgeltumwandlung gelten entsprechend.

§ 1b Unverfallbarkeit und Durchführung der betrieblichen Altersversorgung

(1) Einem Arbeitnehmer, dem Leistungen aus der betrieblichen Altersversorgung zugesagt worden sind, bleibt die Anwartschaft erhalten, wenn das Arbeitsverhältnis vor Eintritt des Versorgungsfalls, jedoch nach Vollendung des 25. Lebensjahres endet und die Versorgungszusage zu diesem Zeitpunkt mindestens fünf Jahre bestanden hat (unverfallbare Anwartschaft). Ein Arbeitnehmer behält seine Anwartschaft auch dann, wenn er aufgrund einer Vorruhestandsregelung ausscheidet und ohne das vorherige Ausscheiden die Wartezeit und die sonstigen Voraussetzungen für den Bezug von Leistungen der betrieblichen Altersversorgung hätte erfüllen können. Eine Änderung der Versorgungszusage oder ihre Übernahme durch eine andere Person unterbricht nicht den Ablauf der Fristen nach Satz 1. Der Verpflichtung aus einer Versorgungszusage stehen Versorgungsverpflichtungen gleich, die auf betrieblicher Übung oder dem Grundsatz der Gleichbehandlung beruhen. Der Ablauf einer vorgesehenen Wartezeit wird durch die Beendigung des Arbeitsverhältnisses nach Erfüllung der Voraussetzungen der Sätze 1 und 2 nicht berührt. Wechselt ein Arbeitnehmer vom Geltungsbereich dieses Gesetzes in einen anderen Mitgliedstaat der Europäischen Union, bleibt die Anwartschaft in gleichem Umfange wie für Personen erhalten, die auch nach Beendigung eines Arbeitsverhältnisses innerhalb des Geltungsbereichs dieses Gesetzes verbleiben.

Anlage 3: Gesetz zur Verbesserung der betrieblichen Altersversorgung (BetrAVG)

(2) Wird für die betriebliche Altersversorgung eine Lebensversicherung auf das Leben des Arbeitnehmers durch den Arbeitgeber abgeschlossen und sind der Arbeitnehmer oder seine Hinterbliebenen hinsichtlich der Leistungen des Versicherers ganz oder teilweise bezugsberechtigt (Direktversicherung), so ist der Arbeitgeber verpflichtet, wegen Beendigung des Arbeitsverhältnisses nach Erfüllung der in Absatz 1 Satz 1 und 2 genannten Voraussetzungen das Bezugsrecht nicht mehr zu widerrufen. Eine Vereinbarung, nach der das Bezugsrecht durch die Beendigung des Arbeitsverhältnisses nach Erfüllung der in Absatz 1 Satz 1 und 2 genannten Voraussetzungen auflösend bedingt ist, ist unwirksam. Hat der Arbeitgeber die Ansprüche aus dem Versicherungsvertrag abgetreten oder beliehen, so ist er verpflichtet, den Arbeitnehmer, dessen Arbeitsverhältnis nach Erfüllung der in Absatz 1 Satz 1 und 2 genannten Voraussetzungen geendet hat, bei Eintritt des Versicherungsfalles so zu stellen, als ob die Abtretung oder Beleihung nicht erfolgt wäre. Als Zeitpunkt der Erteilung der Versorgungszusage im Sinne des Absatzes 1 gilt der Versicherungsbeginn, frühestens jedoch der Beginn der Betriebszugehörigkeit.

(3) Wird die betriebliche Altersversorgung von einer rechtsfähigen Versorgungseinrichtung durchgeführt, die dem Arbeitnehmer oder seinen Hinterbliebenen auf ihre Leistungen einen Rechtsanspruch gewährt (Pensionskasse und Pensionsfonds), so gilt Absatz 1 entsprechend. Als Zeitpunkt der Erteilung der Versorgungszusage im Sinne des Absatzes 1 gilt der Versicherungsbeginn, frühestens jedoch der Beginn der Betriebszugehörigkeit.

(4) Wird die betriebliche Altersversorgung von einer rechtsfähigen Versorgungseinrichtung durchgeführt, die auf ihre Leistungen keinen Rechtsanspruch gewährt (Unterstützungskasse), so sind die nach Erfüllung der in Absatz 1 Satz 1 und 2 genannten Voraussetzungen und vor Eintritt des Versorgungsfalles aus dem Unternehmen ausgeschiedenen Arbeitnehmer und ihre Hinterbliebenen den bis zum Eintritt des Versorgungsfalles dem Unternehmen angehörenden Arbeitnehmern und deren Hinterbliebenen gleichgestellt. Die Versorgungszusage gilt in dem Zeitpunkt als erteilt im Sinne des Absatzes 1, von dem an der Arbeitnehmer zum Kreis der Begünstigten der Unterstützungskasse gehört.

(5) Soweit betriebliche Altersversorgung durch Entgeltumwandlung erfolgt, behält der Arbeitnehmer seine Anwartschaft, wenn sein Arbeitsverhältnis vor Eintritt des Versorgungsfalles endet; in den Fällen der Absätze 2 und 3
1. dürfen die Überschussanteile nur zur Verbesserung der Leistung verwendet,
2. muss dem ausgeschiedenen Arbeitnehmer das Recht zur Fortsetzung der Versicherung oder Versorgung mit eigenen Beiträgen eingeräumt und
3. muss das Recht zur Verpfändung, Abtretung oder Beleihung durch den Arbeitgeber ausgeschlossen werden.
Im Fall einer Direktversicherung ist dem Arbeitnehmer darüber hinaus mit Beginn der Entgeltumwandlung ein unwiderrufliches Bezugsrecht einzuräumen.

§ 2 Höhe der unverfallbaren Anwartschaft

(1) Bei Eintritt des Versorgungsfalles wegen Erreichens der Altersgrenze, wegen Invalidität oder Tod haben ein vorher ausgeschiedener Arbeitnehmer, dessen Anwartschaft nach § 1b fortbesteht, und seine Hinterbliebenen einen Anspruch mindestens in Höhe des Teiles der ohne das vorherige Ausscheiden zustehenden Leistung, der dem Verhältnis der Dauer der Betriebszugehörigkeit zu der Zeit vom Beginn der Betriebszugehörigkeit bis zum Erreichen der Regelaltersgrenze in der gesetzlichen Rentenversicherung entspricht; an die Stelle des Erreichens der Regelaltersgrenze tritt ein früherer Zeitpunkt, wenn dieser in der Versorgungsregelung als feste Altersgrenze vorgesehen ist, spätestens der Zeitpunkt der Vollendung des 65. Lebensjahres, falls der Arbeitnehmer ausscheidet und gleichzeitig eine Altersrente aus der gesetzlichen Rentenversicherung für besonders langjährig Versicherte in Anspruch nimmt. Der Mindestanspruch auf Leistungen wegen Invalidität oder Tod vor Erreichen der Altersgrenze ist jedoch nicht höher als der Betrag, den der Arbeitnehmer oder seine Hinterbliebenen erhalten hätten, wenn im Zeitpunkt des Ausscheidens der Versorgungsfall eingetreten wäre und die sonstigen Leistungsvoraussetzungen erfüllt gewesen wären.

(2) Ist bei einer Direktversicherung der Arbeitnehmer nach Erfüllung der Voraussetzungen des § 1b Abs. 1 und 5 vor Eintritt des Versorgungsfalls ausgeschieden, so gilt Absatz 1 mit der Maßgabe, daß sich der vom Arbeitgeber zu finanzierende Teilanspruch nach Absatz 1, soweit er über die von dem Versicherer nach dem Versicherungsvertrag auf Grund der Beiträge des Arbeitge-

Anlage 3: Gesetz zur Verbesserung der betrieblichen Altersversorgung (BetrAVG)

bers zu erbringende Versicherungsleistung hinausgeht, gegen den Arbeitgeber richtet. An die Stelle der Ansprüche nach Satz 1 tritt auf Verlangen des Arbeitgebers die von dem Versicherer auf Grund des Versicherungsvertrags zu erbringende Versicherungsleistung, wenn

1. spätestens nach 3 Monaten seit dem Ausscheiden des Arbeitnehmers das Bezugsrecht unwiderruflich ist und eine Abtretung oder Beleihung des Rechts aus dem Versicherungsvertrag durch den Arbeitgeber und Beitragsrückstände nicht vorhanden sind,
2. vom Beginn der Versicherung, frühestens jedoch vom Beginn der Betriebszugehörigkeit an, nach dem Versicherungsvertrag die Überschussanteile nur zur Verbesserung der Versicherungsleistung zu verwenden sind und
3. der ausgeschiedene Arbeitnehmer nach dem Versicherungsvertrag das Recht zur Fortsetzung der Versicherung mit eigenen Beiträgen hat.

Der Arbeitgeber kann sein Verlangen nach Satz 2 nur innerhalb von 3 Monaten seit dem Ausscheiden des Arbeitnehmers diesem und dem Versicherer mitteilen. Der ausgeschiedene Arbeitnehmer darf die Ansprüche aus dem Versicherungsvertrag in Höhe des durch Beitragszahlungen des Arbeitgebers gebildeten geschäftsplanmäßigen Deckungskapitals oder, soweit die Berechnung des Deckungskapitals nicht zum Geschäftsplan gehört, das nach § 169 Abs. 3 und 4 des Versicherungsvertragsgesetzes berechneten Wertes weder abtreten noch beleihen. In dieser Höhe darf der Rückkaufswert auf Grund einer Kündigung des Versicherungsvertrags nicht in Anspruch genommen werden; im Falle einer Kündigung wird die Versicherung in eine prämienfreie Versicherung umgewandelt. § 169 Abs. 1 des Versicherungsvertragsgesetzes findet insoweit keine Anwendung. Eine Abfindung des Anspruchs nach § 3 ist weiterhin möglich.

(3) Für Pensionskassen gilt Absatz 1 mit der Maßgabe, daß sich der vom Arbeitgeber zu finanzierende Teilanspruch nach Absatz 1, soweit er über die von der Pensionskasse nach dem aufsichtsbehördlich genehmigten Geschäftsplan oder, soweit eine aufsichtsbehördliche Genehmigung nicht vorgeschrieben ist, nach den allgemeinen Versicherungsbedingungen und den fachlichen Geschäftsunterlagen im Sinne des § 5 Abs. 3 Nr. 2 Halbsatz 2 des Versicherungsaufsichtsgesetzes (Geschäftsunterlagen) auf Grund der Beiträge des Arbeitgebers zu erbringende Leistung hinausgeht, gegen den Arbeitgeber richtet. An die Stelle der Ansprüche nach Satz 1 tritt auf Verlangen des Arbeitgebers die von der Pensionskasse auf Grund des Geschäftsplans oder der Geschäfts-

unterlagen zu erbringende Leistung, wenn nach dem aufsichtsbehördlich genehmigten Geschäftsplan oder den Geschäftsunterlagen

1. vom Beginn der Versicherung, frühestens jedoch vom Beginn der Betriebszugehörigkeit an, Überschussanteile, die auf Grund des Finanzierungsverfahrens regelmäßig entstehen, nur zur Verbesserung der Versicherungsleistung zu verwenden sind oder die Steigerung der Versorgungsanwartschaften des Arbeitnehmers der Entwicklung seines Arbeitsentgelts, soweit es unter den jeweiligen Beitragsbemessungsgrenzen der gesetzlichen Rentenversicherungen liegt, entspricht und
2. der ausgeschiedene Arbeitnehmer das Recht zur Fortsetzung der Versicherung mit eigenen Beiträgen hat. Absatz 2 Satz 3 bis 7 gilt entsprechend.

(3a) Für Pensionsfonds gilt Absatz 1 mit der Maßgabe, dass sich der vom Arbeitgeber zu finanzierende Teilanspruch, soweit er über die vom Pensionsfonds auf der Grundlage der nach dem geltenden Pensionsplan im Sinne des § 112 Abs. 1 Satz 2 in Verbindung mit § 113 Abs. 2 Nr. 5 des Versicherungsaufsichtsgesetzes berechnete Deckungsrückstellung hinausgeht, gegen den Arbeitgeber richtet.

(4) Eine Unterstützungskasse hat bei Eintritt des Versorgungsfalls einem vorzeitig ausgeschiedenen Arbeitnehmer, der nach § 1b Abs. 4 gleichgestellt ist, und seinen Hinterbliebenen mindestens den nach Absatz 1 berechneten Teil der Versorgung zu gewähren.

(5) Bei der Berechnung des Teilanspruchs nach Absatz 1 bleiben Veränderungen der Versorgungsregelung und der Bemessungsgrundlagen für die Leistung der betrieblichen Altersversorgung, soweit sie nach dem Ausscheiden des Arbeitnehmers eintreten, außer Betracht; dies gilt auch für die Bemessungsgrundlagen anderer Versorgungsbezüge, die bei der Berechnung der Leistung der betrieblichen Altersversorgung zu berücksichtigen sind. Ist eine Rente der gesetzlichen Rentenversicherung zu berücksichtigen, so kann das bei der Berechnung von Pensionsrückstellungen allgemein zulässige Verfahren zugrunde gelegt werden, wenn nicht der ausgeschiedene Arbeitnehmer die Anzahl der im Zeitpunkt des Ausscheidens erreichten Entgeltpunkte nachweist; bei Pensionskassen sind der aufsichtsbehördlich genehmigte Geschäftsplan oder die Geschäftsunterlagen maßgebend. Bei Pensionsfonds sind der Pensionsplan und die sonstigen Geschäftsunterlagen maßgebend.

Versorgungsanwartschaften, die der Arbeitnehmer nach seinem Ausscheiden erwirbt, dürfen zu keiner Kürzung des Teilanspruchs nach Absatz 1 führen.

(5a) Bei einer unverfallbaren Anwartschaft aus Entgeltumwandlung tritt an die Stelle der Ansprüche nach Absatz 1, 3a oder 4 die vom Zeitpunkt der Zusage auf betriebliche Altersversorgung bis zum Ausscheiden des Arbeitnehmers erreichte Anwartschaft auf Leistungen aus den bis dahin umgewandelten Entgeltbestandteilen; dies gilt entsprechend für eine unverfallbare Anwartschaft aus Beiträgen im Rahmen einer beitragsorientierten Leistungszusage.

(5b) An die Stelle der Ansprüche nach den Absätzen 2, 3, 3a und 5a tritt bei einer Beitragszusage mit Mindestleistung das dem Arbeitnehmer planmäßig zuzurechnende Versorgungskapital auf der Grundlage der bis zu seinem Ausscheiden geleisteten Beiträge (Beiträge und die bis zum Eintritt des Versorgungsfalls erzielten Erträge), mindestens die Summe der bis dahin zugesagten Beiträge, soweit sie nicht rechnungsmäßig für einen biometrischen Risikoausgleich verbraucht wurden.

§ 3 Abfindung

(1) Unverfallbare Anwartschaften im Falle der Beendigung des Arbeitsverhältnisses und laufende Leistungen dürfen nur unter den Voraussetzungen der folgenden Absätze abgefunden werden.

(2) Der Arbeitgeber kann eine Anwartschaft ohne Zustimmung des Arbeitnehmers abfinden, wenn der Monatsbetrag der aus der Anwartschaft resultierenden laufenden Leistung bei Erreichen der vorgesehenen Altersgrenze 1 vom Hundert, bei Kapitalleistungen zwölf Zehntel der monatlichen Bezugsgröße nach § 18 des Vierten Buches Sozialgesetzbuch nicht übersteigen würde. Dies gilt entsprechend für die Abfindung einer laufenden Leistung. Die Abfindung ist unzulässig, wenn der Arbeitnehmer von seinem Recht auf Übertragung der Anwartschaft Gebrauch macht.

(3) Die Anwartschaft ist auf Verlangen des Arbeitnehmers abzufinden, wenn die Beiträge zur gesetzlichen Rentenversicherung erstattet worden sind.

(4) Der Teil der Anwartschaft, der während eines Insolvenzverfahrens erdient worden ist, kann ohne Zustimmung des Arbeitnehmers abgefunden werden, wenn die Betriebstätigkeit vollständig eingestellt und das Unternehmen liquidiert wird.

(5) Für die Berechnung des Abfindungsbetrages gilt § 4 Abs. 5 entsprechend.

(6) Die Abfindung ist gesondert auszuweisen und einmalig zu zahlen.

§ 4 Übertragung

(1) Unverfallbare Anwartschaften und laufende Leistungen dürfen nur unter den Voraussetzungen der folgenden Absätze übertragen werden.

(2) Nach Beendigung des Arbeitsverhältnisses kann im Einvernehmen des ehemaligen mit dem neuen Arbeitgeber sowie dem Arbeitnehmer
1. die Zusage vom neuen Arbeitgeber übernommen werden oder
2. der Wert der vom Arbeitnehmer erworbenen unverfallbaren Anwartschaft auf betriebliche Altersversorgung (Übertragungswert) auf den neuen Arbeitgeber übertragen werden, wenn dieser eine wertgleiche Zusage erteilt; für die neue Anwartschaft gelten die Regelungen über Entgeltumwandlung entsprechend.

(3) Der Arbeitnehmer kann innerhalb eines Jahres nach Beendigung des Arbeitsverhältnisses von seinem ehemaligen Arbeitgeber verlangen, dass der Übertragungswert auf den neuen Arbeitgeber übertragen wird, wenn
1. die betriebliche Altersversorgung über einen Pensionsfonds, eine Pensionskasse oder eine Direktversicherung durchgeführt worden ist und
2. der Übertragungswert die Beitragsbemessungsgrenze in der allgemeinen Rentenversicherung nicht übersteigt.
Der Anspruch richtet sich gegen den Versorgungsträger, wenn der ehemalige Arbeitgeber die versicherungsförmige Lösung nach § 2 Abs. 2 oder 3 gewählt hat oder soweit der Arbeitnehmer die Versicherung oder Versorgung mit eigenen Beiträgen fortgeführt hat. Der neue Arbeitgeber ist verpflichtet, eine dem Übertragungswert wertgleiche Zusage zu erteilen und über einen Pensionsfonds, eine Pensionskasse oder eine Direktversicherung durchzuführen.

Anlage 3: Gesetz zur Verbesserung der betrieblichen Altersversorgung (BetrAVG)

Für die neue Anwartschaft gelten die Regelungen über Entgeltumwandlung entsprechend.

(4) Wird die Betriebstätigkeit eingestellt und das Unternehmen liquidiert, kann eine Zusage von einer Pensionskasse oder einem Unternehmen der Lebensversicherung ohne Zustimmung des Arbeitnehmers oder Versorgungsempfängers übernommen werden, wenn sichergestellt ist, dass die Überschussanteile ab Rentenbeginn entsprechend § 16 Abs. 3 Nr. 2 verwendet werden. § 2 Abs. 2 Satz 4 bis 6 gilt entsprechend.

(5) Der Übertragungswert entspricht bei einer unmittelbar über den Arbeitgeber oder über eine Unterstützungskasse durchgeführten betrieblichen Altersversorgung dem Barwert der nach § 2 bemessenen künftigen Versorgungsleistung im Zeitpunkt der Übertragung; bei der Berechnung des Barwerts sind die Rechnungsgrundlagen sowie die anerkannten Regeln der Versicherungsmathematik maßgebend. Soweit die betriebliche Altersversorgung über einen Pensionsfonds, eine Pensionskasse oder eine Direktversicherung durchgeführt worden ist, entspricht der Übertragungswert dem gebildeten Kapital im Zeitpunkt der Übertragung.

(6) Mit der vollständigen Übertragung des Übertragungswerts erlischt die Zusage des ehemaligen Arbeitgebers.

§ 4a Auskunftsanspruch

(1) Der Arbeitgeber oder der Versorgungsträger hat dem Arbeitnehmer bei einem berechtigten Interesse auf dessen Verlangen schriftlich mitzuteilen,
1. in welcher Höhe aus der bisher erworbenen unverfallbaren Anwartschaft bei Erreichen der in der Versorgungsregelung vorgesehenen Altersgrenze ein Anspruch auf Altersversorgung besteht und
2. wie hoch bei einer Übertragung der Anwartschaft nach § 4 Abs. 3 der Übertragungswert ist.

(2) Der neue Arbeitgeber oder Versorgungsträger hat dem Arbeitnehmer auf dessen Verlangen schriftlich mitzuteilen, in welcher Höhe aus dem Über-

Anlagen

tragungswert ein Anspruch auf Altersversorgung und ob eine Invaliditäts- oder Hinterbliebenenversorgung bestehen würde.

**Zweiter Abschnitt
Auszehrungsverbot**

§ 5 Auszehrung und Anrechnung

(1) Die bei Eintritt des Versorgungsfalls festgesetzten Leistungen der betrieblichen Altersversorgung dürfen nicht mehr dadurch gemindert oder entzogen werden, dass Beträge, um die sich andere Versorgungsbezüge nach diesem Zeitpunkt durch Anpassung an die wirtschaftliche Entwicklung erhöhen, angerechnet oder bei der Begrenzung der Gesamtversorgung auf einen Höchstbetrag berücksichtigt werden.

(2) Leistungen der betrieblichen Altersversorgung dürfen durch Anrechnung oder Berücksichtigung anderer Versorgungsbezüge, soweit sie auf eigenen Beiträgen des Versorgungsempfängers beruhen, nicht gekürzt werden. Dies gilt nicht für Renten aus den gesetzlichen Rentenversicherungen, soweit sie auf Pflichtbeiträgen beruhen, sowie für sonstige Versorgungsbezüge, die mindestens zur Hälfte auf Beiträgen oder Zuschüssen des Arbeitgebers beruhen.

**Dritter Abschnitt
Altersgrenze**

§ 6 Vorzeitige Altersleistung

Einem Arbeitnehmer, der die Altersrente aus der gesetzlichen Rentenversicherung als Vollrente in Anspruch nimmt, sind auf sein Verlangen nach Erfüllung der Wartezeit und sonstiger Leistungsvoraussetzungen Leistungen der betrieblichen Altersversorgung zu gewähren. Fällt die Altersrente aus der gesetzlichen Rentenversicherung wieder weg oder wird sie auf einen Teilbetrag beschränkt, so können auch die Leistungen der betrieblichen Altersversorgung eingestellt werden. Der ausgeschiedene Arbeitnehmer ist verpflichtet,

Anlage 3: Gesetz zur Verbesserung der betrieblichen Altersversorgung (BetrAVG)

die Aufnahme oder Ausübung einer Beschäftigung oder Erwerbstätigkeit, die zu einem Wegfall oder zu einer Beschränkung der Altersrente aus der gesetzlichen Rentenversicherung führt, dem Arbeitgeber oder sonstigen Versorgungsträger unverzüglich anzuzeigen.

**Vierter Abschnitt
Insolvenzsicherung**

§ 7 Umfang des Versicherungsschutzes

(1) Versorgungsempfänger, deren Ansprüche aus einer unmittelbaren Versorgungszusage des Arbeitgebers nicht erfüllt werden, weil über das Vermögen des Arbeitgebers oder über seinen Nachlass das Insolvenzverfahren eröffnet worden ist, und ihre Hinterbliebenen haben gegen den Träger der Insolvenzsicherung einen Anspruch in Höhe der Leistung, die der Arbeitgeber aufgrund der Versorgungszusage zu erbringen hätte, wenn das Insolvenzverfahren nicht eröffnet worden wäre. Satz 1 gilt entsprechend,
1. wenn Leistungen aus einer Direktversicherung aufgrund der in § 1b Abs. 2 Satz 3 genannten Tatbestände nicht gezahlt werden und der Arbeitgeber seiner Verpflichtung nach § 1b Abs. 2 Satz 3 wegen der Eröffnung des Insolvenzverfahrens nicht nachkommt,
2. wenn eine Unterstützungskasse oder ein Pensionsfonds die nach ihrer Versorgungsregelung vorgesehene Versorgung nicht erbringt, weil über das Vermögen oder den Nachlass eines Arbeitgebers, der der Unterstützungskasse oder dem Pensionsfonds Zuwendungen leistet (Trägerunternehmen), das Insolvenzverfahren eröffnet worden ist.
§ 14 des Versicherungsvertragsgesetzes findet entsprechende Anwendung. Der Eröffnung des Insolvenzverfahrens stehen bei der Anwendung der Sätze 1 bis 3 gleich
1. die Abweisung des Antrags auf Eröffnung des Insolvenzverfahrens mangels Masse,
2. der außergerichtliche Vergleich (Stundungs-, Quoten- oder Liquidationsvergleich) des Arbeitgebers mit seinen Gläubigern zur Abwendung eines Insolvenzverfahrens, wenn ihm der Träger der Insolvenzsicherung zustimmt,
3. die vollständige Beendigung der Betriebstätigkeit im Geltungsbereich dieses Gesetzes, wenn ein Antrag auf Eröffnung des Insolvenzverfahrens nicht

gestellt worden ist und ein Insolvenzverfahren offensichtlich mangels Masse nicht in Betracht kommt.

(1a) Der Anspruch gegen den Träger der Insolvenzsicherung entsteht mit dem Beginn des Kalendermonats, der auf den Eintritt des Sicherungsfalles folgt. Der Anspruch endet mit Ablauf des Sterbemonats des Begünstigten, soweit in der Versorgungszusage des Arbeitgebers nicht etwas anderen bestimmt ist. In den Fällen des Absatzes 1 Satz 1 und 4 Nr. 1 und 3 umfasst der Anspruch auch rückständige Versorgungsleistungen, soweit diese bis zu zwölf Monaten vor Entstehen der Leitungspflicht des Trägers der Insolvenzsicherung entstanden sind.

(2) Personen, die bei Eröffnung des Insolvenzverfahrens oder bei Eintritt der nach Absatz 1 Satz 4 gleichstehenden Voraussetzungen (Sicherungsfall) eine nach § 1b unverfallbare Versorgungsanwartschaft haben, und ihre Hinterbliebenen haben bei Eintritt des Versorgungsfalls einen Anspruch gegen den Träger der Insolvenzsicherung, wenn die Anwartschaft beruht
1. auf einer unmittelbaren Versorgungszusage des Arbeitgebers oder
2. auf einer Direktversicherung und der Arbeitnehmer hinsichtlich der Leistungen des Versicherers widerruflich bezugsberechtigt ist oder die Leistungen aufgrund der in § 1b Abs. 2 Satz 3 genannten Tatbestände nicht gezahlt werden und der Arbeitgeber seiner Verpflichtung aus § 1b Abs. 2 Satz 3 wegen der Eröffnung des Insolvenzverfahrens nicht nachkommt. Satz 1 gilt entsprechend für Personen, die zum Kreis der Begünstigten einer Unterstützungskasse oder eines Pensionsfonds gehören, wenn der Sicherungsfall bei einem Trägerunternehmen eingetreten ist. Die Höhe des Anspruchs richtet sich nach der Höhe der Leistungen gemäß § 2 Abs. 1, 2 Satz 2 und Abs. 5, bei Unterstützungskassen nach dem Teil der nach der Versorgungsregelung vorgesehenen Versorgung, der dem Verhältnis der Dauer der Betriebszugehörigkeit zu der Zeit vom Beginn der Betriebszugehörigkeit bis zum Erreichen der in der Versorgungsregelung vorgesehenen festen Altersgrenze entspricht, es sei denn, § 2 Abs. 5a ist anwendbar. Für die Berechnung der Höhe des Anspruchs nach Satz 3 wird die Betriebszugehörigkeit bis zum Eintritt des Sicherungsfalles berücksichtigt. Bei Pensionsfonds mit Leistungszusagen gelten für die Höhe des Anspruchs die Bestimmungen für unmittelbare Versorgungszusagen entsprechend, bei Beitragszusagen mit Mindestleistung gilt für die Höhe des Anspruchs § 2 Abs. 5b.

Anlage 3: Gesetz zur Verbesserung der betrieblichen Altersversorgung (BetrAVG)

(3) Ein Anspruch auf laufende Leistungen gegen den Träger der Insolvenzsicherung beträgt jedoch im Monat höchstens das Dreifache der im Zeitpunkt der ersten Fälligkeit maßgebenden monatlichen Bezugsgröße gemäß § 18 des Vierten Buches Sozialgesetzbuch. Satz 1 gilt entsprechend bei einem Anspruch auf Kapitalleistungen mit der Maßgabe, daß zehn vom Hundert der Leistung als Jahresbetrag einer laufenden Leistung anzusetzen sind.

(4) Ein Anspruch auf Leistungen gegen den Träger der Insolvenzsicherung vermindert sich in dem Umfang, in dem der Arbeitgeber oder sonstige Träger der Versorgung die Leistungen der betrieblichen Altersversorgung erbringt. Wird im Insolvenzverfahren ein Insolvenzplan bestätigt, vermindert sich der Anspruch auf Leistungen gegen den Träger der Insolvenzsicherung insoweit, als nach dem Insolvenzplan der Arbeitgeber oder sonstige Träger der Versorgung einen Teil der Leistungen selbst zu erbringen hat. Sieht der Insolvenzplan vor, daß der Arbeitgeber oder sonstige Träger der Versorgung die Leistungen der betrieblichen Altersversorgung von einem bestimmten Zeitpunkt an selbst zu erbringen hat, so entfällt der Anspruch auf Leistungen gegen den Träger der Insolvenzsicherung von diesem Zeitpunkt an. Die Sätze 2 und 3 sind für den außergerichtlichen Vergleich nach Absatz 1 Satz 4 Nr. 2 entsprechend anzuwenden. Im Insolvenzplan soll vorgesehen werden, daß bei einer nachhaltigen Besserung der wirtschaftlichen Lage des Arbeitgebers die vom Träger der Insolvenzsicherung zu erbringenden Leistungen ganz oder zum Teil vom Arbeitgeber oder sonstigen Träger der Versorgung wieder übernommen werden.

(5) Ein Anspruch gegen den Träger der Insolvenzsicherung besteht nicht, soweit nach den Umständen des Falles die Annahme gerechtfertigt ist, daß es der alleinige oder überwiegende Zweck der Versorgungszusage oder ihre Verbesserung oder der für die Direktversicherung in § 1b Abs. 2 Satz 3 genannten Tatbestände gewesen ist, den Träger der Insolvenzsicherung in Anspruch zu nehmen. Diese Annahme ist insbesondere dann gerechtfertigt, wenn bei Erteilung oder Verbesserung der Versorgungszusage wegen der wirtschaftlichen Lage des Arbeitgebers zu erwarten war, daß die Zusage nicht erfüllt werde. Ein Anspruch auf Leistungen gegen den Träger der Insolvenzsicherung besteht bei Zusagen und Verbesserungen von Zusagen, die in den beiden letzten Jahren vor dem Eintritt des Sicherungsfalls erfolgt sind, nur

Anlagen

1. für ab dem 1. Januar 2002 gegebene Zusagen, soweit bei Entgeltumwandlung Beträge von bis zu 4 vom Hundert der Beitragsbemessungsgrenze in der allgemeinen Rentenversicherung für eine betriebliche Altersversorgung verwendet werden oder
2. für im Rahmen von Übertragungen gegebene Zusagen, soweit der Übertragungswert die Beitragsbemessungsgrenze in der allgemeinen Rentenversicherung nicht übersteigt.

(6) Ist der Sicherungsfall durch kriegerische Ereignisse, innere Unruhen, Naturkatastrophen oder Kernenergie verursacht worden, kann der Träger der Insolvenzsicherung mit Zustimmung der Bundesanstalt für Finanzdienstleistungsaufsicht die Leistungen nach billigem Ermessen abweichend von den Absätzen 1 bis 5 festsetzen.

§ 8 Übertragung der Leistungspflicht und Abfindung

(1) Ein Anspruch gegen den Träger der Insolvenzsicherung auf Leistungen nach § 7 besteht nicht, wenn eine Pensionskasse oder ein Unternehmen der Lebensversicherung sich dem Träger der Insolvenzsicherung gegenüber verpflichtet, diese Leistungen zu erbringen, und die nach § 7 Berechtigten ein unmittelbares Recht erwerben, die Leistungen zu fordern.

(1a) Der Träger der Insolvenzsicherung hat die gegen ihn gerichteten Ansprüche auf den Pensionsfonds, dessen Trägerunternehmen die Eintrittspflicht nach § 7 ausgelöst hat, im Sinne von Absatz 1 zu übertragen, wenn die Bundesanstalt für Finanzdienstleistungsaufsicht hierzu die Genehmigung erteilt. Die Genehmigung kann nur erteilt werden, wenn durch Auflagen der Bundesanstalt für Finanzdienstleistungsaufsicht die dauernde Erfüllbarkeit der Leistungen aus dem Pensionsplan sichergestellt werden kann. Die Genehmigung der Bundesanstalt für Finanzdienstleistungsaufsicht kann der Pensionsfonds nur innerhalb von drei Monaten nach Eintritt des Sicherungsfalles beantragen.

(2) Der Träger der Insolvenzsicherung kann eine Anwartschaft ohne Zustimmung des Arbeitnehmers abfinden, wenn der Monatsbetrag der aus der Anwartschaft resultierenden laufenden Leistung bei Erreichen der vorgese-

Anlage 3: Gesetz zur Verbesserung der betrieblichen Altersversorgung (BetrAVG)

henen Altersgrenze 1 vom Hundert, bei Kapitalleistungen zwölf Zehntel der monatlichen Bezugsgröße nach § 18 des Vierten Buches Sozialgesetzbuch nicht übersteigen würde oder wenn dem Arbeitnehmer die Beiträge zur gesetzlichen Rentenversicherung erstattet worden sind. Dies gilt entsprechend für die Abfindung einer laufenden Leistung. Die Abfindung ist darüber hinaus möglich, wenn sie an ein Unternehmen der Lebensversicherung gezahlt wird, bei dem der Versorgungsberechtigte im Rahmen einer Direktversicherung versichert ist. § 2 Abs. 2 Satz 4 bis 6 und § 3 Abs. 5 gelten entsprechend.

§ 9 Mitteilungspflicht, Forderungs- und Vermögensübergang

(1) Der Träger der Insolvenzsicherung teilt dem Berechtigten die ihm nach § 7 oder § 8 zustehenden Ansprüche oder Anwartschaften schriftlich mit. Unterbleibt die Mitteilung, so ist der Anspruch oder die Anwartschaft spätestens ein Jahr nach dem Sicherungsfall bei dem Träger der Insolvenzsicherung anzumelden; erfolgt die Anmeldung später, so beginnen die Leistungen frühestens mit dem Ersten des Monats der Anmeldung, es sei denn, daß der Berechtigte an der rechtzeitigen Anmeldung ohne sein Verschulden verhindert war.

(2) Ansprüche oder Anwartschaften des Berechtigten gegen den Arbeitgeber auf Leistungen der betrieblichen Altersversorgung, die den Anspruch gegen den Träger der Insolvenzsicherung begründen, gehen im Falle eines Insolvenzverfahrens mit dessen Eröffnung, in den übrigen Sicherungsfällen dann auf den Träger der Insolvenzsicherung über, wenn dieser nach Absatz 1 Satz 1 dem Berechtigten die ihm zustehenden Ansprüche oder Anwartschaften mitteilt. Der Übergang kann nicht zum Nachteil des Berechtigten geltend gemacht werden. Die mit der Eröffnung des Insolvenzverfahrens übergegangenen Anwartschaften werden im Insolvenzverfahren als unbedingte Forderungen nach § 45 der Insolvenzordnung geltend gemacht.

(3) Ist der Träger der Insolvenzsicherung zu Leistungen verpflichtet, die ohne den Eintritt des Sicherungsfalls eine Unterstützungskasse erbringen würde, geht deren Vermögen einschließlich der Verbindlichkeiten auf ihn über; die Haftung für die Verbindlichkeiten beschränkt sich auf das übergegangene Vermögen. Wenn die übergegangenen Vermögenswerte den Barwert der Ansprüche und Anwartschaften gegen den Träger der Insolvenzsicherung

übersteigen, hat dieser den übersteigenden Teil entsprechend der Satzung der Unterstützungskasse zu verwenden. Bei einer Unterstützungskasse mit mehreren Trägerunternehmen hat der Träger der Insolvenzsicherung einen Anspruch gegen die Unterstützungskasse auf einen Betrag, der dem Teil des Vermögens der Kasse entspricht, der auf das Unternehmen entfällt, bei dem der Sicherungsfall eingetreten ist. Die Sätze 1 bis 3 gelten nicht, wenn der Sicherungsfall auf den in § 7 Abs. 1 Satz 4 Nr. 2 genannten Gründen beruht, es sei denn, daß das Trägerunternehmen seine Betriebstätigkeit nach Eintritt des Sicherungsfall nicht fortsetzt und aufgelöst wird (Liquidationsvergleich).

(3a) Absatz 3 findet entsprechende Anwendung auf einen Pensionsfonds, wenn die Bundesanstalt für Finanzdienstleistungsaufsicht die Genehmigung für die Übertragung der Leistungspflicht durch den Träger der Insolvenzsicherung nach § 8 Abs. 1a nicht erteilt.

(4) In einem Insolvenzplan, der die Fortführung des Unternehmens oder eines Betriebes vorsieht, kann für den Träger der Insolvenzsicherung eine besondere Gruppe gebildet werden. Sofern im Insolvenzplan nichts anderes vorgesehen ist, kann der Träger der Insolvenzsicherung, wenn innerhalb von drei Jahren nach der Aufhebung des Insolvenzverfahrens ein Antrag auf Eröffnung eines neuen Insolvenzverfahrens über das Vermögen des Arbeitgebers gestellt wird, in diesem Verfahren als Insolvenzgläubiger Erstattung der von ihm erbrachten Leistungen verlangen.

(5) Dem Träger der Insolvenzsicherung steht gegen den Beschluss, durch den das Insolvenzverfahren eröffnet wird, die sofortige Beschwerde zu.

§ 10 Beitragspflicht und Beitragsbemessung

(1) Die Mittel für die Durchführung der Insolvenzsicherung werden auf Grund öffentlichrechtlicher Verpflichtung durch Beiträge aller Arbeitgeber aufgebracht, die Leistungen der betrieblichen Altersversorgung unmittelbar zugesagt haben oder eine betriebliche Altersversorgung über eine Unterstützungskasse, eine Direktversicherung der in § 7 Abs. 1 Satz 2 und Absatz 2 Satz 1 Nr. 2 bezeichneten Art oder einen Pensionsfonds durchführen.

Anlage 3: Gesetz zur Verbesserung der betrieblichen Altersversorgung (BetrAVG)

(2) Die Beiträge müssen den Barwert der im laufenden Kalenderjahr entstehenden Ansprüche auf Leistungen der Insolvenzsicherung decken zuzüglich eines Betrages für die aufgrund eingetretener Insolvenzen zu sichernden Anwartschaften, der sich aus dem Unterschied der Barwerte dieser Anwartschaften am Ende des Kalenderjahres und am Ende des Vorjahres bemisst. Der Rechnungszinsfuß bei der Berechnung des Barwerts der Ansprüche auf Leistungen der Insolvenzsicherung bestimmt sich nach § 65 des Versicherungsaufsichtsgesetzes; soweit keine Übertragung nach § 8 Abs. 1 stattfindet, ist der Rechnungszinsfuß bei der Berechnung des Barwerts der Anwartschaften um ein Drittel höher. Darüber hinaus müssen die Beiträge die im gleichen Zeitraum entstehenden Verwaltungskosten und sonstigen Kosten, die mit der Gewährung der Leistungen zusammenhängen, und die Zuführung zu einem von der Bundesanstalt für Finanzdienstleistungsaufsicht festgesetzten Ausgleichsfonds decken; § 37 des Versicherungsaufsichtsgesetzes bleibt unberührt. Auf die am Ende des Kalenderjahres fälligen Beiträge können Vorschüsse erhoben werden. Sind die nach den Sätzen 1 bis 3 erforderlichen Beiträge höher als im vorangegangenen Kalenderjahr, so kann der Unterschiedsbetrag auf das laufende und die folgenden vier Kalenderjahre verteilt werden. In Jahren, in denen sich außergewöhnlich hohe Beiträge ergeben würden, kann zu deren Ermäßigung der Ausgleichsfonds in einem von der Bundesanstalt für Finanzdienstleistungsaufsicht zu genehmigenden Umfang herangezogen werden.

(3) Die nach Absatz 2 erforderlichen Beiträge werden auf die Arbeitgeber nach Maßgabe der nachfolgenden Beträge umgelegt, soweit sie sich auf die laufenden Versorgungsleistungen und die nach § 1b unverfallbaren Versorgungsanwartschaften beziehen (Beitragsbemessungsgrundlage); diese Beträge sind festzustellen auf den Schluss des Wirtschaftsjahrs des Arbeitgebers, das im abgelaufenen Kalenderjahr geendet hat:
1. Bei Arbeitgebern, die Leistungen der betrieblichen Altersversorgung unmittelbar zugesagt haben, ist Beitragsbemessungsgrundlage der Teilwert der Pensionsverpflichtung (§ 6a Abs. 3 des Einkommensteuergesetzes).
2. Bei Arbeitgebern, die eine betriebliche Altersversorgung über eine Direktversicherung mit widerruflichem Bezugsrecht durchführen, ist Beitragsbemessungsgrundlage das geschäftsplanmäßige Deckungskapital oder, soweit die Berechnung des Deckungskapitals nicht zum Geschäftsplan gehört, die Deckungsrückstellung. Für Versicherungen, bei denen der Versicherungsfall bereits eingetreten ist, und für Versicherungsanwartschaften, für die ein un-

widerrufliches Bezugsrecht eingeräumt ist, ist das Deckungskapital oder die Deckungsrückstellung nur insoweit zu berücksichtigen, als die Versicherungen abgetreten oder beliehen sind.

3. Bei Arbeitgebern, die eine betriebliche Altersversorgung über eine Unterstützungskasse durchführen, ist Beitragsbemessungsgrundlage das Deckungskapital für die laufenden Leistungen (§ 4d Abs. 1 Nr. 1 Buchstabe a des Einkommensteuergesetzes) zuzüglich des Zwanzigfachen der nach § 4d Abs. 1 Nr. 1 Buchstabe b Satz 1 des Einkommensteuergesetzes errechneten jährlichen Zuwendungen für Leistungsanwärter im Sinne von § 4d Abs. 1 Nr. 1 Buchstabe b Satz 2 des Einkommensteuergesetzes.

4. Bei Arbeitgebern, soweit sie betriebliche Altersversorgung über einen Pensionsfonds durchführen, ist Beitragsbemessungsgrundlage 20 vom Hundert des entsprechend Nummer 1 ermittelten Betrages.

(4) Aus den Beitragsbescheiden des Trägers der Insolvenzsicherung findet die Zwangsvollstreckung in entsprechender Anwendung der Vorschriften der Zivilprozessordnung statt. Die vollstreckbare Ausfertigung erteilt der Träger der Insolvenzsicherung.

§ 10a Säumniszuschläge, Zinsen, Verjährung

(1) Für Beiträge, die wegen Verstoßes des Arbeitgebers gegen die Meldepflicht erst nach Fälligkeit erhoben werden, kann der Träger der Insolvenzsicherung für jeden angefangenen Monat vom Zeitpunkt der Fälligkeit an einen Säumniszuschlag in Höhe von bis zu eins vom Hundert der nacherhobenen Beiträge erheben.

(2) Für festgesetzte Beiträge und Vorschüsse, die der Arbeitgeber nach Fälligkeit zahlt, erhebt der Träger der Insolvenzsicherung für jeden Monat Verzugszinsen in Höhe von 0,5 vom Hundert der rückständigen Beiträge. Angefangene Monate bleiben außer Ansatz.

(3) Vom Träger der Insolvenzsicherung zu erstattende Beiträge werden vom Tage der Fälligkeit oder bei Feststellung des Erstattungsanspruchs durch gerichtliche Entscheidung vom Tage der Rechtshängigkeit an für jeden Monate mit 0,5 vom Hundert verzinst. Angefangene Monate bleiben außer Ansatz.

(4) Ansprüche auf Zahlung der Beiträge zur Insolvenzsicherung gemäß § 10 sowie Erstattungsansprüche nach Zahlung nicht geschuldeter Beiträge zur Insolvenzsicherung verjähren in sechs Jahren. Die Verjährungsfrist beginnt mit Ablauf des Kalenderjahres, in dem die Beitragspflicht entstanden oder der Erstattungsanspruch fällig geworden ist. Auf die Verjährung sind die Vorschriften des Bürgerlichen Gesetzbuchs anzuwenden.

§ 11 Melde-, Auskunfts- und Mitteilungspflichten

(1) Der Arbeitgeber hat dem Träger der Insolvenzsicherung eine betriebliche Altersversorgung nach § 1b Abs. 1 bis 4 für seine Arbeitnehmer innerhalb von 3 Monaten nach Erteilung der unmittelbaren Versorgungszusage, dem Abschluss einer Direktversicherung oder der Errichtung einer Unterstützungskasse oder eines Pensionsfonds mitzuteilen. Der Arbeitgeber, der sonstige Träger der Versorgung, der Insolvenzverwalter und die nach § 7 Berechtigten sind verpflichtet, dem Träger der Insolvenzsicherung alle Auskünfte zu erteilen, die zur Durchführung der Vorschriften dieses Abschnitts erforderlich sind, sowie Unterlagen vorzulegen, aus denen die erforderlichen Angaben ersichtlich sind.

(2) Ein beitragspflichtiger Arbeitgeber hat dem Träger der Insolvenzsicherung spätestens bis zum 30. September eines jeden Kalenderjahrs die Höhe des nach § 10 Abs. 3 für die Bemessung des Beitrages maßgebenden Betrages bei unmittelbaren Versorgungszusagen und Pensionsfonds auf Grund eines versicherungsmathematischen Gutachtens, bei Direktversicherungen auf Grund einer Bescheinigung des Versicherers und bei Unterstützungskassen auf Grund einer nachprüfbaren Berechnung mitzuteilen. Der Arbeitgeber hat die in Satz 1 bezeichneten Unterlagen mindestens 6 Jahre aufzubewahren.

(3) Der Insolvenzverwalter hat dem Träger der Insolvenzsicherung die Eröffnung des Insolvenzverfahrens, Namen und Anschriften der Versorgungsempfänger und die Höhe ihrer Versorgung nach § 7 unverzüglich mitzuteilen. Er hat zugleich Namen und Anschriften der Personen, die bei Eröffnung des Insolvenzverfahrens eine nach § 1 unverfallbare Versorgungsanwartschaft haben, sowie die Höhe ihrer Anwartschaft nach § 7 mitzuteilen.

(4) Der Arbeitgeber, der sonstige Träger der Versorgung und die nach § 7 Berechtigten sind verpflichtet, dem Insolvenzverwalter Auskünfte über alle Tatsachen zu erteilen, auf die sich die Mitteilungspflicht nach Absatz 3 bezieht.

(5) In den Fällen, in denen ein Insolvenzverfahren nicht eröffnet wird (§ 7 Abs. 1 Satz 4) oder nach § 207 der Insolvenzordnung eingestellt worden ist, sind die Pflichten des Insolvenzverwalters nach Absatz 3 vom Arbeitgeber oder dem sonstigen Träger der Versorgung zu erfüllen.

(6) Kammern und andere Zusammenschlüsse von Unternehmern oder anderen selbständigen Berufstätigen, die als Körperschaften des öffentlichen Rechts errichtet sind, ferner Verbände und andere Zusammenschlüsse, denen Unternehmer oder andere selbständige Berufstätige kraft Gesetzes angehören oder anzugehören haben, haben den Träger der Insolvenzsicherung bei der Ermittlung der nach § 10 beitragspflichtigen Arbeitgeber zu unterstützen.

(7) Die nach den Absätzen 1 bis 3 und 5 zu Mitteilungen und Auskünften und die nach Absatz 6 zur Unterstützung Verpflichteten haben die vom Träger der Insolvenzsicherung vorgesehenen Vordrucke zu verwenden.

(8) Zur Sicherung der vollständigen Erfassung der nach § 10 beitragspflichtigen Arbeitgeber können die Finanzämter dem Träger der Insolvenzsicherung mitteilen, welche Arbeitgeber für die Beitragspflicht in Betracht kommen. Die Bundesregierung wird ermächtigt, durch Rechtsverordnung mit Zustimmung des Bundesrates das Nähere zu bestimmen und Einzelheiten des Verfahrens zu regeln.

§ 12 Ordnungswidrigkeiten

(1) Ordnungswidrig handelt, wer vorsätzlich oder fahrlässig
1. entgegen § 11 Abs. 1 Satz 1, Abs. 2, Satz 1, Abs. 3 oder Abs. 5 eine Mitteilung nicht, nicht richtig, nicht vollständig oder nicht rechtzeitig vornimmt,
2. entgegen § 11 Abs. 1 Satz 2 oder Abs. 4 eine Auskunft nicht, nicht richtig, nicht vollständig oder nicht rechtzeitig erteilt oder

3. entgegen § 11 Abs. 1 Satz 2 Unterlagen nicht, nicht richtig, nicht vollständig oder nicht rechtzeitig vorlegt oder entgegen § 11 Abs. 2 Satz 2 Unterlagen nicht aufbewahrt.

(2) Die Ordnungswidrigkeit kann mit einer Geldbuße bis zu zweitausendfünfhundert Euro geahndet werden.

(3) Verwaltungsbehörde im Sinne des § 36 Abs. 1 Nr. 1 des Gesetzes über Ordnungswidrigkeiten ist die Bundesanstalt für Finanzdienstleistungsaufsicht.

§ 13

(weggefallen)

§ 14 Träger der Insolvenzsicherung

(1) Träger der Insolvenzsicherung ist der Pensions-Sicherungs-Verein Versicherungsverein auf Gegenseitigkeit. Er ist zugleich Träger der Insolvenzsicherung von Versorgungszusagen Luxemburger Unternehmen nach Maßgabe des Abkommens vom 22. September 2000 zwischen der Bundesrepublik Deutschland und dem Großherzogtum Luxemburg über Zusammenarbeit im Bereich der Insolvenzsicherung betrieblicher Altersversorgung. Er unterliegt der Aufsicht durch die Bundesanstalt für Finanzdienstleistungsaufsicht. Die Vorschriften des Versicherungsaufsichtsgesetzes gelten, soweit dieses Gesetz nichts anderes bestimmt.

(2) Der Bundesminister für Arbeit und Sozialordnung weist durch Rechtsverordnung mit Zustimmung des Bundesrates die Stellung des Trägers der Insolvenzsicherung der Kreditanstalt für Wiederaufbau zu, bei der ein Fonds zur Insolvenzsicherung der betrieblichen Altersversorgung gebildet wird, wenn 1. bis zum 31. Dezember 1974 nicht nachgewiesen worden ist, daß der in Absatz 1 genannte Träger die Erlaubnis der Aufsichtsbehörde zum Geschäftsbetrieb erhalten hat, 2. der in Absatz 1 genannte Träger aufgelöst worden ist oder

3. die Aufsichtsbehörde den Geschäftsbetrieb des in Absatz 1 genannten Trägers untersagt oder die Erlaubnis zum Geschäftsbetrieb widerruft.
In den Fällen der Nummern 2 und 3 geht das Vermögen des in Absatz 1 genannten Trägers einschließlich der Verbindlichkeiten auf die Kreditanstalt für Wiederaufbau über, die es dem Fonds zur Insolvenzsicherung der betrieblichen Altersversorgung zuweist.

(3) Wird die Insolvenzsicherung von der Kreditanstalt für Wiederaufbau durchgeführt, gelten die Vorschriften dieses Abschnittes mit folgenden Abweichungen:
1. In § 7 Abs. 6 entfällt die Zustimmung der Bundesanstalt für Finanzdienstleistungsaufsicht.
2. § 10 Abs. 2 findet keine Anwendung. Die von der Kreditanstalt für Wiederaufbau zu erhebenden Beiträge müssen den Bedarf für die laufenden Leistungen der Insolvenzsicherung im laufenden Kalenderjahr und die im gleichen Zeitraum entstehenden Verwaltungskosten und sonstigen Kosten, die mit der Gewährung der Leistungen zusammenhängen, decken. Bei einer Zuweisung nach Absatz 2 Nr. 1 beträgt der Beitrag für die ersten 3 Jahre mindestens 0,1 vom Hundert der Beitragsbemessungsgrundlage gemäß § 10 Abs. 3; der nicht benötigte Teil dieses Beitragsaufkommens wird einer Betriebsmittelreserve zugeführt. Bei einer Zuweisung nach Absatz 2 Nr. 2 oder 3 wird in den ersten 3 Jahren zu dem Beitrag nach Nummer 2 Satz 2 ein Zuschlag von 0,08 vom Hundert der Beitragsbemessungsgrundlage gemäß § 10 Abs. 3 zur Bildung einer Betriebsmittelreserve erhoben. Auf die Beiträge können Vorschüsse erhoben werden.
3. In § 12 Abs. 3 tritt an die Stelle der Bundesanstalt für Finanzdienstleistungsaufsicht die Kreditanstalt für Wiederaufbau. Die Kreditanstalt für Wiederaufbau verwaltet den Fonds im eigenen Namen. Für Verbindlichkeiten des Fonds haftet sie nur mit dem Vermögen des Fonds. Dieser haftet nicht für die sonstigen Verbindlichkeiten der Bank. § 11 Abs. 1 Satz 1 des Gesetzes über die Kreditanstalt für Wiederaufbau in der Fassung der Bekanntmachung vom 23. Juni 1969 (BGBl. I S. 573), das zuletzt durch Artikel 14 des Gesetzes vom 21. Juni 2002 (BGBl. I S. 2010) geändert worden ist, ist in der jeweils geltenden Fassung auch für den Fonds anzuwenden.

Anlage 3: Gesetz zur Verbesserung der betrieblichen Altersversorgung (BetrAVG)

§ 15 Verschwiegenheitspflicht

Personen, die bei dem Träger der Insolvenzsicherung beschäftigt oder für ihn tätig sind, dürfen fremde Geheimnisse, insbesondere Betriebs- oder Geschäftsgeheimnisse, nicht unbefugt offenbaren oder verwerten. Sie sind nach dem Gesetz über die förmliche Verpflichtung nichtbeamteter Personen vom 2. März 1974 (Bundesgesetzbl. I S. 469, 547) von der Bundesanstalt für Finanzdienstleistungsaufsicht auf die gewissenhafte Erfüllung ihrer Obliegenheiten zu verpflichten.

Fünfter Abschnitt
Anpassung

§ 16 Anpassungsprüfungspflicht

(1) Der Arbeitgeber hat alle drei Jahre eine Anpassung der laufenden Leistungen der betrieblichen Altersversorgung zu prüfen und hierüber nach billigem Ermessen zu entscheiden; dabei sind insbesondere die Belange des Versorgungsempfängers und die wirtschaftliche Lage des Arbeitgebers zu berücksichtigen.

(2) Die Verpflichtung nach Absatz 1 gilt als erfüllt, wenn die Anpassung nicht geringer ist als der Anstieg
1. des Verbraucherpreisindexes für Deutschland oder
2. der Nettolöhne vergleichbarer Arbeitnehmergruppen des Unternehmens im Prüfungszeitraum.

(3) Die Verpflichtung nach Absatz 1 entfällt wenn
1. der Arbeitgeber sich verpflichtet, die laufenden Leistungen jährlich um wenigstens eins vom Hundert anzupassen,
2. die betriebliche Altersversorgung über eine Direktversicherung im Sinne des § 1b Abs. 2 oder über eine Pensionskasse im Sinne des § 1b Abs. 3 durchgeführt wird, ab Rentenbeginn sämtliche auf den Rentenbestand entfallende Überschussanteile zur Erhöhung der laufenden Leistungen verwendet werden und zur Berechnung der garantierten Leistung der nach § 65 Abs. 1 Nr. 1 Buch-

stabe a des Versicherungsaufsichtsgesetzes festgesetzte Höchstzinssatz zur Berechnung der Deckungsrückstellung nicht überschritten wird oder
3. eine Beitragszusage mit Mindestleistung erteilt wurde; Absatz 5 findet insoweit keine Anwendung.

(4) Sind laufende Leistungen nach Absatz 1 nicht oder nicht in vollem Umfang anzupassen (zu Recht unterbliebene Anpassung), ist der Arbeitgeber nicht verpflichtet, die Anpassung zu einem späteren Zeitpunkt nachzuholen. Eine Anpassung gilt als zu Recht unterblieben, wenn der Arbeitgeber dem Versorgungsempfänger die wirtschaftliche Lage des Unternehmens schriftlich dargelegt, der Versorgungsempfänger nicht binnen drei Kalendermonaten nach Zugang der Mitteilung schriftlich widersprochen hat und er auf die Rechtsfolgen eines nicht fristgemäßen Widerspruchs hingewiesen wurde.

(5) Soweit betriebliche Altersversorgung durch Entgeltumwandlung finanziert wird, ist der Arbeitgeber verpflichtet, die Leistungen mindestens entsprechend Absatz 3 Nr. 1 anzupassen oder im Falle der Durchführung über eine Direktversicherung oder eine Pensionskasse sämtliche Überschussanteile entsprechend Absatz 3 Nr. 2 zu verwenden.

(6) Eine Verpflichtung zur Anpassung besteht nicht für monatliche Raten im Rahmen eines Auszahlungsplans sowie für Renten ab Vollendung des 85. Lebensjahres im Anschluss an einen Auszahlungsplan.

**Sechster Abschnitt
Geltungsbereich**

§ 17 Persönlicher Geltungsbereich und Tariföffnungsklausel

(1) Arbeitnehmer im Sinne der §§ 1 bis 16 sind Arbeiter und Angestellte einschließlich der zu ihrer Berufsausbildung Beschäftigten; ein Berufsausbildungsverhältnis steht einem Arbeitsverhältnis gleich. Die §§ 1 bis 16 gelten entsprechend für Personen, die nicht Arbeitnehmer sind, wenn ihnen Leistungen der Alters-, Invaliditäts- oder Hinterbliebenenversorgung aus Anlass ihrer Tätigkeit für ein Unternehmen zugesagt worden sind. Arbeitnehmer im Sinne von § 1a Abs. 1 sind nur Personen nach den Sätzen 1 und 2, soweit sie

aufgrund der Beschäftigung oder Tätigkeit bei dem Arbeitgeber, gegen den sich der Anspruch nach § 1a richten würde, in der gesetzlichen Rentenversicherung pflichtversichert sind.

(2) Die §§ 7 bis 15 gelten nicht für den Bund, die Länder, die Gemeinden sowie die Körperschaften, Stiftungen und Anstalten des öffentlichen Rechts, bei denen das Insolvenzverfahren nicht zulässig ist, und solche juristische Personen des öffentlichen Rechts, bei denen der Bund, ein Land oder eine Gemeinde kraft Gesetzes die Zahlungsfähigkeit sichert.

(3) Von den §§ 1a, 2 bis 5, 16, 18a Satz 1, §§ 27 und 28 kann in Tarifverträgen abgewichen werden. Die abweichenden Bestimmungen haben zwischen nichttarifgebundenen Arbeitgebern und Arbeitnehmern Geltung, wenn zwischen diesen die Anwendung der einschlägigen tariflichen Regelung vereinbart ist. Im übrigen kann von den Bestimmungen dieses Gesetzes nicht zuungunsten des Arbeitnehmers abgewichen werden.

(4) Gesetzliche Regelungen über Leistungen der betrieblichen Altersversorgung werden unbeschadet des § 18 durch die §§ 1 bis 16 und 26 bis 30 nicht berührt.

(5) Soweit Entgeltansprüche auf einem Tarifvertrag beruhen, kann für diese eine Entgeltumwandlung nur vorgenommen werden, soweit dies durch Tarifvertrag vorgesehen oder durch Tarifvertrag zugelassen ist.

§ 18 Sonderregelungen für den öffentlichen Dienst

(1) Für Personen, die
1. bei der Versorgungsanstalt des Bundes und der Länder (VBL) oder einer kommunalen oder kirchlichen Zusatzversorgungseinrichtung pflichtversichert sind, oder
2. bei einer anderen Zusatzversorgungseinrichtung pflichtversichert sind, die mit einer der Zusatzversorgungseinrichtungen nach Nummer 1 ein Überleitungsabkommen abgeschlossen hat oder aufgrund satzungsrechtlicher Vorschriften von Zusatzversorgungseinrichtungen nach Nummer 1 ein solches Abkommen abschließen kann, oder 3. unter das Gesetz über die zu-

sätzliche Alters- und Hinterbliebenenversorgung für Angestellte und Arbeiter der Freien und Hansestadt Hamburg (Erstes Ruhegeldgesetz — 1. RGG), das Gesetz zur Neuregelung der zusätzlichen Alters- und Hinterbliebenenversorgung für Angestellte und Arbeiter der Freien und Hansestadt Hamburg (Zweites Ruhegeldgesetz — 2. RGG) oder unter das Bremische Ruhelohngesetz in ihren jeweiligen Fassungen fallen oder auf die diese Gesetze sonst Anwendung finden, gelten die §§ 2, 5, 16, 27 und 28 nicht, soweit sich aus den nachfolgenden Regelungen nichts Abweichendes ergibt; § 4 gilt nicht, wenn die Anwartschaft oder die laufende Leistung ganz oder teilweise umlage- oder haushaltsfinanziert ist.

(2) Bei Eintritt des Versorgungsfalles erhalten die in Absatz 1 Nr. 1 und 2 bezeichneten Personen, deren Anwartschaft nach § 1b fortbesteht und deren Arbeitsverhältnis vor Eintritt des Versorgungsfalles geendet hat, von der Zusatzversorgungseinrichtung eine Zusatzrente nach folgenden Maßgaben:

1. Der monatliche Betrag der Zusatzrente beträgt für jedes Jahr der aufgrund des Arbeitsverhältnisses bestehenden Pflichtversicherung bei einer Zusatzversorgungseinrichtung 2,25 vom Hundert, höchstens jedoch 100 vom Hundert der Leistung, die bei dem höchstmöglichen Versorgungssatz zugestanden hätte (Voll- Leistung). Für die Berechnung der Voll-Leistung
a) ist der Versicherungsfall der Regelaltersrente maßgebend,
b) ist das Arbeitsentgelt maßgebend, das nach der Versorgungsregelung für die Leistungsbemessung maßgebend wäre, wenn im Zeitpunkt des Ausscheidens der Versicherungsfall im Sinne der Versorgungsregelung eingetreten wäre,
c) finden § 2 Abs. 5 Satz 1 und § 2 Abs. 6 entsprechend Anwendung,
d) ist im Rahmen einer Gesamtversorgung der im Falle einer Teilzeitbeschäftigung oder Beurlaubung nach der Versorgungsregelung für die gesamte Dauer des Arbeitsverhältnisses maßgebliche Beschäftigungsquotient nach der Versorgungsregelung als Beschäftigungsquotient auch für die übrige Zeit maßgebend,
e) finden die Vorschriften der Versorgungsregelung über eine Mindestleistung keine Anwendung und f) ist eine anzurechnende Grundversorgung nach dem bei der Berechnung von Pensionsrückstellungen für die Berücksichtigung von Renten aus der gesetzlichen Rentenversicherung allgemein zulässigen Verfahren zu ermitteln. Hierbei ist das Arbeitsentgelt nach Buchstabe b

Anlage 3: Gesetz zur Verbesserung der betrieblichen Altersversorgung (BetrAVG)

zugrunde zu legen und — soweit während der Pflichtversicherung Teilzeitbeschäftigung bestand — diese nach Maßgabe der Versorgungsregelung zu berücksichtigen.
2. Die Zusatzrente vermindert sich um 0,3 vom Hundert für jeden vollen Kalendermonat, den der Versorgungsfall vor Vollendung des 65. Lebensjahres eintritt, höchstens jedoch um den in der Versorgungsregelung für die Voll-Leistung vorgesehenen Vomhundertsatz.
3. Übersteigt die Summe der Vomhundertsätze nach Nummer 1 aus unterschiedlichen Arbeitsverhältnissen 100, sind die einzelnen Leistungen im gleichen Verhältnis zu kürzen.
4. Die Zusatzrente muss monatlich mindestens den Betrag erreichen, der sich aufgrund des Arbeitsverhältnisses nach der Versorgungsregelung als Versicherungsrente aus den jeweils maßgeblichen Vomhundertsätzen der zusatzversorgungspflichtigen Entgelte oder der gezahlten Beiträge und Erhöhungsbeträge ergibt.
5. Die Vorschriften der Versorgungsregelung über das Erlöschen, das Ruhen und die Nichtleistung der Versorgungsrente gelten entsprechend. Soweit die Versorgungsregelung eine Mindestleistung in Ruhensfällen vorsieht, gilt dies nur, wenn die Mindestleistung der Leistung im Sinne der Nummer 4 entspricht.
6. Verstirbt die in Absatz 1 genannte Person, erhält eine Witwe oder ein Witwer 60 vom Hundert, eine Witwe oder ein Witwer im Sinne des § 46 Abs. 1 des Sechsten Buches Sozialgesetzbuch 42 vom Hundert, eine Halbwaise 12 vom Hundert und eine Vollwaise 20 vom Hundert der unter Berücksichtigung der in diesem Absatz genannten Maßgaben zu berechnenden Zusatzrente; die §§ 46, 48, 103 bis 105 des Sechsten Buches Sozialgesetzbuch sind entsprechend anzuwenden. Die Leistungen an mehrere Hinterbliebene dürfen den Betrag der Zusatzrente nicht übersteigen; gegebenenfalls sind die Leistungen im gleichen Verhältnis zu kürzen.
7. Versorgungsfall ist der Versicherungsfall im Sinne der Versorgungsregelung.

(3) Personen, auf die bis zur Beendigung ihre Arbeitsverhältnisses die Regelungen des Ersten Ruhegeldgesetzes, des Zweiten Ruhegeldgesetzes oder des Bremischen Ruhelohngesetzes in ihren jeweiligen Fassungen Anwendung gefunden haben, haben Anspruch gegenüber ihrem ehemaligen Arbeitgeber auf Leistungen in sinngemäßer Anwendung des Absatzes 2 mit Ausnahme von Absatz 2 Nr. 3 und 4 sowie Nr. 5 Satz 2; bei Anwendung des Zweiten Ruhegeldgesetzes bestimmt sich der monatliche Betrag der Zusatzrente ab-

weichend von Absatz 2 nach der nach dem Zweiten Ruhegeldgesetz maßgebenden Berechnungsweise.

(4) Die Leistungen nach den Absätzen 2 und 3 werden, mit Ausnahme der Leistungen nach Absatz 2 Nr. 4, jährlich zum 1. Juli um 1 vom Hundert erhöht, soweit in diesem Jahr eine allgemeine Erhöhung der Versorgungsrenten erfolgt.

(5) Besteht der Eintritt des Versorgungsfalles neben dem Anspruch auf Zusatzrente oder auf die in Absatz 3 oder Absatz 7 bezeichneten Leistungen auch Anspruch auf eine Versorgungsrente oder Versicherungsrente der in Absatz 1 Satz 1 Nr. 1 und 2 bezeichneten Zusatzversorgungseinrichtungen oder Anspruch auf entsprechende Versorgungsleistungen der Versorgungsanstalt der deutschen Kulturorchester oder der Versorgungsanstalt der deutschen Bühnen oder nach den Regelungen des Ersten Ruhegeldgesetzes, des Zweiten Ruhegeldgesetzes oder des Bremischen Ruhelohngesetzes, in deren Berechnung auch die der Zusatzrente zugrunde liegenden Zeiten berücksichtigt sind, ist nur die im Zahlbetrag höhere Rente zu leisten.

(6) Eine Anwartschaft auf Zusatzrente nach Absatz 2 oder auf Leistungen nach Absatz 3 kann bei Übertritt der anwartschaftsberechtigten Person in ein Versorgungssystem einer überstaatlichen Einrichtung in das Versorgungssystem dieser Einrichtung übertragen werden, wenn ein entsprechendes Abkommen zwischen der Zusatzversorgungseinrichtung oder der Freien und Hansestadt Hamburg oder der Freien Hansestadt Bremen und der überstaatlichen Einrichtung besteht.

(7) Für Personen, die bei der Versorgungsanstalt der deutschen Kulturorchester oder der Versorgungsanstalt der deutschen Bühnen pflichtversichert sind, gelten die §§ 2 bis 5, 16, 27 und 28 nicht. Bei Eintritt des Versorgungsfalles treten an die Stelle der Zusatzrente und der Leistungen an Hinterbliebene nach Absatz 2 und an die Stelle der Regelung in Absatz 4 die satzungsgemäß vorgesehenen Leistungen; Absatz 2 Nr. 5 findet entsprechend Anwendung. Die Höhe der Leistungen kann nach dem Ausscheiden aus dem Beschäftigungsverhältnis nicht mehr geändert werden. Als pflichtversichert gelten auch die freiwillig Versicherten der Versorgungsanstalt der deutschen Kulturorchester und der Versorgungsanstalt der deutschen Bühnen.

(8) Gegen Entscheidungen der Zusatzversorgungseinrichtungen über Ansprüche nach diesem Gesetz ist der Rechtsweg gegeben, der für Versicherte der Einrichtung gilt.

(9) Bei Personen, die aus einem Arbeitsverhältnis ausscheiden, in dem sie nach § 5 Abs. 1 Satz 1 Nr. 2 des Sechsten Buches Sozialgesetzbuch versicherungsfrei waren, dürfen die Ansprüche nach § 2 Abs. 1 Satz 1 und 2 nicht hinter dem Rentenanspruch zurückbleiben, der sich ergeben hätte, wenn der Arbeitnehmer für die Zeit der versicherungsfreien Beschäftigung in der gesetzlichen Rentenversicherung nachversichert worden wäre; die Vergleichsberechnung ist im Versorgungsfall aufgrund einer Auskunft der Deutschen Rentenversicherung Bund vorzunehmen.

§ 18a Verjährung

Der Anspruch auf Leistungen aus der betrieblichen Altersversorgung verjährt in 30 Jahren. Ansprüche auf regelmäßig wiederkehrende Leistungen unterliegen der regelmäßigen Verjährungsfrist nach den Vorschriften des Bürgerlichen Gesetzbuchs.

Anlagen

**Zweiter Teil
Steuerrechtliche Vorschriften**

§§ 19 bis 24
—

§ 25
—

**Dritter Teil
Übergangs- und Schlussvorschriften**

§ 26

Die §§ 1 bis 4 und 18 gelten nicht, wenn das Arbeitsverhältnis oder Dienstverhältnis vor dem Inkrafttreten des Gesetzes beendet worden ist.

§ 27

§ 2 Abs. 2 Satz 2 Nr. 2 und 3 und Abs. 3 Satz 2 Nr. 1 und 2 gelten in Fällen, in denen vor dem Inkrafttreten des Gesetzes die Direktversicherung abgeschlossen worden ist oder die Versicherung des Arbeitnehmers bei einer Pensionskasse begonnen hat, mit der Maßgabe, daß die in diesen Vorschriften genannten Voraussetzungen spätestens für die Zeit nach Ablauf eines Jahres seit dem Inkrafttreten des Gesetzes erfüllt sein müssen.

§ 28

§ 5 gilt für Fälle, in denen der Versorgungsfall vor dem Inkrafttreten des Gesetzes eingetreten ist, mit der Maßgabe, daß diese Vorschrift bei der Berechnung der nach dem Inkrafttreten des Gesetzes fällig werdenden Versorgungsleistungen anzuwenden ist.

Anlage 3: Gesetz zur Verbesserung der betrieblichen Altersversorgung (BetrAVG)

§ 29

§ 6 gilt für die Fälle, in denen das Altersruhegeld der gesetzlichen Rentenversicherung bereits vor dem Inkrafttreten des Gesetzes in Anspruch genommen worden ist, mit der Maßgabe, daß die Leistungen der betrieblichen Altersversorgung vom Inkrafttreten des Gesetzes an zu gewähren sind.

§ 30

Ein Anspruch gegen den Träger der Insolvenzsicherung nach § 7 besteht nur, wenn der Sicherungsfall nach dem Inkrafttreten der §§ 7 bis 15 eingetreten ist; er kann erstmals nach dem Ablauf von sechs Monaten nach diesem Zeitpunkt geltend gemacht werden. Die Beitragspflicht des Arbeitgebers beginnt mit dem Inkrafttreten der §§ 7 bis 15.

§ 30a

(1) Männlichen Arbeitnehmern,
1. die vor dem 1. Januar 1952 geboren sind,
2. die das 60. Lebensjahr vollendet haben,
3. die nach Vollendung des 40. Lebensjahres mehr als 10 Jahre Pflichtbeiträge für eine in der gesetzlichen Rentenversicherung versicherte Beschäftigung oder Tätigkeit nach den Vorschriften des Sechsten Buches Sozialgesetzbuch haben,
4. die die Wartezeit von 15 Jahren in der gesetzlichen Rentenversicherung erfüllt haben und
5. deren Arbeitsentgelt oder Arbeitseinkommen die Hinzuverdienstgrenze nach § 34 Abs. 3 Nr. 1 des Sechsten Buches Sozialgesetzbuch nicht überschreitet,
sind auf deren Verlangen nach Erfüllung der Wartezeit und sonstiger Leistungsvoraussetzungen der Versorgungsregelung für nach dem 17. Mai 1990 zurückgelegte Beschäftigungszeiten Leistungen der betrieblichen Altersversorgung zu gewähren. § 6 Satz 3 gilt entsprechend.

Anlagen

(2) Haben der Arbeitnehmer oder seine anspruchsberechtigten Angehörigen vor dem 17. Mai 1990 gegen die Versagung der Leistungen der betrieblichen Altersversorgung Rechtsmittel eingelegt, ist Absatz 1 für Beschäftigungszeiten nach dem 8. April 1976 anzuwenden.

(3) Die Vorschriften des Bürgerlichen Gesetzbuchs über die Verjährung von Ansprüchen aus dem Arbeitsverhältnis bleiben unberührt.

§ 30b

§ 4 Abs. 3 gilt nur für Zusagen, die nach dem 31. Dezember 2004 erteilt wurden.

§ 30c

(1) § 16 Abs. 3 Nr. 1 gilt nur für laufende Leistungen, die auf Zusagen beruhen, die nach dem 31. Dezember 1998 erteilt werden.

(2) § 16 Abs. 4 gilt nicht für vor dem 1. Januar 1999 zu Recht unterbliebene Anpassungen.

(3) § 16 Abs. 5 gilt nur für laufende Leistungen, die auf Zusagen beruhen, die nach dem 31. Dezember 2000 erteilt werden.

(4) Für die Erfüllung der Anpassungsprüfungspflicht für Zeiträume vor dem 1. Januar 2003 gilt § 16 Abs. 2 Nr. 1 mit der Maßgabe, dass an die Stelle des Verbraucherpreisindexes für Deutschland der Preisindex für die Lebenshaltung von 4-Personen-Haushalten von Arbeitern und Angestellten mit mittlerem Einkommen tritt.

§ 30d Übergangsregelung zu § 18

(1) Ist der Versorgungsfall vor dem 1. Januar 2001 eingetreten oder ist der Arbeitnehmer vor dem 1. Januar 2001 aus dem Beschäftigungsverhältnis bei einem öffentlichen Arbeitgeber ausgeschieden und der Versorgungsfall nach

Anlage 3: Gesetz zur Verbesserung der betrieblichen Altersversorgung (BetrAVG)

dem 31. Dezember 2000 eingetreten, sind für die Berechnung der Voll-Leistung die Regelungen der Zusatzversorgungseinrichtungen nach § 18 Abs. 1 Satz 1 Nr. 1 und 2 oder die Gesetze im Sinne des § 18 Abs. 1 Satz 1 Nr. 3 sowie die weiteren Berechnungsfaktoren jeweils in der am 31. Dezember 2000 geltenden Fassung maßgebend; § 18 Abs. 2 Nr. 1 Buchstabe b bleibt unberührt. Die Steuerklasse III/0 ist zugrunde zu legen. Ist der Versorgungsfall vor dem 1. Januar 2001 eingetreten, besteht der Anspruch auf Zusatzrente mindestens in der Höhe, wie er sich aus § 18 in der Fassung vom 16. Dezember 1997 (BGBl. I S. 2998) ergibt.

(2) Die Anwendung des § 18 ist in den Fällen des Absatzes 1 ausgeschlossen, soweit eine Versorgungsrente der in § 18 Abs. 1 Satz 1 Nr. 1 und 2 bezeichneten Zusatzversorgungseinrichtungen oder eine entsprechende Leistung aufgrund der Regelungen des Ersten Ruhegeldgesetzes, des Zweiten Ruhegeldgesetzes oder des Bremischen Ruhelohngesetzes bezogen wird, oder eine Versicherungsrente abgefunden wurde.

(3) Für Arbeitnehmer im Sinne des § 18 Abs. 1 Satz 1 Nr. 4, 5 und 6 in der bis zum 31. Dezember 1998 geltenden Fassung, für die bis zum 31. Dezember 1998 ein Anspruch auf Nachversicherung nach § 18 Abs. 6 entstanden ist, gilt Absatz 1 Satz 1 für die aufgrund der Nachversicherung zu ermittelnde Voll-Leistung entsprechend mit der Maßgabe, dass sich der nach § 2 zu ermittelnde Anspruch gegen den ehemaligen Arbeitgeber richtet. Für den nach § 2 zu ermittelnden Anspruch gilt § 18 Abs. 2 Nr. 1 Buchstabe b entsprechend; für die übrigen Bemessungsfaktoren ist auf die Rechtslage am 31. Dezember 2000 abzustellen. Leistungen der gesetzlichen Rentenversicherung, die auf einer Nachversicherung wegen Ausscheidens aus einem Dienstordnungsverhältnis beruhen, und Leistungen, die die zuständige Versorgungseinrichtung aufgrund von Nachversicherungen im Sinne des § 18 Abs. 6 in der am 31. Dezember 1998 geltenden Fassung gewährt, werden auf den Anspruch nach § 2 angerechnet. Hat das Arbeitsverhältnis im Sinne des § 18 Abs. 9 bereits am 31. Dezember 1998 bestanden, ist in die Vergleichsberechnung nach § 18 Abs. 9 auch die Zusatzrente nach § 18 in der bis zum 31. Dezember 1998 geltenden Fassung einzubeziehen.

Anlagen

§ 30e

(1) § 1 Abs. 2 Nr. 4 zweiter Halbsatz gilt für Zusagen, die nach dem 31. Dezember 2002 erteilt werden.

(2) § 1 Abs. 2 Nr. 4 zweiter Halbsatz findet auf Pensionskassen, deren Leistungen der betrieblichen Altersversorgung durch Beiträge der Arbeitnehmer und Arbeitgeber gemeinsam finanziert und die als beitragsorientierte Leistungszusage oder als Leistungszusage durchgeführt werden, mit der Maßgabe Anwendung, dass dem ausgeschiedenen Arbeitnehmer das Recht zur Fortführung mit eigenen Beiträgen nicht eingeräumt werden und eine Überschussverwendung gemäß § 1b Abs. 5 Nr. 1 nicht erfolgen muss. Wird dem ausgeschiedenen Arbeitnehmer ein Recht zur Fortführung nicht eingeräumt, gilt für die Höhe der unverfallbaren Anwartschaft § 2 Abs. 5a entsprechend. Für die Anpassung laufender Leistungen gelten die Regelungen nach § 16 Abs. 1 bis 4. Die Regelung in Absatz 1 bleibt unberührt.

§ 30f

(1) Wenn Leistungen der betrieblichen Altersversorgung vor dem 1. Januar 2001 zugesagt worden sind, ist § 1b Abs. 1 mit der Maßgabe anzuwenden, dass die Anwartschaft erhalten bleibt, wenn das Arbeitsverhältnis vor Eintritt des Versorgungsfalles, jedoch nach Vollendung des 35. Lebensjahres endet und die Versorgungszusage zu diesem Zeitpunkt
1. mindestens zehn Jahre oder
2. bei mindestens zwölfjähriger Betriebszugehörigkeit mindestens drei Jahre bestanden hat; in diesen Fällen bleibt die Anwartschaft auch erhalten, wenn die Zusage ab dem 1. Januar 2001 fünf Jahre bestanden hat und bei Beendigung des Arbeitsverhältnisses das 30. Lebensjahr vollendet ist. § 1b Abs. 5 findet für Anwartschaften aus diesen Zusagen keine Anwendung.

(2) Wenn Leistungen der betrieblichen Altersversorgung vor dem 1. Januar 2009 und nach dem 31. Dezember 2000 zugesagt worden sind, ist § 1b Abs. 1 Satz 1 mit der Maßgabe anzuwenden, dass die Anwartschaft erhalten bleibt, wenn das Arbeitsverhältnis vor Eintritt des Versorgungsfalls, jedoch nach Vollendung des 30. Lebensjahres endet und die Versorgungszusage zu diesem

Zeitpunkt fünf Jahre bestanden hat; in diesen Fällen bleibt die Anwartschaft auch erhalten, wenn die Zusage ab dem 1. Januar 2009 fünf Jahre bestanden hat und bei Beendigung des Arbeitsverhältnisses das 25. Lebensjahr vollendet ist.

§ 30g

(1) § 2 Abs. 5a gilt nur für Anwartschaften, die auf Zusagen beruhen, die nach dem 31. Dezember 2000 erteilt worden sind. Im Einvernehmen zwischen Arbeitgeber und Arbeitnehmer kann § 2 Abs. 5a auch auf Anwartschaften angewendet werden, die auf Zusagen beruhen, die vor dem 1. Januar 2001 erteilt worden sind.

(2) § 3 findet keine Anwendung auf laufende Leistungen, die vor dem 1. Januar 2005 erstmals gezahlt worden sind.

§ 30h

§ 17 Abs. 5 gilt für Entgeltumwandlungen, die auf Zusagen beruhen, die nach dem 29. Juni 2001 erteilt werden.

§ 30i

(1) Der Barwert der bis zum 31. Dezember 2005 aufgrund eingetretener Insolvenzen zu sichernden Anwartschaften wird einmalig auf die beitragspflichtigen Arbeitgeber entsprechend § 10 Abs. 3 umgelegt und vom Träger der Insolvenzsicherung nach Maßgabe der Beträge zum Schluss des Wirtschaftsjahres, das im Jahr 2004 geendet hat, erhoben. Der Rechnungszinsfuß bei der Berechnung des Barwerts beträgt 3,67 vom Hundert.

(2) Der Betrag ist in 15 gleichen Raten fällig. Die erste Rate wird am 31. März 2007 fällig, die weiteren zum 31. März der folgenden Kalenderjahre. Bei vorfälliger Zahlung erfolgt eine Diskontierung der einzelnen Jahresraten mit dem zum Zeitpunkt der Zahlung um ein Drittel erhöhten Rechnungszinsfuß nach

§ 65 des Versicherungsaufsichtsgesetzes, wobei nur volle Monate berücksichtigt werden.

(3) Der abgezinste Gesamtbetrag ist gemäß Absatz 2 am 31. März 2007 fällig, wenn die sich ergebende Jahresrate nicht höher als 50 Euro ist.

(4) Insolvenzbedingte Zahlungsausfälle von ausstehenden Raten werden im Jahr der Insolvenz in die erforderlichen jährlichen Beiträge gemäß § 10 Abs. 2 eingerechnet.

§ 31

Auf Sicherungsfälle, die vor dem 1. Januar 1999 eingetreten sind, ist dieses Gesetz in der bis zu diesem Zeitpunkt geltenden Fassung anzuwenden.

§ 32

Dieses Gesetz tritt vorbehaltlich des Satzes 2 am Tag nach seiner Verkündung in Kraft. Die §§ 7 bis 15 treten am 1. Januar 1975 in Kraft.

Abbildungsverzeichnis

Nr.	Bezeichnung	
Abb. 1:	Drei-Säulen-Konzept	13
Abb. 2:	Deckungsmittel der betrieblichen Altersversorgung in Mrd. EUR (Quelle: aba; Stand Juni 2014)	18
Abb. 3:	Durchführungswege der betrieblichen Altersversorgung	21
Abb.4:	Finanzierung der betrieblichen Altersversorgung	23
Abb.5:	Rechtsbeziehungen bei der Direktzusage	24
Abb. 6:	Rechtsbeziehungen bei der Unterstützungskasse	26
Abb. 7:	Rechtsbeziehungen bei der Direktversicherung	28
Abb.8:	Rechtsbeziehungen bei der Pensionskasse	30
Abb.9:	Rechtsbeziehungen beim Pensionsfonds	32
Abb. 10:	Mögliche Kombination von zwei Durchführungswegen in der betrieblichen Altersversorgung	34
Abb. 11:	Mögliche Kombination von Zusagearten in der betrieblichen Altersversorgung	35
Abb. 12:	Renten- oder Kapitalbausteinpläne	38
Abb. 13:	Modell eines Cash-Balance-Plans	39
Abb. 14:	Unverfallbarkeitsfristen	50
Abb. 15:	Schema der Riesterförderung	95
Abb. 16:	Schichten der Besteuerung von Alterseinkünften	97
Abb. 17:	Besteuerungsanteile in Prozent bis zum Jahr 2040	98
Abb. 18:	Besteuerung von Leistungen aus nicht geförderten Beiträgen	102
Abb. 19:	Teilwert gemäß § 6 a EStG	113
Abb. 20:	Teilwertverlauf bei Verdoppelung der Zusage/Halbierung der Zusage	118
Abb. 21:	Teilwertverlauf bei Invalidität	119
Abb. 22:	Teilwertverlauf bei Tod mit Witwenrente	119
Abb. 23:	Rückgedeckte Pensionszusage	166
Abb. 24:	Rückgedeckte Unterstützungskasse	170
Abb. 25:	CTA — Modell der doppelseitigen Treuhand	183
Abb. 26:	Schematische Darstellung der IDW-Auffassung; Modell mit Abfindungscharakter	205
Abb. 27:	Schematische Darstellung der Auffassung der Finanzverwaltung	208
Abb. 28:	Rückstellung für Abfindungszahlungen	211

Abkürzungsverzeichnis

aba	Arbeitsgemeinschaft für betriebliche Altersversorgung e. V.
AltEinkG	Alterseinkünftegesetz
AltTZG	Altersteilzeitgesetz
AltZertG	Gesetz über die Zertifizierung von Altersvorsorgeverträgen
AO	Abgabenordnung
AltTZG	Altersteilzeitgesetz
ArbG	Arbeitsgericht
ArbuR	„Arbeit und Recht" (juristische Fachzeitschrift)
ATZ	Altersteilzeit
AVmEG	Altersvermögensergänzungsgesetz
AVmG	Altersvermögensgesetz
BaFin	Bundesanstalt für Finanzdienstleistungsaufsicht
BAG	Bundesarbeitsgericht
BB	„Betriebs-Berater" (Wochenzeitschrift für den Bereich Recht, Wirtschaft und Steuern)
BBG	Beitragsbemessungsgrenze
BdF	Bundesminister der Finanzen
BetrAVG	Gesetz zur Verbesserung der betrieblichen Altersversorgung (Betriebsrentengesetz)
BFH	Bundesfinanzhof
BGB	Bürgerliches Gesetzbuch
BGBl.	Bundesgesetzblatt
BGH	Bundesgerichtshof
BilMoG	Bilanzrechtsmodernisierungsgesetz
BilReG	Bilanzrechtsreformgesetz
BMF	Bundesministerium der Finanzen (Bundesfinanzministerium)
BoLZ	Beitragsorientierte Leistungszusage
BStBl.	Bundessteuerblatt
BVerfG	Bundesverfassungsgericht
BZML	Beitragszusage mit Mindestleistung
CTA	Contractual Trust Arrangement
DB	„Der Betrieb" (Wochenzeitschrift für Betriebswirtschaft, Steuer-, Wirtschafts- und Arbeitsrecht)
DBO	Defined Benefit Obligation
EFG	„Entscheidungen der Finanzgerichte" (14-tägliche juristische Fachzeitschrift)
EGHGB	Einführungsgesetz zum Handelsgesetzbuch

Abkürzungsverzeichnis

EITF	Emerging Issues Task Force des Financial Accounting Standards Board (US-GAAP)
EStÄR	Einkommensteuer-Änderungsrichtlinien
EStG	Einkommensteuergesetz
EStR	Einkommensteuer-Richtlinie
FAS	Financial Accounting Standards (US-GAAP)
FG	Finanzgericht
GGF	Gesellschafter-Geschäftsführer
GmbHG	GmbH-Gesetz
HFA	Hauptfachausschuss bzw. Stellungnahme des Hauptfachausschusses (Schriftenreihe „Verlautbarungen des IDW")
HGB	Handelsgesetzbuch
IAS	International Accounting Standards
IASB	International Accounting Standards Board
IDW	Institut der Wirtschaftsprüfer
IFRS	International Financial Reporting Standards
KapAEG	Kapitalaufnahmeerleichterungsgesetz
KStG	Köperschaftsteuergesetz
KStH	Hinweise zu den Körperschaftsteuer-Richtlinien
LAG	Landesarbeitsgericht
LG	Landgericht
LStDV	Lohnsteuer-Durchführungsverordnung
LStR	Lohnsteuer-Richtlinie
NZA	„Neue Zeitschrift für Arbeitsrecht"
OFD	Oberfinanzdirektion
PFKapAV	Verordnung über die Anlage des gebundenen Vermögens von Pensionsfonds
PFKAustV	Verordnung über die Kapitalausstattung von Pensionsfonds
PiR	„Praxis der internationalen Rechnungslegung" (monatliche Zeitschrift für IFRS-Anwender)
PSVaG	Pensions-Sicherungs-Verein auf Gegenseitigkeit
PUC-Methode	Projected Unit Credit Methode
RechVersV	Verordnung über die Rechnungslegung von Versicherungsunternehmen
Rn	Randnummer
RT	Richttafel
RVAGAnpG	RV-Altersgrenzenanpassungsgesetz — Gesetz zur Anpassung der Regelaltersgrenze an die demografische Entwicklung und zur Stärkung der Finanzierungsgrundlagen der gesetzlichen Rentenversicherung
SGB	Sozialgesetzbuch
SORIE	statement of recognised income and expense

StuB	Steuern und Bilanzen (Zeitschrift für das Steuerrecht und die Rechnungsauslegung der Unternehmen)
SvEV	Verordnung über die sozialversicherungsrechtliche Beurteilung von Zuwendungen des Arbeitgebers als Arbeitsentgelt
UmwG	Umwandlungsgesetz
US-GAAP	Generally Accepted Accounting Principles (US-amerikanische Rechnungslegungsvorschriften)
VAG	Versicherungsaufsichtsgesetz
VBL	Versorgungsanstalt des Bundes und der Länder
vGA	verdeckte Gewinnausschüttung
VorstOG	Vorstandsvergütungs-Offenlegungsgesetz
VVG	Versicherungsvertragsgesetz

Stichwortverzeichnis

A

Abfindung	56, 58, 59, 192, 194, 195
Abfindungsbetrag	58
Abfindungsverbot	56, 58
Abspaltung	190
Altersleistung	
vorzeitige Altersleistung	64
Altersteilzeit	203, 206, 207, 209
Altersteilzeitverpflichtung	201, 202, 209, 214
Angemessenheit	160
Anhangangabe	143
Anpassung	76, 78
nachholende Anpassung	76
nachträgliche Anpassung	77
Anpassungsgarantie	74
Anpassungsmaßstab	73
Anpassungspflicht	72
Anpassungsprüfung	72
Anwartschaft	49
unverfallbare Anwartschaft	40, 51
Anwartschaftsdeckungsverfahren	112
Arbeitgeber	105, 108
Arbeitnehmer	90, 91
Arbeitnehmerpauschbetrag	100
Arbeitslohn	90
Arbeitszeit	200
Ausgleichswert	238
Auskunftsanspruch	61
Auszahlungsphase	101

B

Beamtenversorgung	227
Beitragsorientierte Leistungszusage	37
Beitragszusage	132
Beitragszusage mit Mindestleistung	40, 75
Bemessungsgrundlagen	55
Besteuerungsanteil	97
Betriebsausgabe	120, 121, 123, 126, 173
Betriebsausgabenabzug	174
Betriebsrat	173, 174, 176
Betriebsrentenanpassung	71, 74, 79
Bewertung	108, 112, 131
Bewertungsannahmen	136
Bewertungseinheit	109
Bewertungsverfahren	108
Bilanzansatz	142
Bilanzierung	198, 199, 214, 216
BilMoG	110

C

CTA	106, 182

D

Dienstvertrag	149
Dienstzeitaufwand	139
Direktversicherung	27, 67, 91, 92, 99, 101, 126, 128
Direktzusage	23, 99, 100, 102, 127
Drittelungsmöglichkeit	116

E

Ehezeitanteil	236
Eichel-Förderung	41, 91, 103
Eigenkapitalverzinsung	79

Stichwortverzeichnis

Einlage	
verdeckte Einlage	147
Einmalprämien	169
Entgeltumwandlung	76, 79, 99, 114
Enthaftung	181
Erdienbarkeit	159
Erwarteter Ertrag	140
Externe Teilung	240
F	
Fehlbetrag	125
Finanzierbarkeit	156
Fondsanteil	106
G	
geringfügige Beschäftigung	13
Gesellschafter	
beherrschender Gesellschafter	146
Gesellschafter-Geschäftsführer	145, 181
Gesellschafterversammlung	148
Gewinn- und Verlustrechnung	107
Gruppenpensionsfonds	172
Günstiger-Prüfung	94
H	
Handelsbilanz	105
I	
IAS 131	
Insolvenzschutz	68
Insolvenzsicherung	65, 69
Insolvenzverfahren	65
Internationale Rechnungslegungsvorschriften	131
Interne Teilung	240

J	
Jubiläumsrückstellungen	217, 220
Jubiläumsverpflichtung	217
K	
Kapitalauszahlung	101
Kassenvermögen	
zulässiges Kassenvermögen	122, 125
Körperschaftsteuer	125
Korrespondierender Kapitalwert	239
Korridorregel	141, 142
L	
Lebensarbeitszeitkonten	223
Leistungsplan	
beitragsorientierter Leistungsplan	37
Leistungszusagen	35, 90, 91, 92, 132
Liquidationsversicherung	180, 181, 190
N	
Nachholverbot	117
Näherungsverfahren	56
O	
Outsourcing	163
P	
Passivierungspflicht	105
Passivierungswahlrecht	105
Pauschalversteuerung	90
Pensionsaufwand	139
Pensionsfonds	31, 66, 91, 92, 99, 101, 126, 129
Pensionskasse	29, 91, 99, 101, 126, 129
Pensionsrückstellung	111, 118, 119, 127, 132, 148, 163

Stichwortverzeichnis

Pensions-Sicherungs-Verein auf
Gegenseitigkeit 65, 183, 186
Pensionszusage 23, 145, 152
Plan
   gemeinschaftlicher Plan 135
Planvermögen 133, 140
Probezeit 154
Projected Unit Credit Methode 137
Projected-Unit-Credit-Methode 108

R
Ratierliche Methode 52
Ratierliche Unverfallbarkeit 156
Rente
   vorzeitige Rente 64
Rentenzahlung 101
Rentnergesellschaft 188, 190
Rentner-GmbH 188, 189
Riesterförderung 19, 91, 103
Rückdeckungsversicherung 38, 106, 157, 164, 165
Rückstellung 148, 197, 201, 202, 206, 207
Rügepflicht 77
Rüruprente 19

S
Saldierung 106
Schriftformerfordernis 149
Schuldbeitritt 185
Schuldübernahme 181
Selbstständiger 13
Sicherungsniveau 16
Sonderausgabe 94
Sonderausgabenabzug 93, 94
Sondervermögen 168
Sozialversicherung 99, 103
Sozialversicherungsabgaben 104

Steuerfreiheit 91
Steuerliche Förderung 93
Stundungseffekt 127
Subsidiärhaftung 172

T
Teilungskosten 242
Teilwert 114
Teilwertverfahren 108, 112
Teilwertverlauf 118
Teuerungsrate 78
Treuhand
   doppelseitige Treuhand 182

U
Übergangsbezüge 198
Übernahme 59
Überschussverwendung 75
Übertragung 59, 60, 61, 190
Übertragungswert 58
Überversorgung 150
Üblichkeit 153
Unterstützungskasse 25, 99, 100, 102, 120, 128, 168, 169
   rückgedeckte Unterstützungskasse 168, 169
Unverfallbarkeit 156
   versicherungsförmige Unverfallbarkeit 53
Unverfallbarkeitsbestimmungen 49
Unverfallbarkeitsregel 138

V
Veränderungssperre 55
verdeckte Gewinnausschüttung 145, 147, 152
Verpflichtungsumfang 137

Stichwortverzeichnis

Versicherungspolice
    qualifizierte Versicherungspolice 134
Versorgungsausgleich 233
Versorgungsfreibetrag 100
Versorgungsleistung 100, 103
Versorgungslücke 16
Vorbehalt
    schädlicher Vorbehalt 149
Vorsorge
    private Vorsorge 19

Vorstandsmitglied 110

W
Wertgleichheit 48
Wertguthaben 225

Z
Zinsaufwand 140
Zulage 93, 94

Verzeichnis der Herausgeber

Thomas Hagemann
Chefaktuar der Mercer Deutschland GmbH; Diplom-Mathematiker und Diplom-Wirtschaftsmathematiker; Aktuar (DAV) und versicherungsmathematischer Sachverständiger (IVS); Mitglied der IVS-Arbeitsgruppe Rechnungslegung; Autor des Buches „Pensionsrückstellungen" und Mitautor weiterer Veröffentlichungen zur Bilanzierung der betrieblichen Altersversorgung.

Stefan Oecking
Diplom-Mathematiker und Aktuar (DAV/IVS/AVÖ); Leiter der Aktuarbereiche und Consulting Practice Leader von Mercer in Deutschland; Leiter der Fachvereinigung mathematische Sachverständige in der Arbeitsgemeinschaft betriebliche Altersversorgung (aba) sowie Vorstandsmitglied der aba und des Instituts der Versicherungsmathematischen Sachverständigen für Altersversorgung (IVS); zahlreiche Vorträge und Veröffentlichungen.

Rita Reichenbach
Rechtsanwältin und Leiterin des Bereichs Legal & Tax Consulting der Mercer Deutschland GmbH, Mitglied des Fachausschusses Arbeitsrecht in der Arbeitsgemeinschaft betriebliche Altersversorgung (aba).
Schwerpunkte: Arbeits- und Steuerrecht der bAV, Outsourcing von Pensionsverpflichtungen, Implementierung von Contractual Trust Arrangements. Zahlreiche Vorträge und Veröffentlichungen.

Der Weg zur starken Arbeitgebermarke

Auch ohne großen Namen können Unternehmen attraktiv für qualifizierte Fach- und Führungskräfte sein. Dieses Buch ist ein Wegweiser zum Aufbau einer starken Arbeitgebermarke und zeigt, wie Sie im Wettbewerb um die besten Mitarbeiter bestehen können.

> Die verschiedenen Instrumente des Personalmarketings
> Analyse der Ausgangslage: Personalplanung, Arbeitsmarkt und Ressourcen
> Schritt für Schritt zur Markenbildung
> Personalmarketing messbar machen: Kennzahlen und PDSA-Zyklus

Bernd Konschak
Professionelles Personalmarketing
Die richtigen Mitarbeiter für Ihr Unternehmen ansprechen und gewinnen

Inklusive Arbeitshilfen online

ca. 256 Seiten
Buch: € 39,95
eBook: € 35,99

Jetzt bestellen!
www.haufe.de/fachbuch (Bestellung versandkostenfrei),
0800/50 50 445 (Anruf kostenlos) oder in Ihrer Buchhandlung

HAUFE.